권력과 공간

권력과 공간

나부터 세계까지 정치적 공간과 공간적 정치

신혜란 지음

이매진

[이매진 컨텍스트 79]
권력과 공간
나부터 세계까지 정치적 공간과 공간적 정치

초판 1쇄 2025년 5월 18일
지은이 신혜란 **일러스트** 신혜란
펴낸곳 이매진
펴낸이 정철수
등록 2003년 5월 14일 제313-2003-0183호
전화 02-3141-1917
팩스 02-3141-0917
이메일 imaginepub@naver.com
블로그 blog.naver.com/imaginepub
인스타그램 @imagine_publish
ISBN 979-11-5531-153-0 (93300)

시작하는 글

권력의 공간과 공간의 권력

공간과 권력

권력은 공간을 만들고 공간은 권력을 빚는다. 몇몇 사람과 특정한 사회는 권력을 행사해 공간을 만들고, 일단 만들어진 공간은 권력을 재구성한다. 그래서 공간은 정치적이고, 정치는 공간적이다. 공간과 권력은 끊임없이 서로 영향을 끼치며 상대의 본질을 형성한다. 나는 공간과 장소를 만드는 과정, 곧 공간과 장소의 형성 과정과 생산 과정에 주목하는데, 만들어진 장소를 이용하는 행위도 끊임없는 생산 과정의 일부로 본다.

공간은 여러 겹이다. 눈, 코, 귀처럼 우리 몸에 속한 기관을 거쳐 지각되는 공간, 욕망과 이해관계가 다른 사람들이 내린 결정으로 만들어진 공간, 표준화된 수치로 표현되고 법적으로 정의된 기능으로 정의하는 공간, 상징과 이미지로 나타나는 공간이 있다. 무엇보다 특정한 사람들의 독특한 삶의 체험이 녹아 든 공간, 저항의 공간, 정체성을 드러내고 그 정체성 때문에 다시 형성되는 사회적이고 상징적인 공간도 있다.

반면 장소는 공간보다 구체적이고 특정한 곳을 뜻한다. 공간이 거주

권력과 공간

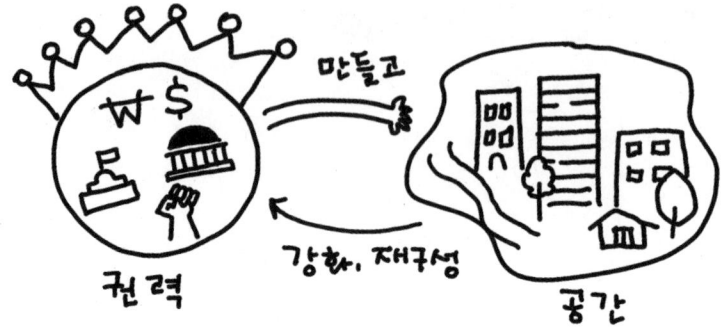

공간이나 공공 공간처럼 추상적인 일반 명사로 쓰인다면, 장소는 '그 장소'를 가리키거나 행사 장소를 밝히듯이 구체적인 곳이다. 공간은 이동을 허용한다면, 장소는 멈춤, 곧 위치가 쌓여 생긴다.

공간은 몸부터 집, 동네, 도시, 지역, 나라, 세계까지 다양한 규모scale를 아우른다. 따라서 나는 겉으로 볼 때 다른 듯한 공간들을 관통하는 정치적 특성이 있으며 공간과 정치는 본질적으로 통한다고 이야기하고 싶다.

이 책에서 권력은 세 가지를 의미한다. 첫째, 주요 행위자들이 의사 결정 과정에서 행사하는 권력이다. 주로 도시 정치에서 나타나는 정책 입안가, 기업, 시민사회 행위자들 사이의 권력 관계와 상호 작용이다. 여기에서 행위자들은 어떤 도시 공간을 만들지, 어디에 공항을 세울지, 이 댐을 건설할지, 도시 재생 프로그램에 지원할지 같은 의사 결정을 둘러싸고 논의, 협력, 갈등, 협상을 한다.

둘째, 정치경제적 권력이다. 정치경제학 시각에서 볼 때 정치에 참여하는 엘리트들이 아무리 갈등한들 결국은 자본주의의 힘이 본질이다. 이

권력의 종류

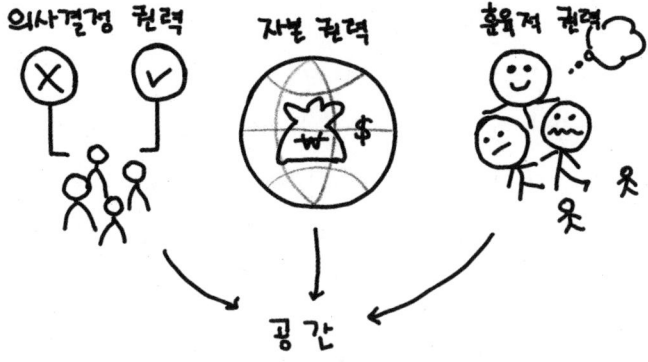

런 권력은 또한 지정학적 구조이자 전지구화 질서로서 개인의 삶을 좌우한다. 한 국가와 사회에는 상대적 자율성이 있지만, 종국적으로 전세계적 위계질서와 권력 관계가 핵심이다.

셋째, 미셸 푸코Michel Foucault가 제시한 대로 사회 여기저기에 마치 공기처럼 존재하는 권력이다. 국가뿐 아니라 사회 전체가 개인의 행위 규범을 만들어서 인간 주체를 형성하는 데 개입하는 권력이다. 사람들은 그런 규범을 내재화해 마치 스스로 결정한 규범처럼 받아들인다. 훈육 권력은 근본적이고 폭넓은 통치를 행한다.

공간은 어떻게 정치적인가 ― 권력이 나타나고 권력을 빚는 공간

공간이 정치적인 이유는 공간의 형성, 이용, 효과에서 이런 세 가지 권력이 모두 나타나기 때문이다. 공간이 만들어지는 과정에서 자본의 의도, 사회의 권력 관계, 계급의 이해관계, 규범을 통한 사회의 통치성이 응축돼 나타나며, 공간의 성격 또한 마찬가지다. 공간을 이용하는 사람들의 특성과 이용 방식, 그 공간 때문에 생기는 효과도 권력 관계와 사회적 담론, 실천에 영향을 미친다.

우선 직접적으로 첫 번째 의미의 정치에서 의사 결정 과정에 따라 공간이 만들어진다. 한 공간과 장소를 둘러싼 의사 결정은 정말 치열하기 마련인데, 대체로 그 공간이 비싸기 때문이다. 그리고 앞으로 더 비싸질 수 있기 때문이다. 한번 지어 놓으면 되돌리고 싶어도 비용과 시간이 많이 들어 실행하기 어렵다.

어떤 공간에 공항을 세울지 생태 공원을 만들지 결정하는 과정에는 정부, 기업, 시민사회의 주요 행위자들이 참여한다. 부촌과 빈민가는 주민들이 지닌 경제적 권력뿐 아니라 정치적 권력과 영향력에서도 차이가 드러난다. 교육, 의료, 교통 같은 공공 서비스가 공간적으로 배분되는 과정도 정치적 결정에 영향을 받는다. 기념비, 동상, 기념관은 정치적 이념과 선택적 역사를 보여 준다. 대통령실, 정부 청사, 의회, 시청 등은 제도적 정치 권력의 중심지를 상징하기 때문에 특정한 건물의 위치와 디자인은 권위와 정체성으로 표현되는 정치성이 잘 드러난다. 광장, 공원, 거리는 시위와 집회가 진행되는 정치적 공간이다. 선거구 획정은 정치 권력의 분포에 직접적으로 관련되고 정치적 대표성과 공정성에 큰 영향을 주기 때문에 정치적 이해관계가 개입된다.

의사 결정 과정이 다양하다고 해도 정치경제적 정치의 측면에서 보면 본질적으로 도시 공간은 자본 순환 과정에서 큰 구실을 하기 위해 생산되고 계획되고 통제되는 대상이다. 이런 비판의 핵심에는 지리학자 앙리 르페브르Henri Lefebvre가 있다. 르페브르는 자본주의가 빈 공간에 담기는 것이 아니라 자본주의 발전 과정에서 공간 자체가 자본주의적으로 생산된다고 주장했다. 공간을 격자와 구역으로 분할하고 기능에 따라 나누는 방식은 언뜻 객관적으로 보이지만 특정한 계급 전략은 물론 자본주의를 유지하는 국가의 기능, 기술, 지식에 의존한다. 공간을 이용하는 주민이나 방문자는 그곳의 주인이 아니라 구매자이자 잉여가치의 실현자일 뿐이다. 그래서 르페브르는 민주주의에서는 엘리트가 자본주의 공간을 통제하며, 더 나쁜 사례에서는 군대와 경찰이 엘리트의 자리를 대신한다고 비판한다.

푸코식 훈육 정치에서는 공간의 생성과 배열이 핵심이다. 근대 사회에서 시간과 공간이 표준화되고 계량화된 한편 전문가들의 언어와 지식 속에서 바람직한 행동과 그렇지 못한 행동이 사회 질서로 자리 잡았다. 후기 자본주의 사회에서는 그런 표준화가 조금씩 깨지면서 시공간 이용이 유연하고 비표준화된다. 전지구화 시대에는 생산성 향상에 유연성이 더 유리하기 때문이다. 노동 시장과 결혼 시장의 수요와 공급을 맞추려는 국가와 사회가 적극 권장하면서 이동은 삶에서 바람직한 행위로 받아들여지거나 범죄로 여겨져 규제된다.

정치는 왜 결국 공간적인가 ― 공간에 새겨지는 권력과 정치

정치가 공간적인 이유는 정치의 본질이 영토 싸움이기 때문이고, 정치와 정부가 지닌 정당성의 바탕이 되는 공공의 안녕과 복지가 공간적 성격을 띠기 때문이다. 여기에서 영토는 실제로 건축물 등이 들어서는 물리적 공간을 뜻하는 동시에 영토에 비유해 권력, 영향력, 정체성이 작동하는 무대가 되는 상징적 공간을 뜻한다. 국가의 여러 본성 중에 영토와 복지는 핵심적이다. 근대 국가는 영토를 지키고 확대하기 위해 인구, 도시 계획, 복지 같은 기능을 발명했다. 국가 간 영토 문제는 국제 정치에서 끊이지 않는 관심사였고, 국경선의 위치와 영토의 특성은 국가 간의 정치적 관계와 갈등에 큰 영향을 미쳤다. 지금도 영토의 지리적 위치, 자원 분포, 정체성 형성에 따라 곳곳에서 영토 분쟁이 일어나고 있다.

21세기 들어 영토, 영토성, 경계, 국경 지역은 끊임없이 변화하는 과정이라는 논의가, 그리고 국경을 떠나서 다양한 범위에서 사회적으로 경계가 존재한다는 주장이 큰 호응을 받았다. 경계를 만드는 과정과 경계를 허물고 연결될 수 있도록 인프라를 짓는 과정에 담긴 의미가 확대됐다. 물리적 국경, 여권, 비자, 군사적 국경 통제뿐 아니라 언어, 재산, 학력 등도 이주 조건으로 제시된다면 모두 경계 긋기에 속한다. 반대로 인프라를 짓는 과정은 다리, 기차, 공항뿐 아니라 이주 브로커, 언어 배우기, 도착지에서 이주민을 돌보는 종교 기관, 시민단체처럼 경계를 가로지르는 활동을 지원하고 강화하는 많은 요소를 포함한다. 이 상반된 두 과정은 공존하고 서로 대응하면서 상대방을 형성시킨다.

통치의 정당성은 공공이 누리는 삶의 질에 달려 있다. 국가뿐 아니라 기업과 시민사회도 정치 행위자로서 특정 공간에서 공간을 매개로 공공복지를 발전시킬 필요와 책임감을 공유한다. 축제나 무료 급식처럼 일시적인 경우도 있지만, 공공복지는 집, 복지관, 공원, 도로, 상하수도, 댐 같은 공간 자체를 의미하거나 공간을 바꾸기 때문이다. 그렇게 커뮤니티 공간이 있는 것 자체가 복지라는 의미에서 공간 복지라고 부르기도 한다.

엘리트 사이의 정치적 거버넌스는 공간 구조와 계획을 거쳐 우리 눈앞에 나타난다. 특정 지역을 대상으로 하는 정치적 관심과 투자는 힘 있는 엘리트들이 내린 선택이 반영된 결과이고, 그런 선택이 불러온 효과 때문에 지역 발전이 불균형해질 때면 새로운 정치적 논쟁이 벌어진다. 도로, 철도, 공항 같은 인프라는 정치적 결정 과정을 거친 산물이다. 그래서 수도 이전, 신도시 건설, 균형 발전 정책에서 우리는 정치적 메시지를 읽

영토화, 끊임 없는 변화 과정

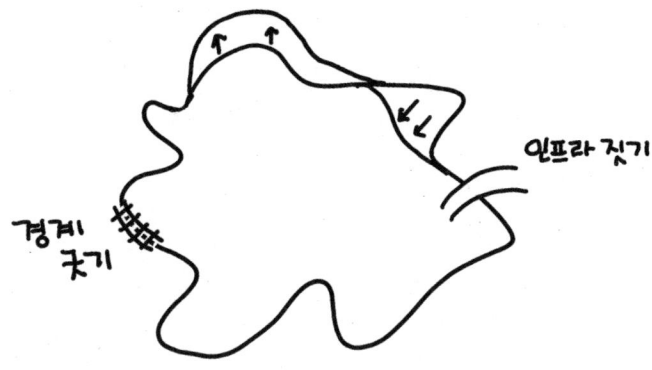

을 수 있다.

중앙 정부와 지방 정부는 정치적 견해에 따라 환경 보호 구역을 설정하거나 도시 재생 사업과 도시 녹지를 조성하는 데 몰두하기도 하고 도로와 댐 같은 대형 토목 사업에 자원을 집중하기도 한다. 정치적 대립이 극대화되는 선거 과정에서 그런 메시지는 공약이 되고, 선거에 이기면 공약은 정책으로 바뀐다. 이렇게 정치는 공간을 매개로 구체화돼 삶의 질과 환경적 지속 가능성에 영향을 미친다.

권력을 얻으면 공간을 지배하고, 공간을 활용하면 정치적 권력을 얻는다. 권력, 그리고 정치적 관계는 공간을 둘러싼 생산과 이용에 단순히 반영되는 데 그치지 않으며, 구체적으로 실현되고 재구성된다. 공간을 둘러싼 의사 결정 과정은 권력 관계를 다시 조정한다. 물리적인 동시에 상징적인 영토를 놓고 벌어지는 싸움이 가져온 결과에 따라 권력은 재배치된다.

사회적 공간의 생산과 소외

나는 공간의 생산에 주목한다. 우리는 살아가면서 끊임없이 공간을 생산한다. 사람들은 자기 몸부터 세계까지 숱한 공간을 부수고 만들면서 살아간다. 태어나기 전부터 자기 영토(몸)를 넓혀 나가면서 엄마 배 속 기관들을 압박한다. 자본주의 사회에서 공간의 생산은 이윤과 통치의 장인 공간을 만들어 소비를 이끌고 창출하는 행위를 뜻한다. 공간의 생산은 정치적 과정의 결과이면서 다음 정치로 이어지는 시작이 된다.

공간 문제에 관심 있는 사람들에게는 르페브르가 제시한 '사회적 공간의 생산'이라는 삼각 체제가 잘 알려져 있다. 이 삼각 체제는 바로 공간적 실천spatial practice, 공간의 재현representation of space, 재현의 공간representational space이다. 핵심어를 쉽게 이해할 수 없어 어떤 이들은 사회적 공간 자체를 셋으로 구분한다고 오해하기도 한다. 그렇지만 르페브르가 말한 삼각 체제는 공간에 관한 구분이 아니라 공간을 인식하는 다른 방식을 뜻한다. 이 세 가지는 각기 다른 방식으로 사회적 공간을 생산하는 데 변증법적으로 개입한다. 곧 모든 공간은 공간적 실천, 공간의 재현, 재현의 공간으로 생산된다는 뜻이다.

공간적 실천은 몸으로 지각되는 물리적 공간, 곧 보고 듣고 냄새 맡을 수 있는 인지된 공간perceived space에서 생활하며 일어나는 실천이다. 공간의 재현representation of space은 통제를 위해 지식, 기호, 코드를 매개로 해 공간을 추상적으로 재현하는 것을 뜻한다. 재현의 공간representational space은 체험의 공간lived space, 곧 독특한 경험과 사연, 이야기가 있는 삶이 체험되는 공간이다

공간 생산 이론은 자본주의에서 벌어지는 일상의 소외를 비판한다. 자본주의적 국가와 전문 지식이 체험의 대상인 공간이나 일상을 소외시

공간의 사회적 생산

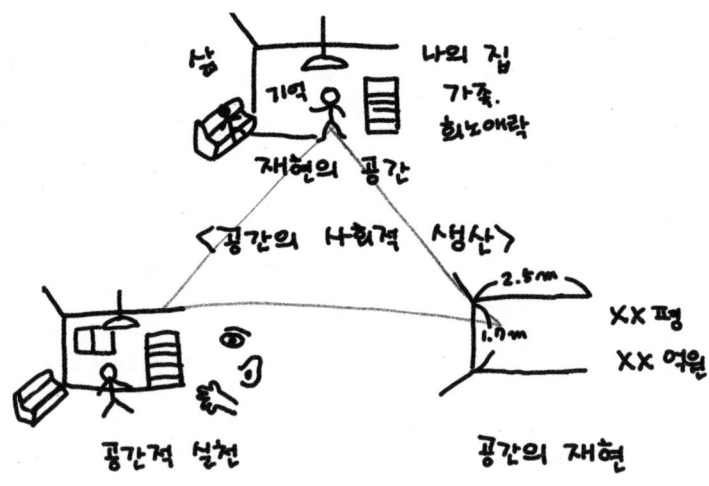

키고 물신화하는 과정을 정반합 논리 속에서 보여 준다. 거칠게 예를 들면, 누군가가 일상에서 자기 집이라는 공간을 만드는데(정 — 공간적 실천), 그 일상의 의미는 자본주의에서 아파트 몇 평에 가격 얼마로 치환되고(반 — 공간의 재현), 그 공간을 나와 내 이웃 사이의 관계를 보여 주는 체험의 공간으로 다시 인식(합 — 재현의 공간)하는 식이다.

여기에서 '공간의 재현'은 내 삶의 공간이 규격이나 가격으로 축소되는 과정이다. 일상 공간은 이성과 합리성을 전제로 자본주의 논리를 실현하는 인지된 공간에 밀려난다. 이때 인지란 인식perception해 추상화한다는 의미인데, 학자, 정책 입안가, 도시 계획가 등 전문가가 전문적 기준 아래 특정 공간의 넓이와 구조를 보여 준다. 이런 결과가 바로 르페브르가 말하는 공간적 소외다. 자본주의에서 이윤, 국가, 기술 관료, 전문가가 추상화한 공간은 권력이 된다. 이런 공간의 재현은 공간을 구획하고 직소 배열해 자본주의 생산 관계의 질서를 유지시킨다고 르페브르는 비판했다. 공간이 단위 면적당 매매되는 상품으로 바뀌면서 교환 가능성이라는 추상적 재현이 우월해지면 일상의 실천은 의미를 잃는다. 일상 공간은 전문가의 손을 거친 차가운 공간에 밀려 무의미해지고, 일상에서 수행하던 공간적 실천은 소외된다. 이런 소외를 극복해 다시 합을 만드는 곳이 '재현의 공간'이다. 이 공간에는 문화와 감정이 개입하며 질적이고 유동적인 사회적 의미가 생성된다.

그러니까 이 삼각 체제는 자본주의식으로 공간을 표준화해 삶의 공간이 지닌 의미를 소소한 요소로 격하시키는 와중에 문화적 삶의 체험에 관한 해석을 덧붙여 다시 소외를 극복하는 과정을 제시하고 있다.

장소 만들기 — 소외를 넘어서는 저항의 실천

재현의 공간하고 비슷한 의미를 지니면서 이해하기 쉽고 사람들이 하는 구실을 적극적으로 표현할 수 있는 개념이 장소 만들기 place-making다. 장소 만들기는 개인, 조직, 사회가 각각의 존재감과 사회적 의의를 구현하기 위해 특정한 공간과 장소를 물리적, 사회적, 문화적으로 만드는 과정을 뜻한다. 처음에는 바람직한 공공 공간을 만드는 공동체 활동에 한정된 의미였지만, 요즘 들어 다양한 사례에서 공간의 형성 과정을 강조하고 참여자들의 주체성을 드러내는 개념으로 쓰인다.

궁극적으로 장소 만들기란 자기 권력을 실현시킬 뿐 아니라 자기 영역을 확인하고 확장하는 일이다. 르페브르가 혁명적 휴머니즘이라 일컬은 대로 일상에서 소외를 극복하고 삶의 변화를 추구하는 행위다. 자기가 알고 이해하며 자기 스스로 작품이 되는 일상을 만드는 모든 일은 혁명적 휴머니즘을 실천하는 과정이다.

장소 만들기, 나와 우리의 정체성과 권력의 실현

장소 만들기가 없는 삶은 불가능하다. 공간을 이용하는 사람들의 몸이 한 부분을 점유하는 순간부터 그 공간은 바뀌기 때문이다. 몸집이 조그만 아이가 집안 전체 분위기를 바꾸듯이 내 존재는 그 공간의 정체성을 재형성한다. 존재감 없이 구석에 웅크리고 있더라도 그런 존재감 없는 사람이 어떤 대접을 받는 곳인지에 따라 그 장소는 성격이 달라진다. 이주민이 인구의 5퍼센트를 넘으면 다문화이자 다인종 사회로 구분하는 이유도 소수자의 존재와 소수자를 대하는 태도가 한 사회의 모습과 특성을 바꾸기 때문이다.

일상에서 장소 만들기가 지닌 의미를 발견하고 재해석하는 실천은 중요하다. 어릴 때는 주위를 어지르면서 자기 공간을 만들고 싸움을 거쳐 남과 나를 구별하는 물리적 공간과 상징적 공간을 구분 짓는다. 어린이집이나 학교를 다닐 때는 특정 공간의 구성원으로서 장소의 성격을 형성한다. 자기 방을 꾸미기도 하고 아예 정리를 안 하거나 스스로 세운 질서를 고집하면서 자기만의 장소를 형성한다. 커피숍에서 음료를 사서 탁자 하나를 두 시간 정도 자기 공간으로 삼는 장소 만들기도 있다. 핸드폰을 자

기만의 방법으로 쓰면서 자기 신체를 확장하고 인스타그램이나 페이스북 같은 가상 공간을 만들어 다른 사람들에 못지 않는 개성을 연출한다. 그런 가상 공간 담론들이 모여서 한국이라는 사회적 공간을 형성한다. 많은 사람이 휴식을 취할 수 있는 공공 공간 만들기, 도시 발전 방향을 정하는 거버넌스에 참여하기, 내가 이주한 도착지를 더 포용적인 사회로 바꾸려는 이주민 권리 운동도 장소 만들기다.

    장소 만들기는 정치적 공간과 공간적 정치의 결론이다. 공간에 의미를 부여해야 장소가 된다. 장소 만들기 과정이 의미 있는 이유는 그런 과정의 결과로 거둔 성공 때문이 아니라 만들기 과정에서 사람들이 성장하기 때문이다. 제한적이지만 자율성을 유지하는 참여가 장소 만들기의 본질이기 때문이다. 장소 만들기란 사회 구조를 뚫는 실천적 정치이자 자기 역량을 스스로 강화하는 행위다. 이동할 수 있는 (또는 머물 수 있는) 자유, 권리, 방법을 모색하는 일도 공간 정치에서 중요한다. 이동에 제도적, 물리적, 재정적, 문화적 제약이 따르거나 이동하도록 내몰리는 소수자들은 경계를 뚫는 인프라 짓기 활동을 통해 성장한다. 그리고 결국 사람이 인프라가 돼 다음 사람을 불러들이는 기반이 된다.

21세기 들어 공간이 중요해지면서 공간이 시간을 대체한다는 주장이 있다. 선형적이고 진보적인 역사를 향한 믿음, 곧 시간 흐름에 따른 진보가 중심을 차지한 근대적 발전이 현실 사회주의가 몰락하면서 길을 잃은 탓이다. 과학기술, 국가, 전문성을 떠받치던 기반이 약해지고 환경 문제가 떠오르면서 기술 발전과 도시 성장도 매력이 떨어졌다. 대신 맥락의 다양성이 관심을 끌었다. 이때 공간은 복합적 의미를 포함한 '맥락'이나 '상황'하고 거의 비슷한 의미로 쓰이며, 일반성보다는 특수성을 강조한다. 전후 사정, 정황, 사물이나 대상이 연결돼 관계를 포함하게 된다는 말이다. 공간을 연구하는 처지에서 더 많은 사람들이 공간과 질적 맥락에 관심을 기울이는 상황은 환영할 일이지만, 그런 변화를 둘러싼 조건은 염려할 만한 요소이기도 하다. 비판적 시각을 충분히 담지 않은 채 다양성을 강조하면 불평등 같은 문제들을 덮을 수도 있기 때문이다.

그래서 나는 지금 지극히 정치적인 공간을, 궁극적으로 공간적인 정치를 이야기하려 한다. 권력의 공간과 공간의 권력에 관한 이야기이기도 하다. 안정되고 위계적인 권력이 아니라 끝없이 흔들리는 상호 작용 속에 자기 존재가 정해지며 변화하는 권력이다. 정치와 권력은 부정적 요소가 아니라 우리 삶과 사회를 구성하는 필연적 부분이고 자연스러운 모습이다. 특히 남의 것을 뺏는 영토 싸움이 아니라 바람직한 장소 만들기를 거쳐 내 삶의 주인이 되고 선택의 자유를 확대하는 과정은 정치적 공간과 공간적 정치의 본질이다.

차례

시작하는 글 권력의 공간과 공간의 권력　　　　　　　　　　005

1부 나와 우리

1장 몸의 정치 — 내 공간의 시작이자 마지막　　　　　　　024
2장 헬스장 — 몸 만들기, 내 장소 만들기　　　　　　　　　033
3장 집, 권력, 자본 — 부동산 정치와 공간적 전략　　　　　042
4장 마을 만들기 — 새마을운동부터 당근마켓까지　　　　　054
5장 도시가 예술가를 부를 때 — 문화 경제 시대의 도구 또는 행위자　067
6장 축제가 끝나고 난 뒤 — 지역 축제와 권력의 존재　　　078
7장 종교의 공간 전략 — 장소 만들기와 장소 고치기 사이　089
8장 기억의 영토화 — 왜 기억 공간은 싸움터가 되는가　　100
9장 도시 공간 — 분리와 통합의 정치　　　　　　　　　　111

2부 **국가와 사회**

1장 선거 — 공간과 정치가 만나는 핫플 122

2장 교통 — 망을 둘러싼 참여 거버넌스 133

3장 신도시 — 꿈과 현실 사이 불안한 실험장 142

4장 송도 이야기 — 브랜드가 된 도시 153

5장 물 — 선택적 소통과 전략적 침묵 164

6장 결혼 이주 — 브로커 중매와 고달픈 노동 사이 174

7장 탈북 생태계 — 경계지의 경계 긋기와 인프라 짓기 185

8장 섬 — 별도 공간의 공간 전략 196

9장 풍수와 공간의 권력 — 믿음, 통제, 그리고 장소 만들기의 경계 208

3부 나와 세계

1장 행복의 공간 정치 — 북유럽의 행복, 중남미의 행복, 한국의 행복   222

2장 태백과 파독 광부 — 자본과 국가에 휘둘리는 도시와 개인   233

3장 ○○ 도시 — 도시 정체성 정치의 안과 밖   243

4장 이동의 젠더화 — 노동과 적응을 둘러싼 공간 전략   253

5장 다문화 공간 정치 — 이주민 장소와 교육 공간을 둘러싼 변화   263

6장 지정학 — 권력을 위한, 또는 권력에 관한   274

7장 저항 공간 — 정체성, 점거, 디지털   287

8장 핵 정글 정치 — 미래 공간과 위험 인식 감수성   299

9장 계엄과 저항 — 경계 긋기와 인프라 짓기의 공간 정치   310

맺는 글 권력과 공간을 다시 사유하기   323

참고 자료   327

찾아보기   330

1부 ──────── 나와 우리

1장

몸의 정치
내 공간의 시작이자 마지막

몸의 공간 정치학

몸은 오늘날 공간과 권력이 만나는 가장 뜨거운 현장이다. 현대 사회에서 몸은 중요한 화두다. 건강 상식과 의료 정보가 넘쳐난다. 의학 기술이 발전해 수명이 길어지고, 개인의 삶이 중요해지고, 몸에 관련된 시장이 전 지구화되면서 폭발적으로 늘어난 지식이 대중화됐다. 쉽게 떠오르는 주제만 해도 수명, 노화, 의료, 외모, 운동, 근육, 통증, 자세, 음식, 영양제, 장애, 패션, 섹슈얼리티, 식이 요법, 다이어트, 성형 수술, 보디빌딩, 필라테스, 명상, 심리, 스포츠, 안티에이징까지 다양하다. 일상에서 우리는 이런 주제에 관련된 구체적이고 풍부한 정보를 끊임없이 마주한다. 내 몸은 뜨거운 관심사가 됐다.

'몸의 정치 body politics'는 몸이라는 공간과 몸을 통제하고 위하는 공간을 둘러싼 정치다. 인간 신체와 사회 사이에 벌어지는 상호 작용의 역동성이 우리 몸을 형성, 규제, 확장한다. 나는 '몸의 공간 정치'에서 몸의 공간성이란 무엇인지, 사회적 공간인 몸은 어떻게 생산되는지, '내 고유의 장소 만

공간 자체이면서 매개체인 몸

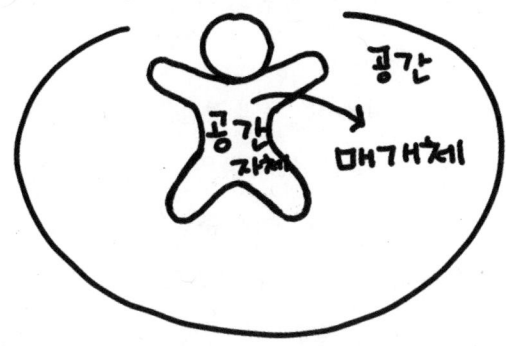

들기'인 몸 만들기는 어떤 의미가 있는지 등을 묻고 싶다. 기술과 지식, 국가와 사회가 우리 몸을 어떤 공간으로 보는지, 그리고 특정한 체형, 외모, 건강 수준에 관한 관심과 기대와 편견이 어떻게 형성돼 우리 삶하고 상호 작용하는지에 관한 물음이다. 인간 몸의 경계가 새로운 과정과 경험을 거치면서 어떻게 달라지는지, 몸을 가진 사람과 컴퓨터의 경계가 어떻게 무너지고 있는지도 몸 정치학이 살피는 주제다.

공간의 관점에서 보면 몸은 공간 자체다. 동시에 몸은 사람이 시공간에 존재하게 하는 매개체다. 무엇보다 내 몸은 내 삶의 체험이 각인된 내 고유의 장소다. 몸은 아주 물질적이며 사회적이다. 몸의 물질성은 근본적인 한계이자 힘이다. 사람들은 자기 몸에서 한시도 자유로울 수 없으며, 몸에서 좀더 자유로워지거나 이미 주어진 몸을 강화하려고 끝없이 노력한다. 도구를 만들어 팔과 다리를 연장하고, 안경을 쓰고, 마이크로 목소리를 키우고, 과거를 볼 수 있게 카메라 기능을 강화하고, 전화와 화상 통화와 녹화로 시공간 제약을 극복하고, 폐회로 텔레비전^{CCTV}으로 내 몸이 없어도 감시하고, 스마트폰으로 내 뇌를 확장한다. 사회 발전은 모두 인간 몸의 확장이라는 주장도 있다. 몸의 한계를 극복하고 몸의 권력을 강화하는 과정이라는 뜻이다.

근대화 초기 서구 사회에서는 몸과 정신을 분리하는 이분법이 강력한 영향력을 발휘한 탓에 물질인 몸(육체)은 고고한 정신에 견줘 무시당하고 구박받았다. 몸과 마음을 나누는 이분법은 동양에도 큰 영향을 끼쳤다. 이제 몸과 마음이 따로 있지 않고 서로 맞물려 순환 체계를 형성한다는 연구 결과가 계속 나오고 탈근대적 철학과 사고방식이 전세계적으로 폭넓은 지지를 얻고 있다. 심리가 신경 세포 덩어리인 뇌의 문제로 치환되는 경향이 생기고, 주체성의 근거가 인식이 아니라 몸이라는 깨달음도 커졌다. 동양에서는 서양에서 벌어진 탈근대(포스트모던) 전환에 어리둥절하기도 했다. 몸과 마음이 서로 연결돼 있으며 인간과 자연도 이어져 있다는 철학은 워낙 동양적 사고에 내재돼 있었다. 결국 동서양에서 모두 젠더 연구, 여성학, 문화 연구, 사회학, 철학, 사회인류학, 인문지리학에 걸쳐 몸이라는 주제가 새삼 중요해졌다.

사회적 몸 — 국가, 산업, 사회가 빚는 공간

개인적으로 보면 몸은 삶의 경험이 축적되는 공간이다. 매일 다른 사람을 만나고, 움직이고, 이동하고, 여러 가지 임무를 수행하고, 앉거나 서서 과업을 달성하고, 사회적 활동을 하고, 사랑을 나누는 활동 속에서 개인 특유의 경험, 문화적 의미, 정체성이 켜켜이 각인되고 표현되는 공간이다. 일상적 경험이 체화되고, 사회적 특징이 육화된다.

사회적 공간인 몸은 어떻게 생산되는가? 사회는 몸에 끊임없이 개입한다. 오늘날 직업, 특히 전문화된 직업은 매일 같은 일을 반복하게 해서

몸의 사회적 생산

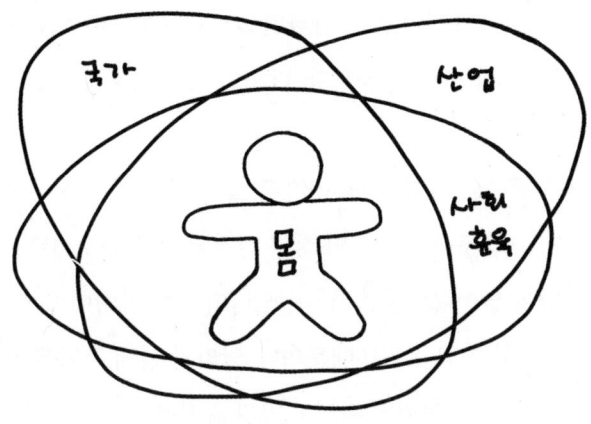

많은 사람을 장애인처럼 만든다. 콜센터 노동자가 사무실에 하루 종일 앉아 있는 삶을 태생적으로 좋아하거나, 수영 선수가 처음부터 매일 물속에서 긴 시간을 보내고 싶어하거나, 건설 노동자가 무거운 물건을 매일 들고 싶어하지는 않았다. 법적 규제를 하지는 않지만 같은 일을 숱하게 반복하는 과정을 참고 해 내서 전문적 직업인이 되는 사람에게 사회는 박수를 보낸다.

사회적 공간인 몸은 그야말로 사회적으로 생산되고 디자인된다. 한 사회의 자원, 규범이나 분위기, 민주주의의 특성, 인간관계, 훈육, 패션이 몸을 통과하면서 개인의 섭식, 라이프 스타일, 걸음걸이, 표정, 몸짓 등에 사회적인 모든 것을 새겨 넣는다. 고개 숙여 들여다보는 물건인 핸드폰을 다들 쓰게 되면서 많은 사람이 목, 어깨, 허리에 문제가 생기듯 말이다.

유전이 결국은 중요하다고들 하지만, 그런 이야기는 동시대의 같은 사회에서 살아가는 사람들끼리 비교할 때 그렇다는 말이다. 이를테면 수명 연장은 식량, 위생, 의료 기술, 안전시설 같은 요소에서 그 사회가 지닌 특징 때문이다. 유엔이 밝힌 나라별 2023년 기대 수명을 보면 한국은 84.1세(여성 87.2세, 남성 80.8세)다. 1970년 기준 기대 수명 62.3세에 견줘 20년이 늘었다.

몸도 사회를 형성한다. 수명 연장은 그냥 노인 인구가 더 많아진다는 말이 아니다. 사회 구조와 개인의 삶이 전개되는 방식이 새로 구성된다는 뜻이다. 수명이 늘어나면 특정 나이에 나타나는 특징이 달라지게 되고, 사회도 그런 변화에 적응하기 때문이다. 달라진 생애 주기에 따라 그때그때 필요한 교육, 노동, 복지가 바뀌고 공간을 사용하는 방식이 달라진다.

내가 어릴 때 1970년대와 1980년대에는 60대가 되면 대개 등이 굽고 지팡이를 짚어 주위에서 자연스럽게 마음의 준비를 했다. 이제는 60대가 되면 은퇴 뒤 30년을 보낼 계획을 세워야 한다고들 권한다. 은퇴 나이도 바뀔 듯하다. 노화는 고쳐야 하는 질병이라는 말도 나온다. 소파 방정환이 인생의 3분 1은 어린이로 지낸다고 한 만큼 지금 기준으로 보면 30세 정도까지 어린이날에 축하를 받아야 한다는 우스갯소리도 있다. 방정환이 그런 말을 한 적이 없다고 한국방정환재단에서 해명했다지만, 어린이를 정의하는 나이가 달라져야 한다는 논리는 설득력을 지닌다. 20년 전 미국에서 60세 생일을 맞이한 한 교수가 애매한 표정으로 말했다. "내가 마흔 살이 될 때 사람들이 중년이 되는구나 했는데, 쉰 살이 될 때 또 그러더니 예순이 되니 또 중년이라고 하네!" 미국에서 중년의 정의가 계속 달라진 탓이었다. 80대에 접어든 그 교수는 이제서야 중년에서 벗어났다.

몸은 한 개인과 사회의 생산물이자 작품이자 도구다. 한 사회의 담론, 산업, 정책은 개인의 몸을 디자인한다. 이런 시각은 젠더와 섹슈얼리티 연구에서 적극적으로 제기된다. 젠더와 섹슈얼리티 연구자들은 태어날 때 나타나는 신체적 차이에 따라 남녀가 구분된다는 관념은 절대적 사실이 아니라 사회적으로 만들어진 규범이라고 비판한다. 나를 어떤 성으로 인식하는지(머리), 남성이나 여성, 또는 또 다른 성에게 반하는지(심장), 성적으로 누구에게 끌리는지(성기)에 따라 정체성을 구성하는 요소도 다양하다. 몸을 거쳐 제스처로 표현되는 정체성도 때마다 달라서 한 사람이 고정된 정체성에 묶이지 않는다.

몸은 또한 차별의 대상이고 차별의 도구이자 차별을 느끼는 주체다. 권력 관계, 배제, 차별을 다양한 사례에서 감각적으로 표현하고 받아들인다. 어떤 장소에 들어서는 순간 나는 내가 여기에서 환영받는 존재인지 아닌지를 몸의 감각을 통해 느끼고, 그 공간에 있는 다른 사람들은 표정, 시선, 몸짓 같은 몸 표현을 통해 자기 감각을 드러낸다. 몸의 감각은 나와 타인을 구별하는 계기이자 사회적 배제의 기준이 된다. 몸의 표준과 규범은 사회적으로 만들어지며, 표준적인 몸 바깥에는 다른 외모를 지닌 장애인, 환자, 동성애자, 이주민, 여성이 있다.

자본주의적 몸 생산

자본주의는 몸에 깊숙이 개입한다. 사람의 몸(질병, 외모 등), 몸을 둘러싼 다양한 요소(패션, 기술 등), 몸을 통과하는 많은 것들(음식, 영양제 등)은 정책, 지식, 훈육 권력, 자본주의의 산물이다. 근대 자본주의에서 소비주의는 개인의 몸을 표준화, 산업화, 전문화했다.

먼저 표준화는 표준적이고 바람직한 몸을 숫자로 제시한다. 키, 체중, 허리둘레, 시력, 청력, 심장, 혈액, 근육량, 지방량, 당뇨 수치, 혈압 등 전문가가 값비싼 기계를 써야 측정할 수 있던 숫자들은 이미 우리 일상 속에 들어와 있다. 정확성은 조금 떨어져도 지금 나는 손목에 찬 스마트 워치로 혈압, 당 수치, 수면 시간, 체지방을 잰다. 그래서 몸은 내 삶의 체험이 새겨지는 곳이 아니라 표준에 맞춘 결과로 환원된다.

건강 검진은 몸 계량body-checking의 결정판이다. 건강검진센터에서 내 몸은 컨베이어 벨트에 놓인 물건처럼 여러 전문가를 거친다. 계량 결과를 보면서 전문가는 눈 망막이 손상된 상태라든지 갑상선에 종양이 보이는데 추적 조사해야 된다는 말을 한다. '발견'된 증상에 맞춰 새로운 약을 먹기 시작하거나 고지혈증 환자나 당뇨 환자가 돼 인생이 새로운 단계로 들어갈 수도 있다. 이렇게 2년마다 국가와 의료 전문가가 내 몸과 건강을 알뜰살뜰 챙긴다.

몸의 산업화는 의료 산업, 생활 스포츠, 건강 기능 식품, 성형, 신체 기관 시장을 포괄한다. 이 시장은 일찌감치 전지구화되고 계층화됐다. 미국에서는 유기농 식품을 먹고 정기적으로 운동하는 중상층은 평균적으로 건강하고 날씬한 반면 값싼 패스트푸드를 먹고 운동을 하지 않는 가난한 사람들은 뚱뚱한 사례가 많다. 한국은 아직 그런 정도는 아니지만 값비싸고 전문화된 운동, 피부 미용, 성형 시술이 자리 잡으면 어릴 때부터 관리를 받을 수 있는 계층은 몸 자체가 달라질 수밖에 없다. 패션뿐 아니라 얼굴 표정, 몸 동작이 돈과 지위를 나타내는 도구가 되면서 신체 자체가 사회적 계층을 드러내는 새로운 상징으로 떠오른다.

몸의 전문화는 관련 연구가 늘어나고 지식이 대중화되면서 더욱 진전됐다. 유튜브 등에서 학술 연구 결과를 쉽게 풀어주는 지식 중개인이 많아지고 그런 지식이 소셜 미디어에서 확산되는 속도도 빨라졌다. 몸을 대상으로 인과 관계를 밝히려면 다른 변수를 통제해야 하는데, 우리 삶에는 많은 변수가 복잡하게 얽혀 있어서 보수적이고 조심스러울 수밖에 없다. 그래서 전문가들은 입증된 연구 결과만 얘기하는데, 대체 의학, 상업화된

자본주의적 몸 생산

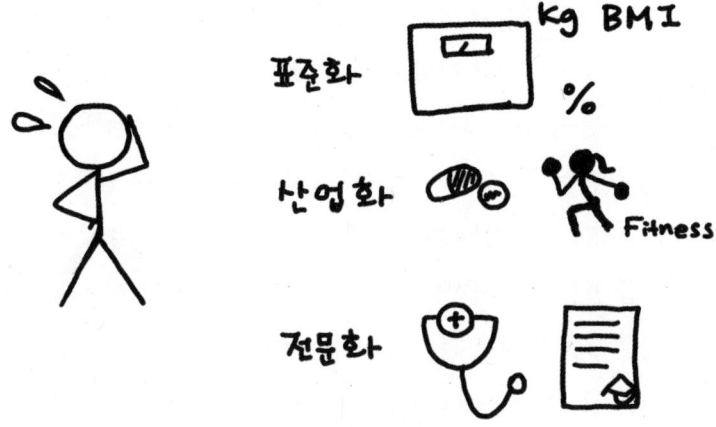

 의학 시장, 소셜 미디어는 훨씬 더 많은 정보를 쏟아 낸다. 지식의 다양화와 대중화가 결합돼 어느 날은 이렇게 해야 한다고 알려 주다가 다음에는 전혀 다른 이야기를 들려준다. 게다가 심리적 힘은 위약 효과 placebo effect를 가져올 만큼 대단해서 지식과 믿음의 경계를 흐린다.

 몸의 표준화, 산업화, 전문화는 서로 정당화하면서 같이 성장했다. 자본주의 사회에서 몸의 정치는 다양한 삶의 체험을 거치면서 체화되는 다양한 정체성을 향한 관심을 앗아 갔다. 한편으로는 모든 사람이 마땅히 가져야 하는 몸을 추구하도록 이끌고 그런 몸을 위한 소비를 부추긴다. 다른 한편으로는 인체 공학을 바탕으로 생산성과 경쟁을 우선시하는 잔인한 노동 현장, 인체에 해로운 농축산업, 맛있지만 몸에 해로운 가공식품, 소득 격차와 사회적 불평등이 자리한다. 의료 기술이 발달해 건강을 증진하고 수명이 연장됐지만, 결국 우리는 병원에 묶여 많은 돈을 써야 한다. 자본주의적 몸의 생산과 훈육이 자본주의적 생활 양식하고 충돌하면서 몸의 권력은 행사된다.

　사회적 공간의 생산과 공간의 소외를 향한 비판은 몸이라는 공간에도 적용된다. 잠자고, 먹고, 사람 만나고, 사소한 이야기에 웃고, 애써 일하고, 이마에 주름 생기고, 폐지 줍는 어르신 도와 무거운 수레를 미는 동작들이 내 몸을 만든다. 그렇지만 이렇게 새겨진 경험보다는 전문가들이 표준적이고 추상적으로 정한 기준에 따라 몸무게, 키, 인바디 같은 수치로 재현되는 몸 공간이 이 사회를 휩쓸고 있다. 내 몸에 새겨지는 일상과 기억은 하찮은 요소가 되고 전문가가 하는 조언에 맞춘 이상적 기준에 도달하지 못한다는 결핍이 내 몸을 지배한다. 이렇게 내 몸은 소외된다.

　동시에 몸은 자본주의 권력과 몸의 정치를 수동적으로 반영하고 도구가 되는 데 머물지 않는다. 몸은 정치적이고 사회적인 훈육과 통제의 장소이자 갈등과 저항의 현장이다. 몸은 한 사회의 특성을 잘 나타내는 산물인 동시에 자기 공간을 확보하는 시작점이자 나만의 장소다. 내 직업이 내 몸을 상하게 하는 방식, 내 핸드폰이 나를 노예로 만드는 현실, 긴장이 계속돼 도파민 중독으로 이끄는 삶의 태도, 시장이 강요하는 해롭지만 달콤한 음식에 저항하고 성찰하는 노력도 많은 사람이 실천하고 있다. 쉽지는 않다. 몸이라는 나만의 장소를 나 스스로 존중하고 인정하며 더 나아지도록 하는 장소 만들기 과정은 오늘도 투쟁적이다.

2장

헬스장
몸 만들기, 내 장소 만들기

몸의 훈육 정치 — 자기 계발 '루틴'과 근육

현대 사회에서 몸 관리는 훈육 정치의 형태를 띤다. 계량화, 표준화, 전문화된 몸 관리는 결국 주체가 실천해야 하기 때문이다. 미셸 푸코가 이야기하는 생명 정치^{biopolitics}, 곧 인구의 생명을 관리하고 조절하는 지식과 기술, 전략의 조합이 작동하는 셈이다. 국가와 사회는 법을 만들고 도시 계획을 세워 도시 공간을 만들 뿐 아니라 사회를 규제하고 규범을 제시하면서 주체를 형성한다. 현대 사회의 훈육적 생명 정치에서 몸 만들기는 핵심적이다.

몸이 표준화, 산업화, 전문화된다는 말은 바람직한 몸을 정하고 그런 몸으로 바꾸기 위해 필요한 물건을 사거나 실천하기 쉽다는 뜻이기도 하다. 핸드폰을 열면 시간대별 권장 운동이나 음식 먹는 순서까지 구체적 과학적 근거 아래 접할 수 있다. 근력을 키우려면 유산소 운동과 무산소 운동을 어떤 순서로 얼마큼 해야 하는지, 어깨를 벌리려면 어느 근육을 자극해야 하는지, 둔부 근육을 강화하려면 무슨 자세로 스쿼트를 해야

몸 훈육 – 습관(루틴)과 근육

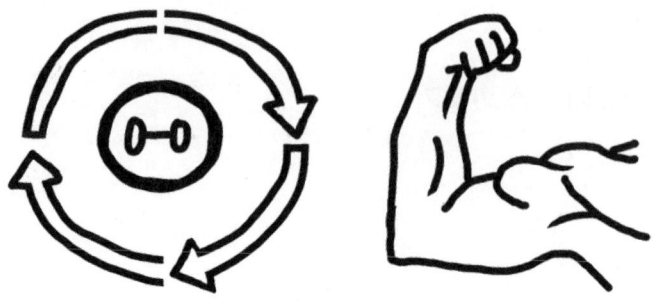

하는지, 간헐적 단식이 얼마나 좋은지를 둘러싼 의견이나 조언이 넘친다. 상의와 하의를 조화롭게 입는 방법, 눈썹 잘 그리는 방법, 머리 묶는 방법, 추천하는 제품 등 정보가 끝이 없다. 표정, 목소리, 몸동작을 좋게 하는 산업도 발전하고, 영양제와 유기농 음식은 거대 산업이 됐다. 돈이 있고 하고자 하는 의지와 실천력만 갖추면 완벽한 몸을 곧 만들 수 있을 듯하다.

2020년대 들어 소셜 네트워크와 미디어에서 몸 훈육에 관련해 눈에 띄는 주요어는 '루틴^{routine}'과 '근육'이다. 루틴은 자기 훈육의 방식이다. 특정 행위를 숱하게 반복해 내 몸에 자연스러워질 정도로 각인하면 마음이 안정되는 효과까지 얻는다는 점에서 설득력을 얻고 있다. 루틴은 몸 만들기 프로젝트에서 중요한 방법이다. 근육은 몸 훈육이 지향하는 목표다. 누구나 젊고 건강하게 살려면 근육을 키워야 한다는 말은 이제 상식이다. 컴퓨터와 핸드폰이 일상에 파고들면서 고개 숙인 채 장시간 앉아 있는 생활 습관 때문에 많은 사람이 목, 어깨, 허리 통증과 근육 손실에 시달리는 요즘, 유용한 해법으로 떠오르고 있다. 수명이 길어지면서 노년기에 건강을 지키려면 근육을 저축해 놓아야 한다고 한다.

20대 자녀를 둔 부모들은 가족끼리 대화하고 싶으면 운동 이야기를 해야 한다. 시큰둥하던 자녀들이 눈을 반짝거리며 헬스장에서 무게를 얼마나 '치는지'(데드 리프트로 든 중량을 뜻하는 헬스 용어. 조금씩 올라가는 성과가 숫자로 표현되는 기쁨을 담는 표현이다), 살을 얼마나 빼고 있는지, 벌크 업(근육을 늘린 결과, 또는 근육을 늘리는 과정에서 몸 부피를 키우는 일)이 잘되는지를 줄줄이 늘어놓는다고 한다. 물론 자녀가 생각대로 되지 않는 상황이라면 입을 더 굳게 다무는 부작용이 생길 수도 있다.

　많은 사람이 아름답고 힘 있는 몸이 되고 싶어 자기 자신을 다독인다. 뚱뚱하고 근육이 없던 예전 사진과 가늘고 근육질인 현재 사진을 올리면서 변화 과정을 공개하기도 한다. 해마다 헬스장에 등록만 하고 꾸준히 가지 못한다며 한탄하는 사람들에게 자기 훈육의 자극을 주는 정점에는 바디 프로필$^{body\ profile}$(다이어트와 운동으로 만든 최상의 신체 상태를 스튜디오 사진으로 남기는 일)과 머슬마니아 대회^{musclemania}(22개국에서 열리는 보디빌딩과 피트니스 대회. 한국에서는 2013년에 시작)가 있다.

　노력을 거쳐 도달한 이상적인 몸을 극대화해 전시하거나 경쟁하는 행위는 치솟은 자신감과 나르시시즘이 반영된 결과이지만, 이면에는 유약한 자아가 자리한다. 의료 업계와 항노화(안티에이징) 산업은 그런 훈육을 발판 삼아 몸을 향한 압박을 강화했다.

보디빌딩과 헬스장 — 계급의 반영과 권력의 전도

몸 만들기, 곧 보디빌딩은 아주 개인적이지만 사회적 공간인 내 몸을 발굴, 재창조, 관리, 유지하는 행위다. 몸 만들기는 자본주의적 공간 생산일 수도 있고 내 고유의 장소 만들기일 수도 있다. 사회적 기준에 따라 자기 몸을 무리하게 재창조해 오히려 건강하지 않은 트랜스포머로 만들 수도 있고, 내 몸을 소중히 여기며 발전시키는 과정이 될지도 모른다.

헬스장은 몸의 공간 정치에서 중요한 구실을 한다. 피트니스를 수단으로 해 몸을 건강하고 아름답게 만들려는 핵심적 장소이기 때문이다. 몸의 정치를 주도하는 유행, 훈육 권력과 거기에 순응하거나 저항하는 실천, 주도성, 몸과 건강에 관한 태도가 반영되는 곳이다. 규칙적으로 헬스장 가기는 새해마다 매번 하는 결심에 꼽히며 자기 자신을 상대로 벌이는 싸움이기도 하다.

2023년 9월 기준 전국에 헬스장은 1만4207개로, 코로나19 직전인 2019년에 견줘 81퍼센트 늘었다. 최신 운동 기구를 들여놓아야 해서 큰돈이 드는 반면 회원 유치 경쟁이 심해 폐업률도 높다. 1990년대까지 헬스장은 회원권을 산 회원들이 알아서 운동하고 상주 트레이너가 돌아다니면서 도와주는 방식이었다. 요즘은 피티$^{personal\ training}$(개인 훈련) 수요가 증가하고 운동이 조금 더 구체화, 과학화, 개인화되면서 '피트니스 센터'는 유망 사업으로 떠올랐다.

경력이 긴 어느 트레이너가 들려준 회상에 따르면 미국 캘리포니아주에서 들어온 피티는 2000년대 초반에 '몸짱 아줌마' 정다연이 등장하고 배용준 화보가 나오면서 크게 유행했다. 그전까지 마르고 여린 여성을 선호한 한국 사회에서 보디빌딩은 우락부락한 남성 '육체미'를 뜻했다. 정다연처럼 출산까지 한 여성이 저렇게 뛰어난 근육질 몸매를 만들 수 있고 배용준처럼 근육이 크지 않아도 남자의 몸이 멋질 수 있다는 미학적 감탄을 자아내면서 근육 운동과 트레이닝이 인기를 끌기 시작했다. 요즘은 흐름이 또 바뀌어 여성들 사이에 엉덩이와 허벅지 근육이 두드러지는 몸매가 유행이다.

헬스장 관리 방식도 달라진다. 2000년대 초반부터 에프시$^{Fitness\ Counsellor\cdot FC}$

(회원 유치와 상담 업무 담당자)들이 수익을 관리하기 시작한다. 운동만이 아니라 한 사람의 삶 전체를 관리하는 방식은 자연스럽게 소비로 이어져, 운동하려는 사람들은 헬스장 회원권을 끊고 피티를 받고 다이어트 보조제를 산다. 꽤 비용이 드는 일이라 온라인에서는 헬스장에서 겪은 부당한 경험을 공유하고 조언하기도 한다.

이렇게 사회적 분위기와 헬스장의 산업 전략, 소비자의 대응은 상호작용한다. 다른 나라에서 들어온 유행이 한국 상황에 맞으면 곧바로 안착한다. 요즘 굵고 짧게 하는 30분 고강도 운동이 유행하는데, 또 다른 트레이너에 따르면 사람들이 오랫동안 집중을 못하기 때문이라고 한다. 집중할 수 있는 시간이 짧아져 한 시간 넘게 하는 프로그램을 너무 길다고 느끼는 탓이다.

헬스장은 사회문화적 계급을 반영하는 공간이다. 통계를 보면 20대와 30대, 사무직, 고소득층이 많이 이용한다. 피티 회비, 헬스장 멤버십 비용을 지불하지 못하는 사람은 이용할 수 없어서 저소득층 지역에서는 헬스장을 찾기 힘들다. 최신 고급 장비와 서비스는 소수가 이용하는 헬스장에 한정돼 있다. 장애인, 장시간 노동자, 돈 없는 사람은 헬스장에 아예 가지 못한다. 특히 265만 명에 이르는 장애인이 접근할 수 있는 체육 시설이 드물고 장애인 헬스장이 없다.

영국도 상황이 비슷하다. "장애인이 돼서 좋은 점 하나는 아무도 내가 운동해야 된다고 기대하지 않는다는 사실이다." 이렇게 꼬집는 사람이 있을 정도다. 어느 당뇨병 전문의는 당뇨병을 관리하려면 운동이 가장 중요한데 장애인은 현실적으로 불가능하고 저임금 장시간 노동자들도 먼 이야기라며 안타까워했다. 장애인이 운동할 권리가 사회 문제로 떠오르자 2022년부터 장애인 스포츠 강좌 이용 정책이 시작됐다.

헬스장 안팎의 권력 관계

헬스장 내 정치도 치열하다. 어느 장소이건 사람들은 들어가서 자기가 그곳에 속하고 환영받는다는 느낌을 의식하기 마련이다. 헬스장은 육체를 드러내고 내 몸과 남의 몸을 의식하게 하는 장소이며, 카페하고 달라서 서로 대화하거나 고개를 숙이지 않기 때문에 거울에 비친 자기 자신이나 다른 사람의 몸이 눈에 들어온다. 인바디만큼 '눈바디'('눈'과 '인바디'의 합성어. 거울에 비친 자기 몸의 변화를 점검한다는 뜻)도 중요한데, 헬스장에서는 모든 사람이 모든 사람의 몸을 눈바디할 수 있기 때문이다.

헬스장의 주류는 훌륭한 몸매에 뛰어난 힘과 자세를 보여 주는 사람들이다. 근육질 남성과 섹시한 여성이 눈에 띈다. 예전에 견줘 덜하지만 여전히 젠더 구분이 있다. 어떤 연구에 따르면 그런 몸을 갖추지 못한 사람, 특히 나이 든 여자는 심지어 트레이너에게도 환영받지 못한다. 그렇지만 50대와 60대 여성은 신도시 베드타운 헬스장에서 주류 지위를 차지하면서 그곳의 운명을 좌우하는 사례가 많다. 1회 이용권을 끊어 전형적인 신도시 헬스장에 가보니 과연 낮 시간 헬스장은 중년 여성들이 건강과 사교를 도모하는 핵심 장소였다.

헬스장 내부 권력 관계는 많은 사람이 느끼는 현실이다. 체험담을 물으면 '불편하다', '부끄럽다', '몸을 계속 의식하게 된다' 같은 이야기가 많았다. 사회적으로 성공한 어느 중년 남성은 헬스장에 가면 자기가 몇 십 년 동안 쌓은 성과가 다 없어지고 나이 든 몸만 남아 기분이 나쁘다고 했고, 한 젊은 여성은 남자가 많고 거울로 둘러싸여 불편해서 개인 피티를 받는 피티 숍으로 옮긴 적이 있다고 했으며, 어느 젊은 남성은 몸이 좋아져 헬스장에 머무는 시간이 기분 좋다고 했다. 트레이너가 자기 몸을 진단하면서 노골적으로 단점을 지적한 뒤 자괴감이 들어 운동을 계속할 수 없다는 사람도 만났다. 헬스장은 사회적으로 이상적인 체형과 바람직한 건강 상태가 부각되는 공간인 만큼 이 기준에 미치지 못하는 사람은 부정적인 신체 이미지에 갇히는 경험을 하게 된다.

나만의 장소 만들기 — 내 몸 바꾸기와 더 나은 삶

국가, 사회, 산업이 우리 몸을 사회적 공간으로 생산하는 데 맞선 저항은 내 고유의 체험에 문화적 의미를 부여하는 장소 만들기다. 이런 과정에서 우리는 내 몸을 존중하고 먹거리와 입을 거리에 신경 쓰면서 지구 환경 문제까지 고민할 수 있다. 실제로 몸을 향한 관심과 환경 문제를 향한 관심은 같이 커 왔다.

헬스장은 단지 건강을 위한 곳이기보다는 몸 만들기, 곧 보기 좋은 몸 만들기에 집중하는 곳이라서 현대 몸 만들기의 딜레마를 잘 보여 준다. 나도 처음 허리 통증에 시달리다 헬스장에 다니기 시작했다. 처음에는 허리가 목표였지만, 분위기에 고무되면서 빨리 체지방을 낮추고 싶었다. 바디 프로필을 목표로 하는 사람들은 더 할 듯하다. 몸 만들기를 짧은 시간

나만의 장소, 몸 만들기

에 하려다 보면 부작용이 많다. 흔히 잔근육까지 잘 드러나 이상적으로 여겨지는 체지방률 10퍼센트대 몸은 기아 상태나 다름없다. 갑작스러운 감량과 호르몬 변화 때문이다. 근육을 키우는 스테로이드제를 복용해서 부작용에 시달리는 사람도 늘어나고 있다. 신체 강박 같은 심리적 문제도 심각하다. 몸에 집착하고 과시하는 태도와 사람들 앞에 잘 나서지 못하는 회피적 은둔은 동전의 양면이다.

   몸 문제를 진지하게 바라보는 트레이너들은 산업이 된 몸 만들기 시장을 고민한다. 어느 트레이너는 대회를 나가려고 준비한 식단이 건강하지 않은데다가 수분까지 제한한다며 정말 몸을 위한 운동인지 회의가 든다고 말한다. 한 회원이 다이어트를 지나치게 하다가 조기 폐경을 하는 모습에 충격을 받아 훈련 방향까지 바꾼 사람이었다. 그 뒤 보이는 근육을 키우는 헬스가 아니라 몸이 제대로 기능하게 하는 운동, 지속 가능한 다이어트와 꾸준한 자기 관리에 집중한다고 했다. 그렇지만 그런 건전한 훈련과 조언은 여전히 인기가 별로 없다며 푸념했다.

　몸 만들기 열풍이 지속 가능한 건강과 자기 계발로 이어지려면 이런 건강한 요소가 핵심이 돼야 한다. 헬스장에서 드러나는 내 몸에 신경 쓰는 대신에 근육이 받는 자극을 느끼고 좀더 어려운 과제에 도전하면서 성장하는 즐거움을 누려야 한다. 힘든 과정을 거치며 자기를 발전시키는 보람 속에서 땀 흘리는 옆 사람은 비교 대상이 아니라 함께 운동하는 동료가 될 수 있다.

　헬스장에서 쓰는 용어가 대중적이 되자 공공 단체도 눈바디를 관리하라며 건강 상식으로 포장한 조언을 건네기 시작한다. 건강한 간식 먹기, 물 자주 마시기, 적절한 수면 취하기를 실천하라고 권한다. 성형 수술까지 받아야 할 정도로 큰 엉덩이에 집착하는 모습은 안타깝지만, 많은 사람이 너무 오래 앉아 지내면서 엉덩이 근육이 퇴화한 현실은 맞는 만큼 중둔근 훈련은 큰 도움이 된다. 공공 정책으로 근력 운동을 할 권리를 홍보해야 할 정도로 우리 삶의 방식에서 허리, 어깨, 목은 위기다.

　건강한 몸 만들기란 자기 몸을 제대로 파악한 뒤 적당한 운동을 해 건강과 자신감을 얻는 과정일 테다. 상품화된 '워너비' 몸매와 이상적인 숫자가 미치는 압력에 저항하고, 자기 몸이 지닌 객관적 조건을 수용하고, 객관적인 나만의 몸에서 시작해 인생을 개척하는 기쁨을 느끼는 식 말이다. 이런 과정은 개인의 몸을 매개로 자기 이해와 사회적 건강을 증진하는 동시에 더 나은 삶으로 나아가는 길이다. 그렇게 되면 건강한 몸과 마음을 추구하는 노력은 지나가는 유행이 아니라 지속 가능한 장소 만들기가 될 수 있고, 또 다른 장소 만들기로 이어진다.

3장

집, 권력, 자본
부동산 정치와 공간적 전략

정부, 개발업자, 선수 — 부동산 정치의 주요 참여자들

한국전쟁 이후 빠른 경제 발전과 도시화 속에서 '집'이라는 공간은 권력의 공간과 공간의 권력을 실감 나게 보여 줬다. 자본주의에서는 돈이라는 권력이 있어야 좋은 위치에 집을 살 수 있었다. 그런 집은 사회적 지위와 편리한 삶을 가져다주고, 무엇보다 집값이 올라 더 큰 권력을 안겨 줬다. 미래의 집값 상승은 도시 발전과 도시 계획에 좌우됐다.

자본주의 도시 개발의 궁극적 목적은 부동산 가격 상승이다. 이런 시각은 비판적 도시 정치 연구에서는 상식이지만, 보통 사람들에게는 이상하게 들릴 수도 있다. 도시 개발에 힘쓰는 주요 참여자들이 모두 부동산 가격을 올리겠다고 다짐한다는 말은 아니다. 도시를 더 좋은 곳으로 만들면 그렇게 된다는 뜻이다. 도시 개발을 한 부작용으로 부동산 가격이 오른다는 말이 아니라, 주민, 기업, 방문객이 좋아하는 기반 시설과 생활 시설을 갖추면 도시 전체의 상품 가치가 당연히 올라가기 때문이다. 참여자들이 선호하는 가치가 대기업이나 대형 쇼핑몰일 수도 있고, 자연 친화형

공원일 수도 있고, 그곳에 뿌리내린 인맥일 수도 있다. 그런 선호는 시대와 사회에 따라 다르지만, 많은 사람이 원하는 가치가 집약된 도시는 부동산 가격으로 환산될 수 있고 국세와 지방세를 늘린다.

개발 정치의 양상과 주요 참여자들은 도시 정치에서 중요한 연구 대상이었다. 한국 사회에서 부동산값 올리기 개발 정치에 참여한 주요 행위자들은 꽤 순조롭게 이득을 볼 수 있었다. 경제 성장이 빠르게 진행된 덕분이었다. 정부는 공공시설을 제공할 책임에서, 민간 개발업자는 사업에 실패할 위험에서 어느 정도 안전할 수 있었다. 브랜드 가치를 고려해 건설사나 조합이 아파트 단지에 필요한 인프라를 마련하기 때문에 정부는 주민 복리 시설을 제공할 의무를 어느 정도 덜었다. 민간 개발업자는 아파트를 비롯한 주택을 공급하면서 분양 결과를 그다지 염려할 이유가 없었다. 부동산은 오른다는 믿음을 바탕으로 집이 완공되기도 전에 사는 선분양 제도를 유지할 수 있었고, 덕분에 개발업자는 자기 자본으로 건설 비용을 감당하지 않아도 됐다.

여기에 주택청약 제도와 주택담보대출 제도가 더해져 더 많은 미래 구매자를 안정적으로 공급했다. 아파트를 집단적으로 신속하게 지을 수 있도록 도시 계획을 조정해 준 국토계획법의 '아파트지구' 제도는 1970년대에 생겨 2003년까지 유지됐다. 오른 집값 덕분에 구매자도 어김없이 이득을 보면서 부동산 불패 신화가 탄생했다.

이런 과정은 복지와 개발, 투자와 투기, 공공과 민간을 섞어 놓았다. 서구에서 21세기 들어 신자유주의가 득세하며 등장한 모습이 한국에서는 발전주의와 고속 성장, 급격한 도시화 속에서 비슷한 형태로 나타났다. 국가는 시장을 좌우할 수 없는 상황에서 주로 취약 계층에 공공 임대 주택을 공급하고 대출을 지원하거나 규제하는 정책을 펼칠 수 있는데, 민

부동산 정치 참여자들

간 개발업자는 정책 허점을 뚫는 노하우를 갖춘데다가 제도 자체에 결함이 없을 수 없기 때문에 정책 결과가 의도하고 반대로 나타나는 사태도 종종 벌어졌다.

21세기 들어 주택 금융화financialization of housing가 진전되자 집의 공간 정치에서 자산가들이 주요 행위자로 등장했다. 주택 금융화는 주택과 부동산이 금융 자산으로 취급되면서 금융 시장에서 거래되고 금융 상품으로 활용되는 상태를 뜻한다. 특히 대자산가, 곧 슈퍼리치들이 주요 대도시에 많은 부동산을 사들여 이익을 보면서 부동산 시장을 바꿔 놓았다. 런던 같은 집값 비싼 곳에 고급 아파트를 사 놓고 해러즈 백화점에 쇼핑하러 올 때만 잠깐 이용하는 중동과 러시아 부호들이 있다. 런던 금융 시장 종사자들은 보너스를 받으면 차를 바꾸기에는 너무 큰 금액이라 부동산에 '묻지 마 투자'를 한다. 한국 부동산을 닥치는 대로 사들이는 중국 부자들은 자산 축적 규제가 심해지고 주택 시장이 불안정해지자 중국에서 미국, 캐나다, 영국, 일본, 한국 등 외국으로 투자 방향을 돌린 사례다.

대자산가들이 가장 중요하게 보는 조건은 위치, 곧 집이 있는 나라와 도시다. 집은 물리적으로 고정돼 있기 때문에 위치가 가지는 외부 효과가 무엇보다 중요하다. 어떤 집은 주변에 관공서, 학교, 지하철역, 수영장, 쇼핑몰, 아름다운 정원, 오솔길 등이 있는 반면, 다른 집은 녹지 하나 없이 바로 옆에 매연을 내뿜는 공장이나 소음이 심한 고속 도로가 자리할 수도 있다. 주택 금융화 시대에는 단순히 이런 환경뿐 아니라 부동산 관련 세금이나 외국인 투자 유치 정책도 중요하다. 또한 그 나라와 도시에서 얻을 수 있는 네트워크, 지정학적 위치, 이미지 같은 큰 규모의 외부 효과도 중요하다.

자본은 없지만 관련된 노하우를 갖추고 발빠르게 활동하면서 부동산 시장에 큰 영향을 미치는 주요 행위자도 있다. 보통 '부동산 시장 선수들'이라고 불리는 이런 사람들은 제도를 이용하거나 변형하거나 편법을 써서 이익을 얻는다. 아파트 재건축 조합에 관여하거나, 대출 제도를 활용해 자기 자산보다 훨씬 더 큰 자본을 굴려 '전세왕'이 되거나, 부동산 가격이 오르내린다는 언론 기사를 내거나 소문을 퍼트려 이익을 취한다. 이 선수들은 정부가 도시 재생을 추진한다고 하면 도시 재생 활동가로 변신해서 공익을 위해 정부 정책에 부응한다는 외피를 쓴 채 이익 추구 활동을 계속한다. 정부 공모 사업을 따내려고 제안서를 쓰거나 제안서를 대신 써 주고 비용을 받으면서 없는 회사까지 만들어 낸다. 흔히 사회운동 중 빈민 운동이 지저분하다고 알려져 있는데, 철거 지역에서 돈 없는 세입자인 척하며 딱지(입주권)를 얻어 시장에 팔거나 빈민 운동에 관여해 이익을 얻으려는 부동산 선수들이 자주 개입하기 때문이다. 정부가 취약 계층을 위한 정책을 추진하면 진짜 취약 계층보다 이런 선수들이 먼저 줄을 서서 취지 좋은 정책을 허무하게 만든 사례도 많다.

대자산가와 부동산 선수들의 존재는 아는 사람은 다 아는 상식이지만, 구체적으로 이해하기는 쉽지 않다. 연구자들이 접근하기 어려운 탓에 그런 이들이 활동하는 메커니즘을 깊이 있게 다룬 연구가 부족하기 때문이다. 국가와 금융 기관(은행)이 제도화된 공식적 주요 행위자라면 대자산가와 부동산 선수들은 공식적이거나 비공식적인 접근을 모두 동원해 이득을 얻으면서 부동산 생태계를 교란한다.

이런 선수들은 고립된 집단으로 따로 존재하기도 하지만 그렇지 않은 사례도 많다. 부동산 선수들이 부동산에 관련된 일에 직간접으로 관여하는 네트워크는 폭넓고 일상적이다. 각종 규제에 연관된 의사 결정을 하는 사람들에게 로비를 하고, 어느 전문가가 언제 어떤 결정을 내리는 자리에 갈지 모르니 관련 전문가들에게 분에 넘치는 대접과 회의비를 제공하고, 정치적 성향뿐 아니라 자기 자신이나 친인척의 이해관계 때문에 개발 결정을 내리는 정치인 주변에서 정보를 수집하고, 개발 정책을 고리로 이익을 얻을 계획을 미리 세우는 사람들이다.

자본의 2차 순환 — 자본주의 위기를 극복할 자본주의적 해결책

"저렇게 많은 집 중에 왜 내 집은 없는 걸까?" 이런 말에 많은 사람이 공감했다. 예산이 남아서, 올해 예산한 대로 다 쓰지 않으면 내년 예산이 깎일까 봐 멀쩡한 보도블록을 다시 까는 일도 예전에는 흔했다. 요즘은 보도블록을 잘 갈지 않지만, 연말이면 보이지 않는 곳에서 예산을 소진하니 결국 마찬가지다. 1년 단위 예산을 다루는 지자체가 쓰는 자구책이지만, 자본주의 전체로 넓히면 자본주의의 숙명으로 이해될 수 있다. 앞서 말한

잉여 자본 문제를 공간적으로 해결하기

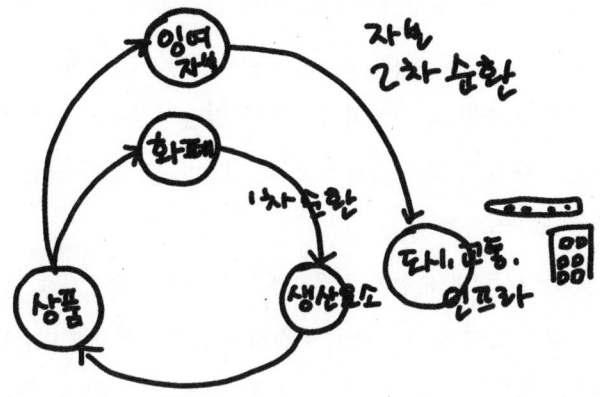

부동산 시장의 주요 참여자들도 중요하지만, 좀더 넓은 정치경제학 측면에서 공간 정치를 보면 또 다른 측면도 나타난다. 집뿐 아니라 많은 건설 프로젝트와 개발 사업이 계속 일어나는 이유를 데이비드 하비^{David Harvey}는 자본 순환 개념으로 설명한다.

자본주의 사회에서 생산이 지나치면 예전만큼 이윤을 얻지 못하면서 이윤율이 하락한다. 그러면 경쟁력이 낮은 자본부터 손실을 입고 파산하는 등 위기가 발생한다. 이런 자본주의 위기는 일정한 주기로 계속 반복돼 왔다.

위기만큼 위기를 극복하기 위한 자본주의 사회의 몸부림이 중요하다. 전문가들은 국가가 하는 기능, 생산 방식의 전환, 구조 조정 등을 그런 노력으로 설명했다. 그중 하비를 비롯한 정치경제학자들에 따르면 공산품 생산보다 자본이 더 많이 필요하고 자본 회수가 오래 걸리기 때문에 민간 투자가 부족해진 부문을 찾아 그쪽에 공산품 생산 부문에서 남는 잉여

자본을 투자하게 하는 방식도 자본주의 위기를 극복하는 중요한 방법이다. 투자가 부족한 부문은 주로 공장이나 건물 같은 고정 자본, 도로나 항만 같은 공공 인프라, 그리고 부동산 투자다. 부동산 투자보다 더 느린 부문은 사람이다. 순환 속도에 따라 나누면 일반적인 공산품 생산은 1차 순환, 건설은 2차 순환, 과학기술과 교육, 건강, 주거 등에 관련된 투자는 3차 순환이다.

1차 순환에서 2차 순환으로, 2차 순환에서 3차 순환으로 잉여 자본을 옮기는 방식은 잉여 자본 문제를 해결하는 근본적인 해법이 되지 못한다. 자본의 2차 순환은 경제의 생산 능력을 당장 직접적으로 향상시키지는 않지만 경제가 성장할 기초를 마련하고 장기적 자본 축적에 기여하기 때문에 미래에는 더 큰 잉여 자본을 만들어 낸다.

주택담보대출 제도는 금융 기관에 권한을 줘 자본의 2차 순환을 제도적으로 뒷받침하는 방식이다. 결과적으로 더 많은 개인이 주택 소유자라는 중산층 의식을 지니게 된다. 화장실과 방 하나만 내 것이고 나머지는 은행 소유라 할지라도 집 소유주가 될 수는 있기 때문이다. 또한 주택을 담보로 한 금융 상품이 개발되면서 주택 시장은 금융 시장에 더 직접적으로 연계된다.

흔히 한국이 아파트 투기가 심한 국가라고 하는데, 다른 나라들도 다르지 않다. 전세계 주택 시장이 금융화된 뒤 주택 투기는 더 본격적이 됐다. 주택 금융화에서 핵심은 주택담보대출이 증권화돼 저금리 주택담보대출이 세계적으로 폭증한 현상이다. 한국에서는 부동산 증권화 현상이 미약했지만, 증권화 없이도 주택담보대출이 폭증한데다 전세담보대출이라는 특이한 제도까지 있어 독특한 방식으로 금융화가 진행됐다.

은행이 이런 주택담보대출을 활용하기 시작했다. 20년이나 30년 동안 갚는 주택담보대출은 안정적인 수익원이 됐다. 주택담보대출 증권을 모은 금융 상품을 만들어 투자자에게 판매까지 하면서 집도 주식처럼 사고팔게 됐다. 또한 개인 투자자가 부동산에 투자할 수 있는 수단이 늘어나는 변화도 주택 금융화의 일부다. 부동산 시장의 유동성을 증가시켜 주택이 투자 대상으로 바뀌고, 그런 투자 수요 때문에 주택 가격이 상승한다. 그래서 주택의 수요와 공급을 이야기할 때 집을 단순히 주거 공간으로 생각할 수 없는 상황이다.

자본의 2차 순환과 주택 금융화는 현대 자본주의 경제에서 자산 축적과 금융 시스템 발전에 중요한 구실을 한다. 흔히 집을 생활 공간이 아니라 투자 상품으로 보는 욕망을 비판하지만, 주택 금융화는 자본주의가 내세우는 자구책이다.

한국에서는 1998년 외환 위기와 2008년 전세계 금융 위기를 겪으면서 자본 축적 형태로 부동산 순환과 주택 시장 금융화가 빨라졌다. 주택 임차 금융을 활용해 임대 수익을 높이는 방식이 더 강력해지고 쉬워졌다. 주택담보대출에 이어 전세 대출이 대폭 확대되면서 개인이 꾸준히 돈을 모아 전셋집을 구하거나 집을 사던 방식은 자기 돈으로 살 수 없는 더 좋은 집을 전세로 구하는 방식으로 바뀌었다. 주택 소유권을 더 많은 사람에게 주듯이 더 많은 사람을 더 좋은 집에 살 수 있게 한 셈이다. 이렇게 개인의 삶의 질을 향상시키면서 자본주의는 구조적 위기를 공간적으로 해결했다.

공간과 불평등의 복잡한 얽힘 — 개인들이 세운 공간 전략

불평등이 중요한 쟁점이 된 현대 사회에서 특히 개인이 아무리 노력해도 불평등을 극복하기 힘든 이유가 바로 부동산이다. 세계 여러 대도시에서 부동산 가격이 급등하면서 물려받은 재산이 없으면 집을 사기 힘들어졌다. 집값이 계속 올라 격차가 더 벌어지기 일쑤다. 집에 관련된 공간적 불평등의 상징은 게토ghetto다. 서구에서는 낡고 좋지 않은 건물이 많은 지역에 가난한 유색 인종이 모여 살면서 물리적 집중이 사회정치적 경계를 만들었다. 한국에서는 달동네가 있었고, 가난한 동네에 퍼져 있는 반지하, 옥탑방, 고시원이 그런 구실을 했다.

불평등은 공간적으로 표현되기만 하는 데 그치지 않고 공간적으로 극복되기도 한다. 자본주의 사회만 공간적으로 위기를 극복하는 것이 아니라 개인도 집이라는 공간을 마련하고 이용하는 방식이나 의미를 바꿔 자기에게 닥친 경제적이거나 사회적인 위기를 일시적으로 땜질한다. 이런 시도는 집의 공간 정치에서 중요한 부분을 차지한다.

외부에 있는 사회적 공간에 대비해 집은 가족, 휴식, 재충전을 상징하는 공간이었다. 그런데 집에서 일하는 사례도 늘었고, 혼자 사는 사람도 증가했으며, 투자 대상이 되거나 영원히 구매하지 못하게 돼서 의미가 달라졌다. 집이 지닌 형태와 집을 이용하는 행태는 사회경제적 계층, 가족 관계, 일과 휴식, 친구 관계까지 개인과 사회 사이의 상호 작용을 잘 드러낸다. 지금은 이런 문제들이 주택에 감춰져 있다.

1990년대 국제통화기금IMF 금융 위기 시기에 노숙자가 늘어났는데, 특이하게도 집 있는 남자 노숙자가 많았다. 돌아갈 집이 있지만 가장이라는 체면 때문에 가족에게 실직 사실을 털어놓을 수 없어서 차라리 집을 버린 사람들이었다. 집이란 권력을 누리는 공간이지만 가족 부양이라는 조건을 충족해야 하는 부담이 있었고, 그때 그 사람들은 그런 조건을 충족할 자신이 없어지자 부담 주는 장소를 나오는 선택을 하고 말았다.

예전에는 대부분 억지 결혼이라도 했고, 가계 수입이 넉넉지 않으면 달동네나 반지하에 살았다. 지금은 돈 못 버는 자녀가 나이 들어도 결혼하지 않고 부모하고 같이 산다. 그래서 게토나 달동네가 눈에 보이지 않게 스며든 셈이다. 이런 현상은 한국뿐 아니라 성인이 되자마자 독립하는 관행을 당연하게 여기는 서구 사회에서도 일어나고 있다. 캥거루족 문제는 실업률이 예전만큼 의미 있는 지표로 기능하지 못하는 이유하고 통한다. 우리 사회가 마주한 경제 문제를 나타내는 수치로 자주 등장하던 실업률이 지금은 의미가 없다고 경제학자들은 말한다. 일할 의욕이 있는 사람들, 곧 일자리를 찾은 이력이 있는 사람 수를 분모로 삼아 실업률을 계산하는데, 지금은 구직 의사가 없는 사람이 너무 많이 늘었다. 그중 은둔형 외톨이가 되는 사람들도 있다. 자기 삶의 문제를 감당하기 힘들어서 공간적 해법을 찾은 셈이다.

공간적 불평등은 또한 이주와 이동 때문에 복잡해진다. 빈곤은 전지구적인 것과 지역적인 것이 만나는 곳에서 일어난다. 집과 직장 사이의 거리는 대중교통이 발달한 한국에서는 어느 정도 해결할 수 있는 문제인 반면, 자가용이 주된 교통수단인 나라에 사는 가난한 이주 노동자에게는 대중교통에 의지해야 하기 때문에 큰 골칫거리가 된다. 한국에서도 논밭에 들어선 나홀로 공장 옆에 이주 노동자들이 살 곳을 대충 짓는 사례가 많다. 일상에서 이동을 최소로 줄이려는 속셈이다. 어느 공무원은 이주민 주거 수준 관련 설문 조사를 하면 뜻밖에 만족도가 높아서 난감하다고 하소연했다. 열심히 일해서 자산을 모으려는 이주민들이 허름한 숙소도 미래를 위한 투자라고 생각하며 감내하기 때문인 듯했다. 법적 지위가 불안정해 사회적 분노를 표출하기 어려운데다가 당장 참고 견뎌서 더 많이 송금하려는 마음이 큰 모양이었다.

공간은 불평등을 덮거나 숨기는 기능도 한다. 아마르티아 센^{Amartya Sen}

불평등을 강화하기도 하고 감추기도 하는 부동산

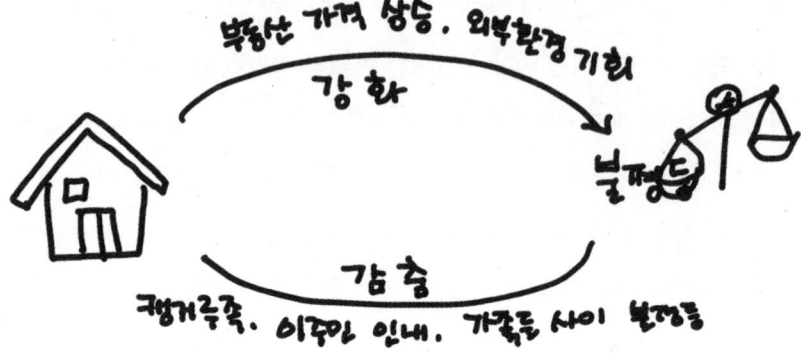

이 비판한 대로 한집에 같이 사니까, 한동네 사람이니까 불평등을 간과한다. 가구를 단위로 해 빈곤을 측정하면 성원들 사이에 나타나는 불평등은 생각하지 않는다. 한 집안에 있는 자원이 평등하게 쓰이지 않는, 특히 젠더에 따라 불평등하게 쓰이는 사례가 많은데도 말이다. 한국에서 남녀 임금 격차는 1990년대에 견줘 줄어든 상황이지만 여전히 나이가 들수록 벌어진다. 여성이 노동 시장에 참여하는 비율은 나이가 들면서 서서히 떨어지기 때문에 60대에는 남성이 여성에 견줘 네 배에서 다섯 배 되는 임금을 받는다. 이런 불평등은 한 공간에 살 때는 보이지 않다가 떨어져 사는 상황이 되면 표면으로 올라온다.

기술을 이용해 같이 살기 힘든 사람들이 견디기도 하고 떨어져 있는 가족들이 가족 형태를 유지하기도 한다. 한집에 살아도 혼자 지내고 문자로 대화하는 실질적 독거인이 늘어난다는 이야기도 들린다. 각자 핸드폰으로 원하는 드라마나 동영상을 보면서 지내는 개인화가 집 안에서 가능하기 때문이다. 반대로 떨어져 사는 가족이 영상 통화를 하며 일상을 나눌 수도 있게 됐다. 기술이 소외된 사람들을 더 소외시킨다고 하지만, 이주민은 그나마 영상 통화 덕분에 고된 삶을 견디고 노인은 미디어에 기대어 외로움을 덜 수 있다. 공간과 기술, 불평등은 복잡하게 얽힌 관계다.

4장

마을 만들기
새마을운동부터 당근마켓까지

마을 만들기 — 공동체가 이끄는 장소 만들기

마을 만들기는 고전적이고 좁은 의미에서 장소 만들기하고 가장 닮아 있다. 바람직한 공공 공간을 만드는 활동과 과정을 뜻한다는 점에서 그렇다. 마을 만들기란 주민이 공동으로 노력해 물리적 환경, 사회적 시스템, 주민들 사이의 관계성과 공동체를 회복해서 일상적으로 마주치는 문제를 함께 해결하고 삶을 변화시키려는 활동이다. 공원 만들기, 놀이터 리모델링, 담장 허물기, 벽화 그리기, 마을 축제, 쇠락한 상권 활성화, 차 없는 문화의 거리 만들기 등처럼 바람직한 공공 공간 만들기를 뜻한다. 장소 만들기 개념은 이렇듯 공공 공간에서 시작해 차츰 의미가 확대됐다.

 마을 만들기는 또한 도시 재생하고 많이 겹친다. 도시 재생은 물리적 환경 개선, 일자리 생태계, 환경 보호를 목적으로 하는 프로그램이다. 마을 만들기와 도시 재생은 주민들이 누리는 종합적인 삶의 질을 개선하려는 시도로, 주민 참여가 핵심적이다. 한국에서는 정부가 주도하는 제도로 자리 잡은 경향이 있지만, 워낙 의미가 폭넓어서 환경 의식이 높고 주민

마을은 누가 만드나

참여가 당연해진 현대 사회에서는 도시 정책이나 마찬가지라고 할 수 있을 정도다. 마을 만들기를 주민 주도형 도시 재생이라 볼 수도 있고, 도시 재생에 참여하는 주요 행위자인 정부, 민간 기업, 주민으로 구성된 거버넌스 체제에서 중요한 요소로 여겨지는 주민 참여 형태가 마을 만들기라고 볼 수도 있다.

마을 만들기가 등장한 배경에는 자본이나 국가가 주도한 하향식 성장 위주 도시 개발, 유지, 개선 프로그램을 향한 비판과 마을 공동체를 되살리고 싶은 욕구가 놓여 있었다. 한국전쟁 이후 자본주의적이고 국가주의적인 개발주의는 단지 개발 방식에 머물지 않고 훈육적 특성을 드러냈다. 그렇지만 대안으로 제시된 마을 만들기도 어느 정도 계몽적인, 곧 기성의 훈육을 뛰어넘으려는 특성을 보여 주고 물리적, 사회적, 정서적 장소 만들기를 총체적으로 바라보는 경향을 띤다.

새마을운동 — 국가가 이끄는 마을 만들기

국가가 강력히 끌고 간 마을 만들기가 있다. 바로 새마을운동이다. 계몽적인 근대화 프로그램으로서 새마을운동은 근면, 자조, 협동 정신을 갖추라며 주민을 동원했다. 초기에는 마을 활성화 사업 형태로 진행되다가 1972년 10월 유신 뒤에는 국가 주도형 국민 동원이라는 특성이 강해졌다. 일상에서 반복적으로 강조된 탓에 1970년대를 어린이로 산 내 귀에는 〈새마을 노래〉가 아직도 또렷하다.

1980년대 후반에는 나는 고등학생을 대상으로 한 새마을 연수에 참가했다. 학교가 추천한 고등학생을 새마을 지도자로 키우는 프로그램이었다. 연수 참가자가 대학에 들어가도 지속적으로 관리할 계획이었다. 일주일 동안 미래의 새마을 지도자로서 조국에 복무해야 한다는 이야기를 귀에 박히도록 들었다. 고등학생인 우리는 잠을 두세 시간 자면서 구호, 노래, 영어로 새마을 지도자로서 충성을 다한다고 약속하는 많은 테스트를 통과해야 했다. 마지막 행사 때 장기 자랑을 하면서 신나게 노는데 태극기가 올라가고 애국가가 울려 퍼졌다. 수면 부족과 세뇌로 얼이 빠진 우리는 다들 북받치는 애국심에 통곡했다. 이듬해 새마을 비리가 터지면서 신문마다 새마을운동중앙본부 연수원 사진이 실렸다.

개인이 아니라 여럿이 함께 장소 만들기를 추진하는 과정에서는 주요 행위자가 중요하다. 어떤 장소 만들기이든 모든 면에서 더 나은 곳을 추구하기 마련이다. 참여자가 모두 똑같이 적극적으로 나서는 상황은 비현실적이기 때문에 새로운 지향점을 제시하는 이들이 앞장서게 된다. 새마을운동처럼 국가가 권력을 행사하는 마을 만들기에서는 계몽적인 성격이 짙어지고 엘리트 위주로 흐르는 경향이 나타난다. 다만 그런 과정에서 참여자들이 자기 할 일을 찾아 보람을 느끼고 발전하는 정도에 따라 결

새마을운동 — 국가가 이끄는 마을 만들기

과가 달라진다. 새마을운동은 여성에게 지도자를 할 기회를 준다는 의의도 중요하다. 한 끗 차이가 크다.

　새마을운동은 하향식 계몽 운동이라는 점에서 흔히 비판받지만 한국 사회의 수준을 높인 계기로 기억하면서 향수를 품는 사람들도 꽤 있다. 본고장인 한국에서 새마을운동을 부활시키려는 시도도 많았고, 몇몇 저개발국에서 농촌 개발 모델로 교육하기도 했다. 통치자 처지에서 볼 때는 경제 성장만큼 사람들의 조직, 태도, 마음가짐이 따라와야 했다. 훈육적 통치는 통치 권력의 시작점이자 도달하려는 마지막 단계일 수 있었다. 새마을운동은 기회가 될 때마다 언급됐다. 마을 만들기 개념이 떠오르자 우리를 잘살게 해 주고 공동체를 강조한 새마을운동을 마을 공동체 운동과 마을 만들기에 연결하자는 사람들도 있다.

　새마을운동에는 개인의 자유는 공공의 이익을 위해 당연히 희생돼야 한다는 이데올로기가 깔려 있었다. 공동체를 위해, 직장을 위해, 나라를 위해 개인적 사생활이나 자유는 우선순위에서 밀렸다. 이런 이데올로기는 한반도가 정전 상태인 탓에 쉽게 정당화됐다. 발전^{development}과 성장^{growth}은 본디 다른 개념이지만, 일본, 한국, 대만이 대표하는 발전 국가 $^{developmental\ state}$ 개념에서 발전이란 경제 성장을 뜻했다. 한국에서는 국가와 자본, 특히 재벌로 대표되는 대자본 사이의 관계는 어느 나라보다 긴밀했다.

국가가 주도한 도시 개발 과정에서도 주민은 소외되기 마련이었고, 기껏해야 소극적 수혜자에 머물렀다. 폭력적 철거와 상업적 고급화가 동시에 진행되면서 세입자를 떠나게 하는 젠트리피케이션이 대표적이다. 주택 소유주와 상업용 건물 소유주는 많은 이익을 얻은 반면 세입자는 대안 없이 쫓겨났다.

1980년대에 사교육과 부동산 열풍 속에서 사람들은 서로 사회 구조가 됐다. 한국전쟁 이후 한껏 높아진 세속적 욕망은 사교육과 부동산을 주된 투자처로 삼아 다른 사람들 행태를 눈여겨보면서 따라잡으려 했다. 다른 한편으로는 민주화 운동이 영향을 미쳐 도시 빈민 운동을 비롯해 도시는 누구의 것인지 묻는 비판적 목소리가 커졌다. 여성 운동은 가부장제를 비판했고, 생활협동조합 운동은 사회 구조뿐 아니라 일상에서 주인 되기에 관심을 가졌다.

성미산마을 — 주민이 이끄는 마을 만들기

성미산마을은 주민이 주요 행위자인 마을 만들기를 대표하는 사례다. 1990년대 서울특별시 마포구에 자리한 성미산 주변에 사는 주민들이 힘을 모아 육아, 교육, 생활, 문화, 주거를 위한 장소를 함께 만들었다. 먼저 민주화 운동, 페미니즘 운동, 협동조합 운동을 경험한 고학력 부모들이 공동 육아를 시작했다. 한국 사회에 내재된 모순에 문제의식을 느끼고 스스로 문제를 해결하려 노력해 본 이들에게도 육아는 공통된 고민이었다.

지금도 그렇지만 그때도 아이를 어떤 장소에서 어떻게 보육하고 교육할지 결정하는 문제는 중요했다. 여성 일자리는, 특히 기혼 여성이 일터로 나가는 문제는 사회적 필요에 따라 그때그때 다르게 이야기되기 일쑤다. 남성 일자리를 우선순위에 둔 상태에서 노동력이 부족할 때는 직장에 나가는 씩씩한 여성을 제시하고 일자리가 부족할 때는 가정에 충실한 여성을 앞세우는 식이다. 1990년대 초반 한국은 노동력이 부족했다. 기업은 공정 혁신과 자동화를 앞당겼고, 정부는 남녀고용평등법(남녀고용평등과 일·가정 양립 지원에 관한 법률)과 영유아보육법을 제정해 기혼 여성들에게 노동 시장에 참여하라며 독려했다.

'성미산마을'이라는 이름은 2001년 성미산 배수지 개발 계획에 반대하는 투쟁을 벌이면서 불리기 시작했지만, 마을은 1994년 마포구 연남동에 한국에서 처음으로 생긴 공동 육아 어린이집인 '우리어린이집'이 문을 열면서 만들어지고 있었다. 각자도생이 아니라 여럿이 함께 대안을 마련하려는 노력은 협동조합 형태를 띤 공동 육아로 나타났다. 저항과 타협 사이 중간 지점에 자리한 협동조합은 사회 혁신적 실천으로서 대안적 삶에 관심을 보이는 경향이 있다. 어린 아이들을 키우는 부모들이 마을을 중심으로 마을 사람들하고 활발히 교류하면서 마을은 대안적 삶을 실천하는 공간이 됐다. 아이들이 근처 사는 친구들을 만나 어울리면서 부모들도 덩달아 같이 모였다. 육아에 큰 에너지를 쏟고 고민도 많이 한 젊은 부모들이 정보를 나누고 서로 아이도 맡기면서 고마운 이웃사촌을 넘어 공동체로 나아갔다. 마을 뒷산 성미산에 배수지를 지으려는 계획에 맞서 성미산 지키기 운동에 같이 나서면서 마을 공동체 의식은 더욱 단단해졌다.

우리어린이집이 큰 환영을 받자 부모들은 1995년에 '날으는어린이집'

성미산마을에서 진행한 마을 만들기

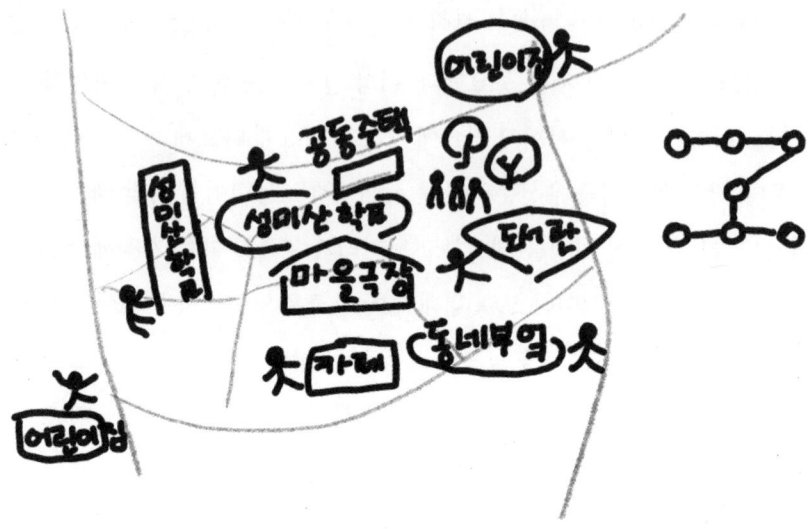

을 설립했고, 2005년에는 조합형 어린이집인 '성미산어린이집'도 시작했다. '아이 하나 키우는 데 온 마을이 필요하다'는 말처럼 마을과 부모가 같이 참여하는 공동 육아를 실천했다. 공동의 장소 만들기에서 삶의 방향과 정체성이 중요해졌고, 그런 요소에서 드러나는 차이는 독특한 스타일로 나타났다. 이 어린이집 중 한 곳에서 교사 면접을 본 어느 어린이집 교사는 어린이집 교사와 학부모 여럿이 빙 둘러앉아 두 시간 동안 질의응답과 토론을 한 경험이 인상 깊더라고 말했다.

어린이집 아이들이 커서 초등학교에 입학하자 부모들은 새로운 일을 벌였다. '풀잎새 방과후 교실'과 '도토리 방과후 교실'이라는 방과 후 학교를 시작했다. 놀이와 자기 주도 학습을 강조한 이 두 방과 후 학교는 2004년에 문 연 대안 학교 '성미산학교'로 이어졌다. 육아가 교육으로 발전한 과정이었다. 성미산에서는 '마을 전체가 교실이고 모든 주민이 선생님'일 뿐 아니라 다들 뭔가를 배운 학생이었다. 아이 키우는 문제를 고민하던 부모들이 공동 육아 어린이집 주변에 모여 살면서 마을 공동체를 형성했고, 마을 카페와 생활협동조합이 자리를 잡았고, 공동체가 확대되면서 마을 잔치, 슬로 푸드 운동, 전환 도시 운동, 협동조합 공동 주택, 귀촌 모임, 노인 돌봄 같은 활동도 벌어졌다. 성미산마을이 싹을 틔운 초기에 어린이집과 성미산학교를 다닌 아이들은 그사이 어른이 되고, 노후를 생각하는 나이에 접어든 부모 세대는 이제 '새로운 공간과 자리를 만드는 일'을 고민하고 있다.

한때는 정부가 마을 만들기에 지나치게 개입해 다들 염려할 정도였는데, 정권이 바뀌니 오히려 도시 재생과 마을 만들기가 지워져 걱정이다. 도대체 마을 만들기 활동가들은 어디로 갔을까? 스마트 도시 리빙 랩living lab(생활 영역에서 일어나는 사회 문제를 해결하려 지역 주민과 전문가 등이 참여해 실험을 거쳐 해결 방안을 마련하는 공간, 또는 그런 공동체)으로 갔을까? 물어보니 꼭 그렇지는 않다고 했다. 지원을 받는 리빙 랩이 많지 않은데다 몇몇 젊은 활동가 빼고는 대체로 아날로그 취향이기 때문이었다. 시민 활동을 교육하는 한 사람에 따르면 많은 활동가들이 실업자가 돼 집으로 갔다.

당장은 어떤 모습을 보이더라도 장소 만들기 과정에서 경험을 쌓은 주요 참여자는 소중한 자산으로 남는다. 모범 사례를 함께한 사람들이 꼭 같이 있거나 성공을 계속 이어 가기는 힘들다. 내부를 들여다보면 복잡한 정치가 얽혀서 당사자들이 진절머리 치는 사례도 많다. 그렇지만 공간을 한번 만들어 본 사람들은 그 속에 담긴 가치를 버리기 힘들다.

영국에서 주민 중심 도시 재생을 대표하는 모범 사례로 꼽히는 곳이 있다. 템스 강변에 자리한 공동체이자 사회적 기업인 코인 스트리트Coin

Street인데, 그곳에서 '영웅'으로 알려진 주요 참여자를 강의에 초대한 적이 있었다. 그런데 그 영웅이 자기들에게는 희망이 없다며 비관적인 말을 하는 바람에 다들 놀랐다. 공동체가 계속 좋은 모습을 유지하기 힘들 수도 있다는 사실을 인정할 수밖에 없었다. 그렇지만 그 영웅은 또 다른 장소 만들기 활동, 소매업에 관련한 도시 계획에 열정적으로 몰두하고 있었다. 한번 특정한 장소에 실현된 가치는 사라지기 힘든 법이다.

마을 만들기에는 바람직한 장소 만들기 정치가 응축돼 나타난다. 공동의 자존감과 내 문제는 스스로 해결하겠다는 자립심이 들어 있고, 그런 시도를 방해하는 위협은 거부하겠다는 의지가 담겨 있기 때문이다. 그런 마음과 의지는 규범적인 권력 의지로 발전한다.

새로운 마을 만들기? — 맘카페, 아파트 단지, 당근마켓

맘카페는 성미산마을하고 어떻게 다를까? 기성의 사회, 경제, 정치 구조를 비판하고 저항하며 공동체의 자율성과 연대를 강조하는 진보적 운동인 성미산마을과 이기적인 엄마들을 상징하는 맘카페를 비교하려는 시도가 의아할지도 모르겠다. 그렇지만 동원된 활동가가 아니라 지역에서 많은 시간을 보내는 많은 평범한 주민이 자발적으로 열심히 참여하는 마을 단위 공동체는 맘카페를 빼면 찾기 힘들다.

2016년 온라인에서 시작된 맘카페는 포털 사이트 네이버와 다음에서 제공하는 카페 플랫폼을 활용해 개설된 '육아 커뮤니티'다. 맘카페도 성미산마을처럼 육아 문제에서 시작했다. 지역에 기반해 육아 정보를 공유하려는 목적으로 만들어진 맘카페는 서서히 교육, 건강, 생활 편의 시설, 맛집 등 여러 지역 정보를 다루는 종합 커뮤니티로 발전했다.

지역별로 개설된 맘카페는 주요 신도시를 중심으로 주민들이 정보를 찾는 욕구가 폭발하면서 빠르게 성장해 엄마들을 묶는 중요한 소통의 장이 됐다. 맘카페를 중심으로 정리되고 유통되는 정보가 주택 구입을 결정하는 데 큰 영향을 미치면서 부동산 시장에서도 중요한 변수로 등장했다. 맘카페에서 특정 지역이 좋다고 추천하면 그곳은 빠르게 주목받아 부동산 가치가 상승할 가능성이 크다. 부동산 업자들이 퍼트리는 정보가 학군과 부동산 사이의 연관성을 의도적으로 강조해 설득력이 떨어진다면, 주민들이 직접 겪은 경험에 기반한 정보는 확산 속도가 빠르다.

맘카페는 특유의 관심사와 네트워크로 지역 상권에도 영향을 미친다. 특히 육아 용품, 학용품, 교육 서비스, 놀이 시설 등 아이와 육아에 관련된 상점을 비롯해 음식점, 카페, 미용실 등 엄마들이 자주 이용하는 서비스 업종이 사정권에 든다. 온라인 리뷰 형태를 띤 평가와 입소문은 동네 가게들에 전쟁이라 부를 만큼 사활을 건 문제가 된다. 힘이 생기면 횡포도 부릴 수 있기 때문이다. 맘카페는 가게 하나를 쉽게 망하게 할 수 있을 정도로 지역에서 영향력이 큰 탓에 이기적이거나 비합리적이거나 선 넘는 요구를 하는 사례도 흔하다. 그런 자극적인 사례들이 알려지면서 '맘충'이라는 멸칭이 유행할 정도로 악명까지 덩달아 높아지는 중이다. 맘카페는 지역 사회에서 제기되는 여러 문제마다 빼놓지 않고 의견을 낸다. 학교 시설 개선이나 안전 문제를 맘카페에서 이야기하면 지역 정치인이나 행정 기관에 영향을 미쳐 정책이 바뀌기도 한다.

맘카페는 마을 만들기에서 주민이란 누구이고 참여란 무엇이냐는 물음을 던진다. 그런 물음에 쉽게 답하기 어려운 사회이기 때문이다. 진보적이고 건전한 가치를 지향하는 활동만 시민 참여라고 인정한 때가 있었다. 그런 활동이 꽤나 힘들어서 여러 가지를 포기하고 손해도 많이 보면서 가치를 위해 뛰어드는 의지가 필요했다. 요즘은 시민 참여가 권력, 제

온라인 (엄마) 커뮤니티가 벌이는 지역 활동

도 정치, 산업하고 밀접해졌다. 민주주의의 상징처럼 알려진 거버넌스는 참여하는 사람들을 느슨하게 묶는 형태여서 목소리를 낼 수 있고 시간과 에너지가 있는 사람들에게 유리한 장이다. 그렇지 않은 사람들은 진입하지 못한다. 일인 일표인 투표하고는 다르다. 플랫폼, 네트워크, 거버넌스 같은 요즘 유행하는 조직 방식을 주도하는 사람은 모임에 나갈 수 있고, 말할 수 있고, 글 쓸 수 있고, 빠르면서도 효과적으로 여론을 움직이는 센스를 지닌 이들이다. 광화문에 자리 잡고 매일 큰 소리를 지르는 사람들 뒤에는 장비를 갖추고 시간을 쓰는 데 들어가는 돈을 대는 사람들이 있기 마련이다.

시민 참여가 강조되면서 시민운동에 정작 '시민(주민)이 없다'는 비판이 있었다. 활동가나 사회운동가가 대부분이고 순수하고 자발적인 시민은 찾아보기 힘들다는 얘기였다. 시민 참여가 순수한 가치라고 보는 사람들은 시민이란 정치에 오염되지 않고 평범하게 직장 다니면서 스스로 공공의 삶에 건전한 관심을 기울이는 존재여야 한다는 환상을 지닌다. 그렇다면 맘카페야말로 일상에서 제기되는 여러 문제를 해결하면서 지역 사회에 영향을 미치는 시민 참여 형태라고 할 수 있다. 평범한 시민이 온라인에서 대면 만남 없이 쉽게 접근하고 참여할 공간을 제공하는 맘카페는 시민 참여의 본질에 더 가깝다. 회원이 많아 상업화되기 쉽다는 약점을 상쇄할 만한 장점이다.

활동가가 아닌 평범한 주민들이 참여하는 형태이기는 한데 그렇다고 시민 참여로 인정하자니 머뭇거리게 되는 사례도 있다. 바로 아파트 단지다. 아파트 단지는 공원, 마트, 헬스장, 수영장, 골프장, 영화관, 병원, 상가 같은 커뮤니티 시설을 갖추고 조식 서비스도 제공하면서 점점 더 호텔 같은 마을처럼 바뀌는 중이다. 한때 수도권 신도시를 중심으로 아파트에 '○○마을'이라는 이름을 붙이는 방식이 유행을 탄 적도 있다. 아파트 단지 온라인 커뮤니티나 입주자대표회의(입대의)에서 주도하는 아파트 브랜드 활동이다. 또 다른 마을 만들기라 부를 만큼 아파트 단지에서 살아가는 사람들이 누리는 삶의 질을 높이려는 종합적인 노력이기도 하다. 그렇지만 그런 움직임이 집값을 올리려는 노력으로 이어지기 쉽고 배타적이고 이기적인 행태도 종종 드러내는 통에 마을 만들기라고 부르려면 멈칫할 수밖에 없다.

마을 만들기는 계속 진화한다. 당근마켓 같은 마을 만들기는 어떨까? 당근마켓에서 주민들은 중고품 거래에 그치는 대신에 구인이나 구직을 하고, 맛집 정보를 공유하고, 동네에서 같이 마실 다닐 사람을 구하고, 환경을 위한 마을 만들기 공간을 만든다. 다른 마을 만들기에 견줘 당근마켓은 이끄는 주체가 없고 앱을 플랫폼 삼아 벌어지는 다양한 활동을 기반으로 한다.

다양한 마을 만들기 방식이 있고 앞으로 새로운 형태를 띤 마을 만들기가 더 나타날 수도 있다. 그런 활동을 '진정한' 마을 만들기가 아니라고 무시하기는 쉽다. 그렇지만 다양한 사례를 바탕으로 마을 만들기를 입체적이고 다양한 권력이 작동하는 과정이라 보면 오히려 누가 주도하고 무엇에 집중하는 마을 만들기인지, 그래서 결국 마을 만들기가 어떤 방향으로 가야 좋은지 같은 본질적인 문제에 좀더 다가갈 수 있을지 모른다. 마을 만들기는 자율을 동원하는 타율, 계몽이라 부르는 통제욕, 부동산 가격을 올리려 마을을 수단화하는 욕망, 소비자 세력화 등 한 마을이 다른 마을, 도시, 나라, 세계하고 어떤 관계를 맺고 무슨 영향을 주고받는지 보여 주는 시험대에 서 있다.

5장

도시가 예술가를 부를 때
문화 경제 시대의 도구 또는 행위자

도시에서 만난 문화와 경제

20세기 후반 들어 문화와 경제는 더 가깝게 얽히고 공간화됐다. 상품에서 디자인은 단지 보기 좋게 하는 요소가 아니라 기능의 본질이 되고, 산업 구조에서 문화 산업과 창조 산업이 강자로 나타났다. 문화 산업과 문화 행사가 도시 공간을 차지했고, 동네와 골목은 문화 상품이 됐다. 핫플레이스hot place를 줄여 '핫플'이라 불리는 인기 많은 장소는 단지 볼거리와 살 거리가 많을 뿐 아니라 문화 예술이 넘치는 분위기와 독특한 개성을 효과적으로 상업화한 곳이다. 그런 가게 몇몇이 골목과 동네의 운명을 들었다 놓았다.

세계적으로 경제의 문화화와 공간화 현상은 꾸준히 이어졌다. 문화 정책이 도시 정책에서 차지하는 비중이 늘어나고 도시 관련 정책과 전략에서 중요한 부분을 차지하게 됐다. 1990년대 후반 한국에 등장한 장소 마케팅place marketing 기법은 제조업 중심 산업 구조를 벗어나 서비스 산업과 문화 산업으로 전환해 도시 경쟁력을 강화하려 한 노력이다. 도시는

경제의 문화화와 공간화

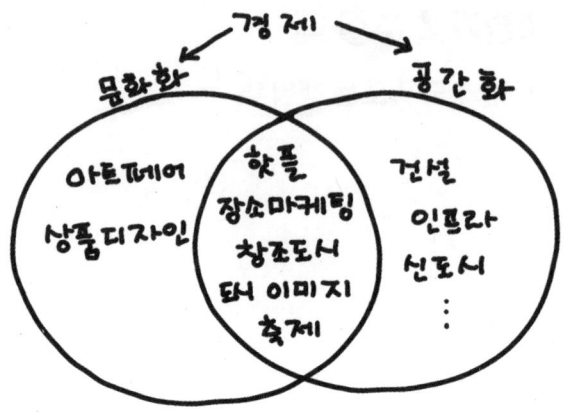

이동하는 자본에 버림받아 쇠퇴하는 길을 걸을 수도 있고 노력해서 기업을 유치해서 세계 도시가 될 수도 있다는 경쟁 논리가 들어왔다. 장소 마케팅, 또는 도시 마케팅이라는 이름이 보여 주듯이 공간은 홍보할 수 있는 상품이 됐다. '장소 이미지를 문화 예술적으로 재생산하기'가 장소 마케팅의 핵심이었다. 도시 이미지를 높이려 문화 행사를 열고 스토리를 만들고 도시를 홍보한다.

장소 마케팅은 도시 개발 생태계를 바꿨다. 지방 정부가 산업 구조 개편 방향을 설정하려 할 때 기업이 협조하려면 정부와 민간 기업이 더 가까워져야 했다. 그래서 도시 개발에 기업이 주요 행위자로 나섰다. 도시가 기업을 파트너로 삼을 뿐 아니라 도시 정부가 취하는 태도 자체도 기업처럼 달라졌다. 지금까지 도시 시설과 기능을 관리하는 수준에 머무르던 도시 정부는 마케팅 주체가 돼 마치 기업처럼 성장을 추구하는 기업가 정신을 내세우게 됐다.

마침 1995년에 지방자치제가 부활하면서 한국판 기업가 도시가 등장했다. 기업가적 접근을 바탕으로 신자유주의와 경제 성장을 우선시한다는 점에서 국가 주도 개발주의하고 결이 비슷했다. 국가가 아니라 지방 정부가 주도한다는 점이 다를 뿐이었다. 지방 정부가 국가를 뒤따르면서 개발주의가 다층화된 셈이다. 기업과 시민사회 등 다양한 행위자가 참여하게 된 변화도 눈에 띈다. 시민사회는 개발주의 경향을 여전히 비판하지만 방식은 달라졌다. 시민사회도 도시 개발에 참여하게 되면서 밖에서 비판하기보다는 안으로 들어가 목소리를 내게 됐다.

21세기 들어 장소 마케팅에 담긴 개발주의가 비판받으면서 도시 재생이 대안으로 떠올랐지만, 문화 예술은 여전히 중요했다. 더 총체적인 문화를 추구하는 문화 주도 도시 재생은 전세계 곳곳에서 도시 정책의 중심 주제가 됐다. '○○ 도시'라는 작명이 유행하면서 도시 정체성을 가리킬 때 예술, 문화, 창조성을 중심으로 '창조 도시'(창의 도시라고 부르기도 한다)라고 부르는 방식은 대세가 됐다. 스마트 도시나 에코 도시처럼 인기를 얻어 '창조도시 세계 랭킹'과 '창조도시상'이 생기고 유네스코[UNESCO] 같은 국제기구가 창조 도시를 선정했다.

창조 도시는 도시, 국가, 국제기구, 유럽연합[EU] 같은 초국가 단위에서도 인기를 끌었다. '창조 계급'은 창조적인 일에 종사하는 사람들을 뜻하는데, 창조 도시 학자들은 창조 도시가 성공하려면 창조 계급을 유치할 수 있는 건축과 문화 환경이 중요하다고 본다. 많은 이들이 창조 계급이라는 단어를 사랑했다. 자기가 놓인 위치를 멋있게 정의해 주기 때문이다. 애니메이션이나 웹툰 업계에서 보조로 일하면서 저임금 장시간 노동에 시달려도 누군들 창조 계급이 아니고 싶을까? 창조 계급은 영국 신노동당 정부가 내세운 성공적인 정치 전략이었다.

창조 계급 중 예술 작가는 도시를 무대로 펼쳐지는 창의적 활동에서 핵심을 차지한다. 예술 작가가 장소 만들기 주제로 떠오르고 거버넌스에 들어가게 된다. 그렇지만 그런 변화가 순조롭게 진행되지는 않았다. 문화 경제에서 문화를 경제의 수단으로 삼으려는 도구화 접근은 다각도로 끈질기게 나타났다. 평범한 장소를 핫플로 뒤바꾼 예술 작가들이 막상 임대료가 올라 쫓겨나는 신세가 되거나 문화 정책에 종속된 도구로 동원된 일도 많았다. 직업 특성상 생계를 유지하지 못하거나 작업을 중단해야 하는 장르와 작가들이 속출했다.

레지던스 거버넌스 — 예술가들이 하는 창작 공간 정치

예술 작가와 공간은 떼려야 뗄 수 없는 관계다. 작가는 작품을 만들 작업 공간과 작품을 전시할 공간이 필요해서 장소 만들기가 늘 고민거리였다. 작가들도 공간을 마련하려고 개인적으로 고군분투하거나 집단적으로 움직였다. 그런 노력은 예술과 사회를 연결하는 새로운 방식의 문화적 실험으로 이어졌다. 문화적 실험이 지역 공간에 예술적 생기를 불어넣는다는 사실도 요즘 들어 새롭게 발견됐다. 예술가들은 작품 활동을 위해 장소 만들기를 시도하고 도시 장소 만들기에 참여한다.

작가들이 개인적으로 후원자에 의존하지 않고 집단적으로 공간을 마련하려는 대안 공간 운동이 곳곳에서 벌어졌다. 대안 공간 운동은 1960년대 말 미국 뉴욕 맨해튼의 소호 지역에서 처음 등장했다. '68 혁명'이라는 이름으로 전세계에서 독재나 권위주의 정권에 맞선 사회운동이 벌어진 때였다. 예술적 저항과 자유로운 정신에 고무된 예술가들은 공장을 불법으로 점유한 뒤 자체 갤러리를 만드는 등 새로운 연결을 모색했다.

요즘 인기 있는 로프트 카페와 로프트 주거 공간이 이때 시작됐다. 수도관과 전기 배관 등이 노출된 높다란 천장, 철제 사다리, 탁 트인 공간, 차가운 시멘트 바닥이 자유롭고 싶어하는 사회 분위기를 만나서 문화가 됐다. 미국 캘리포니아 주 로스앤젤레스에서도 1980년대에 산타페 빌딩 일부를 미술가들이 주거와 작업 공간으로 개조하면서 로프트 주거지가 인기를 얻었다. '꾸안꾸', 곧 꾸미려고 노력하지 않은 무심함과 썰렁함이 자유분방하고 이색적인 분위기를 자아냈다. 요즘도 그런 카페에 가면 궁금해진다. 정리 안 된 머리와 무심한 패션을 연출하려고 몇 시간을 꾸민다는 이야기처럼, 이 '노력 안 함'은 노력한 결과일까? 어쨌든 그렇게 생뚱맞고 정체성이 모호한 장소들은 의자가 불편하고 좁은 계단으로 올라가야 하는데도 인기를 끈다.

1990년대 초반에는 영국 런던에서 일어난 '영 브리티시 아티스트[YBA]' 운동이 현대 예술의 지형을 성공적으로 변화시켰다. 박제 상어 작품으로 유명한 데미안 허스트를 비롯한 젊은 예술가들은 공장이나 창고를 점유하는 데 머물지 않았다. 버려진 공장을 예술 공간으로 바꿔 안정적으로 활용하기 위해 건물주를 상대로 협상하는 매뉴얼까지 작성해 공유했다. 자기들이 버려진 공장을 계속 수리하고 전시나 이벤트를 꾸준히 열면 건물 가치도 올라간다고 강조했다. 실용적이고 현실적인 접근 방식은 작가들이 예술 시장에서 성공하는 데 도움이 됐다. 영 브리티시 아티스트 운동은 예술가들의 창의성과 혁신을 극대화하고 지역 사회를 상대로 긴밀히 소통하면서 문화적 변화를 이끌어 낸 사례다.

한국에서도 1990년대부터 대안 공간 운동이 시작됐다. 홍대 앞 루프를 비롯해 사루비아다방, 인사아트스페이스, 쌈지, 스페이스빔 같은 곳이 생겨 예술과 사회 사이에 놓인 경계를 허무는 데 기여했다. 대안 공간은 밖은 물론 안도 대칭, 균형, 질서가 뭔가 조금씩 깨져 있어서 실험성을 강

21세기 예술가와 공간

조한다. 새로운 예술이 나타날 가능성을 높이고 예술가와 대중, 지역 사회가 상호 작용하는 중요한 플랫폼이 되는 공간이었다.

문화 경제 시대에는 작업 방식과 작업실 공간도 달라졌다. 20세기 작가는 고립된 작업실에서 외로운 창작 활동을 거쳐 완성한 작품을 전시장에 가져와 선보였다. 21세기에 작가는 작업 공간을 불특정 다수에게 공개하고, 창작 과정을 공유하고, 다른 예술가들을 만나 협업한다. 오늘날 관객들은 예술가의 작업실을 엿보거나 창작 과정을 직접 체험하고 싶어한다. 요즘 글 쓰는 작가의 작업 공간과 작업 시간을 다룬 책이 많이 나오는데, 하물며 더 다양한 작품 재료, 방식, 볼거리가 있는 예술 작가의 작업 공간은 뜨거운 관심을 받을 수밖에 없다. 예술 작가가 머물고 작업하는 공간과 창작 과정 자체가 작품이 된다.

예술 공간은 지역 개발로 연결돼 경제적 이익뿐 아니라 문화적 가치와 사회적 의미를 가져다준다. 작가들이 작업 공간을 공개하는 변화도 이런 흐름 속에 있다. 작업 공간뿐 아니라 창작 과정을 공개하면 더 큰 신뢰와 공감을 얻고 관객들에 더 깊이 연결된다. 투명성, 참여, 상호 작용을 중시하는 사람들은 어떤 곳에서 무슨 과정을 거쳐 작품이 완성되는지 궁금해하기 때문이다. 붓으로 기가 막힌 물방울을 표현하는 과정, 종이를 계속 찢어서 새로운 도화지를 만드는 과정은 완성품을 감상할 때보다 더 생생한 재미를 준다. 작업 과정과 운송 과정을 공개하는 흐름은 드러냄의 문화를 떠올리는 한편 미디어가 발전한 덕이기도 하다. 인스타그램, 유튜브, 틱톡 같은 디지털 플랫폼과 소셜 미디어가 발전하면서 이런 유행은 더욱 빨라졌다.

작가들이 장소 만들기를 위해 저항하고 타협하는 동안 여러 나라 정부와 기업은 이런 흐름을 적극적으로 받아들이고 아예 공간을 마련해 작가들을 초대하기 시작했다. 한국에서는 1995년에 문 연 광주시립미술관 팔각정 창작 스튜디오가 처음 생긴 국공립 레지던시(작가 입주 창작 공간)다. 2000년대 들어 레지던시, 창작 스튜디오, 미술 스튜디오, 예술촌 등 작가 입주 프로그램이 본격적으로 추진되면서 국공립 입주 창작 공간이 200여 곳이나 생겼다.

지역성과 공공성 — 지역 공간 정치에 입성한 작가들

입주 창작 공간은 경쟁을 뚫은 작가, 특히 젊은 작가들에게 큰 위안이 됐다. 예술가들이 낙후 지역에 들어와 활력을 불어넣으면 지역이 점차 고급화되고 임대료가 상승하면서 결국 예술가들이 쫓겨나는 젠트리피케이션 현상은 많이 알려져 있다. 고급화를 뜻하는 '젠트리피케이션'이라는 단어가 아예 '둥지 내몰림'으로 번역될 정도다. 예술가들이 지역 사회 활성화에 핵심적으로 기여하지만 목적을 달성하는 동시에 설 공간을 잃어 버리는 위험에 직면하는 역설적 상황을 가리킨다. 자본주의 부동산 시장에서 내몰린 작가들을 구제한 장치가 바로 입주 창작 공간 프로그램이다.

프로그램 공모를 거쳐 선정된 입주 작가들은 창작 공간이자 생활 공간에 일정 기간 머무르면서 작업과 전시를 할 수 있다. 국내뿐 아니라 국외로 나가 '노마드 레지던시 작가'로 살 수도 있다. 1년 정도이지만 안정된 공간에서 조용히 작업도 하고 다른 작가, 비평가, 큐레이터를 만나는 교류 프로그램에도 참여한다. 입주 작가끼리 모임을 진행하거나 전시회에 참여할 수도 있다. 레지던시가 자리한 지역에 사는 주민들하고 연계하는 활동도 중요해져서 지역 사회를 상대로 소통하거나 도시 재생에 기여하거나 국제적 문화 교류를 수행한다. 이런 레지던시에 들어가려면 스펙이 있어야 하지만 레지던시 경험 자체가 스펙이 되기도 한다.

새로운 해결책은 새로운 문제를 불러왔다. 예술 작가가 새로운 도시 공간에 참여해 주요 행위자가 되면서 다른 주요 행위자들 사이에 새로운 긴장 관계가 형성됐다. 공간을 구하려는 작가들이 집단으로 노력한 끝에 얻은 정치적 존재감은 독자적인 공간으로 실현됐다. 작가들은 공간을 이용하면서 어떤 경제적이고 정치적인 권력 관계에 들어가게 된 사실을 깨달았다. 공간은 공짜가 아니었다. 공간을 얻는 대신 여러 의무 사항이 있었는데, 너무 많아도 문제이고 너무 적어도 문제였다. 입주 창작 공간을 제공하는 정부와 기업이 예산과 정책을 바꾸는 대로 따라가야 하니 의존성과 불안정성이 깊어졌다. 특히 한국은 특유의 '빨리빨리 문화' 때문에 중앙 정부와 지방 정부가 작가들을 끌어들이는 과정이 투박하기 쉽다. 밀어붙인 협업은 버겁고, 예술과 작가가 도구화되는 과정은 회의를 불러일으킨다.

달라진 생태계에서 예술 작가들은 공공 정책에 저항하거나 협력하고 기업에 흡수되거나 외면당하면서 새로운 정체성을 쌓아 나갔다. 작가들은 값비싼 공간에서 내몰리자 저항하고 타협하면서 입주 창작 공간이라는 선물을 받아 냈지만, 문제는 해결되지 않은 채 규모가 더 큰 도시 개발을 둘러싼 정치에서 새로운 주체가 돼야 했다. 정해진 프로그램을 그저 따르는 대신에 어떤 활동을 할지 결정하는 과정에 참여하고 싶어한 때문이었다. 레지던시 밖에 있는 지역 예술 작가들도 지역 문화 정책에 목소리를 냈다.

지역 공간 정치에 입성한 예술 작가들 이야기는 인천 사례에서 잘 나타난다. 예술이 도시 개발과 경제 정책에 줄 수 있는 영향을 보여 주기 때문이다. 경제 위기와 도시 쇠퇴로 고민하던 인천시는 기업가적 면모를 갖추고 개발을 향한 야망을 키우기 시작했다. 2003년부터 송도국제도시와 인천경제자유구역을 개발하고, 2013년에는 전국적 도시 재생 흐름에 맞춰 창조 산업과 관광 산업을 공격적으로 추진하기 시작했다.

다른 한편 2002년에 양조장을 개조해 문 연 대안 공간 스페이스빔은 예술가들이 사회적 이슈에 목소리를 내고 변화를 이끌어 가는 플랫폼 구실을 했다. 헌책방 거리라는 문화와 역사를 간직한 배다리마을에 가면 커다란 깡통 로봇이 눈에 띈다. 바로 '인천문화양조장 스페이스빔'이다. 마을을 관통하는 산업 도로를 건설한다는 계획이 알려지자 배다리마을이 지닌 역사적 의미와 문화적 가치를 지키려는 긴 싸움이 벌어졌다. 스페이스빔은 그 투쟁을 유연하고 문화적으로 만드는 데 중요한 구실을 했다.

2009년 개관한 인천아트플랫폼[IAP]은 근대 개항기에 세운 사무실, 창고, 상점 같은 건축물을 리모델링해 다목적 예술 공간으로 재탄생시키는 상징적 프로젝트였다. 레지던스 프로그램도 마련하고 전시나 교육 행사도 열면서 예술의 창작, 유통, 향유, 교육을 아우르는 기획이었다. 예술가는 창작 공간을 확보하고 시민은 예술을 함께 나누면서 문화 예술을 향

예술가, 거버넌스 주체가 되다

유하는 광장으로 기능하는 총체적 예술 공간을 지향했다.

입주 작가들과 인천아트플랫폼은 기대와 요구가 서로 달랐다. 인천시는 개발하려는 욕심이 앞서서 급하게 서둘렀고, 인천아트플랫폼은 인천을 관광 도시로 탈바꿈시키려는 지역 행사에 입주 작가들이 큰 도움을 주기를 바랐다. 입주 작가들은 충분한 협의 없이 이런저런 프로그램과 행사에 동원된다고 느꼈다. 결국 작가들은 인천아트플랫폼과 인천문화재단이 운영되는 방식에 비판적인 목소리를 냈다. 이런 비판은 스페이스빔을 중심으로 지역 정체성과 공공성에 관심을 쏟은 지역 문화 운동을 바탕에 깔고 있었다.

작가들은 기업이 주도하는 프로젝트가 부실하게 운영된 점을 강하게 비판하면서 민관 협의체를 꾸려 관광 개발이 아니라 공공의 이익을 추구하자고 촉구했다. 처음부터 사회운동을 하려고 작정하지는 않았다. 어떤 작가는 자기가 어느새 예술가에서 사회운동가가 돼 있더라면서 웃었다. 이런 갈등 때문에 인천아트플랫폼 창작 공간도 잠정 중단되는 우여곡절을 겪은 뒤 체험 중심 공간으로 다시 문을 열었다.

예술 작가와 공간의 관계는 단순히 창작 과정에 국한되지 않았다. 작가들은 독자적인 작업 공간을 무대로 삼아 새로운 문화적 가치를 창출하고, 지역 사회하고 소통하며, 도시 재생의 중요한 주체로 활동한다. 예술가들이 지닌 창의적 에너지는 도시의 미래를 밝히는 중요한 원동력이 되며, 예술을 매개로 한 지역 개발 덕분에 경제적 이익뿐 아니라 문화적 가치와 사회적 의미를 포함하는 종합적 접근을 할 수 있게 된다. 예술가들은 도시가 지닌 창조적 역량을 강화하고, 공공 정책에 협력하거나 저항하고, 지역 사회의 문화적 정체성을 새롭게 정의하는 데 기여한다. 문화 경제 시대의 공간 정치에서 완전히 밀려나지는 않으려고 말이다. 그리고 그런 과정에서 새로운 주체로 떠오르고 단련된 사람들은 그다음에도 주요 행위자로 나서게 된다.

6장

축제가 끝나고 난 뒤
지역 축제와 권력의 존재

알아서 긴다 — 권력의 세 가지 차원

도시 공간에 변화를 주는 주요 행위자 중에 누가 권력을 가지고 있는지를 어떻게 알 수 있을까? 사회경제적 지위가 가장 높은 사람? 논의를 이끄는 사람? 가장 신뢰받고 주목받는 사람? 아니면 다른 사람들이 눈치 보는 사람?

도시 정치를 연구하는 사람들에게는 주요 행위자들 사이에 권력이란 무엇인지, 권력을 어떻게 관찰할 수 있는지가 큰 숙제였다. 여러 연구 방법을 쓰고 이런저런 논의를 하면서 권력에도 다른 차원이 있다는 현실을 발견해 관련 개념을 발전시켰다. 기성 권력 개념을 1차원적 권력으로 이름 짓고 비판하면서 2차원적 권력과 3차원적 권력 개념이 나왔다. 1차원적 권력은 명시적인 힘을, 2차원적 권력은 의제 설정을 통해 드러나지 않는 힘을, 3차원적 권력은 사람들의 욕구와 선호를 형성하는 존재로서 가지는 힘을 강조한다.

먼저 1차원적 권력은 의사 결정 과정에서 나타나는 영향력이다. 명시

1차원적 권력

적이고 가시적인 형태로 권력이 행사되는 방식을 설명한다. 다른 사람들을 설득하고 압력을 가하고 의견을 주도하는 사람들이 1차원적 권력을 가지고 있다고 본다. 특히 찬반을 결정하는 상황에서 다른 사람에게 영향력을 행사해 의견을 바꾸게 할 수 있는 권력이 1차원적 권력이다. '누가 통치하는가?'라는 질문으로 대표되는, 의사 결정 과정을 중심에 둔 권력이다. 1차원적 권력을 연구하는 학자들은 중간에 다른 의견으로 바꾼 행위자가 있다면 그동안 누구하고 얼마나 연락한지를 조사하기도 했다.

2차원적 권력은 의사 결정 과정에 들어가기 전에 더 중요한 결정이 논의 없이 진행된다는 비판에서 나왔다. 무결정non-decisions이 의사 결정보다 핵심적이라는 말이다. 이를테면 의사 결정을 하는 회의에서 논의할 안건을 정하는 주체와 방식에 관련된 문제다. 산에 갈지 바다에 갈지 민주적 토론을 벌여 결정할 때 호수나 강은 아예 선택지에 없는 상황을 떠올리면 된다. 2차원적 권력은 어떤 의제를 논의할지 암묵적으로 동의하게 하는 의제 설정agenda-setting에 관련된 힘이다. 겉으로 드러나지 않지만 의사 결정의 방향을 근본적으로 좌우한다.

　이런 권력은 일상적으로 행사된다. 어떤 의제를 억지로 배제하지는 않지만 그저 떠오르지 않거나 누가 이야기해도 자연스럽게 뭉개지는 식이다. 이를테면 어떤 위원회 위원들이 모두 자기 아이를 비싼 사립 학교에 보내고 있다면 공립 학교 지원 문제는 의제로 잘 떠오르지 않는다. 공항을 지을지 백화점을 지을지를 논의하는데, 공공 임대 주택이나 공원은 왠지 모르게 아예 언급도 안 되는 식이다. 미디어가 특정 이슈를 집중 보도해 여론을 유도하는 관행도 영향을 미친다.

　3차원적 권력은 더 근본적이다. 존재 자체가 권력을 가진다. 권력자로 여겨지는 사람들이 굳이 무엇을 하지 않아도 다른 사람들이 스스로 권력자가 품은 의도에 맞게 행동하도록 만드는 힘, 또는 사회에 자연스럽게 상식으로 자리 잡아 사람들의 욕구와 선호를 형성하거나 조작하는 힘이다. 나는 내 의견을 주장하는 듯하지만 사실은 내가 눈치 보는 사람이 가진 의견을 내 의견처럼 말하게 되는 식이다. '알아서 긴다'는 말이 곧잘 쓰이는 한국 사회에서 사람들은 이 3차원적 권력의 존재를 읽는 법을 잘 알고 있다. 은밀하고 미묘하게 작동하는 권력 말이다.

　사람의 존재뿐 아니라 그 시대를 풍미하는 이데올로기의 권력도 3차원적 권력이다. 지금은 어디에 공장이 들어선다고 하면 상식적인 환경 의식과 감수성에 바탕해 공해 배출을 걱정하는 여론이 의사 결정에서 당연히 중요하다. 그런데 1970년대는 공장 굴뚝에서 나오는 연기가 성장을 상징한다고 여기며 찬양한 시대라서 환경 이데올로기가 행사하는 권력이 작았다. 광고나 프로파간다를 활용해 소비자 선호를 조작하거나 교육 체계를 거쳐 특정 가치관이나 이념을 주입하는 사례도 여기에 해당한다. 3차원적 권력이란 뒤돌아보지 않으면 깨닫기도 힘든 법이라서, 만약 알

수 있다면 그 권력은 3차원적이 아니라고, 그래서 이 권력은 애당초 관찰하거나 연구하기 힘들다고 주장하는 이들도 있다.

글래스고 — 지역 축제위원회와 권력의 차원

2006년 영국 글래스고Glasgow에서 열린 문화축제위원회를 연구한 적이 있다. 문화 축제는 준비 과정에 의사 결정 과정이 응축돼 나타난다. 1차원적, 2차원적, 3차원적 권력이 잘 드러난 사례여서 기뻐한 내 모습이 지금도 생생하게 기억난다.

참여 관찰 요청은 다행히 쉽게 허락됐다. 한국 여성이 런던 대학교 교수라며 호기심을 보였고, 먼 거리를 기차로 오가느라 고생한다며 위원회 회의에 참석할 수 있게 했다. 여러 번 회의에 참석하면서 논의 과정뿐 아니라 눈 맞추는 모습과 표정 등도 열심히 살폈다. 회의가 취소될 때도 있었는데, 그런 상황에서도 위원들 반응을 살폈다. 위원회 참여 관찰을 한 뒤에는 모든 위원을 만나 심층 면담을 했다. 스코틀랜드 억양을 이해하느라 애먹기는 했는데, 회의에서 드러나지 않던 많은 것들이 보여 감탄하며 들었다. 영국도 한국처럼 눈치 보느라 할 말 다 못하고 자제하는 문화가 강한 편이어서 그랬다.

스코틀랜드에서 가장 큰 도시인 글래스고는 1980년대 전통 산업인 제조업과 조선업이 쇠퇴하면서 오랫동안 경제가 침체했다. 도시 정부는 장소 마케팅 전략을 활용해 문화 예술 산업을 대체 산업으로 키우려 했다. 그런 노력의 하나로 해마다 2주 동안 공연 예술 축제를 열었다. 민간 축제위원장이 다양한 사람들을 모아 위원회를 만들었다. 예산과 규제 문제를 둘러싸고 거친 논쟁이 벌어지고 불참자가 많아 회의가 취소된 적도 있었지만, 대체로 협조적이고 우호적인 회의가 이어졌다. 자기가 사는 도시를 사랑하는 위원들 마음이 느껴졌다. 축제가 도시 이미지를 제고하고 경제 발전에 기여해 글래스고가 축제로 유명한 에든버러의 명성을 따라잡기를 바라는 듯했다.

글래스고 문화축제위원회에서 작동하는 1차원적 권력은 명백했다. 위원장은 방문객 수, 호텔 이용률, 관광 수입을 우선순위로 삼아 전체 회의를 주도했다. 이 축제를 만든 사람이고, 문화 축제를 진행한 경험도 많고, 회의 안건도 꼼꼼히 준비하고, 회의에서 말도 많고, 목소리도 컸다. 위원회에서 유일하게 전업으로 일하는 사람이기도 했다. 다른 위원들도 누가 권력을 가지고 있냐는 질문에 축제위원장이 가장 주도적이라는 말을 먼저 했다. 다들 위원장에게 크고 작은 불만이 있지만 공개적으로 비판하기는 꺼렸다.

2차원적 권력에서 먼저 쉽게 생각할 수 있는 요소는 회의 안건을 결정하는 위원장이지만, 내가 의제 설정에서 배제되는 2차원적 권력 사례를 눈치챈 계기는 시민단체 출신 위원을 만난 심층 면담이었다. 그 사람은 회의에서 조용하지만 협조적이었다. 그런데 질문이 계속되자 그제야 자기가 원하는 축제는 무척 다른 유형이라고 털어놨다. 유명한 공연을 돈 내고 구경하는 이벤트가 아니라 주민이 직접 참여하는 축제가 되기를 바란다고 열정적으로 이야기했다. 그런 의견을 이야기하지 않은 이유를 묻자 대답은 단호했다. 회의에서 공동체가 참여하는 축제를 이야기하면 다들 고민하는 척은 하겠지만 의제로 설정되는 일은 없다고 했다. 2차원적 권력에서 밀리는 현실을 알고 있다는 말이었다.

이 시민단체 출신 위원은 자기는 위원회에 없는 사람이나 마찬가지라는 말도 했다. 과장이라고 생각했는데, 나중에 다른 위원들에게 물어보니 아무도 이 위원을 몰랐다. 단체 이름도 낯설다고 했다. 기부자들을 초대

2차원적 권력

하는 환영 행사 때도 잠깐 머물고 바로 떠났다. 시민단체 출신 위원은 위원회에 한 명뿐인 유색 인종이었다.

권력 관계뿐 아니라 주요 행위자들이 권력 관계를 대하는 반응과 전략도 눈길을 끌었다. 사실 시민단체 위원을 열 받고 좌절하게 한 계기는 내가 던진 질문이었다. 자기는 덮고 잘 넘어가고 있는데 내 질문 때문에 구조적 문제와 지나간 갈등이 떠오른 모양이었다. 갈등을 겪고 위원회에서 퇴출될 뻔한 적도 있었다. 그래도 협상 자리를 유지한 덕분에 그나마 시민단체가 활동할 자리를 얻을 수 있었다. 자기는 정말 괜찮다고, 만족한다고 말했다. 어차피 자기 의견이 영향을 미칠 수 있다는 기대가 없는 데다 회의 분위기를 망치고 싶지도 않다고 했다.

시민단체 출신 위원이 이야기한 '포기한 마음'에는 자기 좌절감을 줄이고 현실에서 실현 가능한 성과를 내고 싶은 동기가 자리하고 있었다. 적응적 선호^{adaptive preference}라고 부르는 이 적응 메커니즘은 자기 열망을 실현 가능성에 맞춰 낮추는, 넓은 의미에서 이해되는 합리성이다. 이솝 우화 〈여우와 신 포도〉에서 배고픈 여우가 포도를 따려고 뛰어오르다가 뜻대로 안 되자 신 포도가 틀림없다고 투덜거리며 돌아서는 장면을 두고 구조주의와 실용주의 사이에 끈질긴 논쟁이 이어졌다. 손이 닿지 않는 곳에 포도가 있는 구조에서 여우는 사실상 포도를 포기한 상태에서 열매가 시어서 관심 없는 양 자기를 속이고 있을까, 아니면 합리적이고 현실적인 판단에 따른 행동일까 하는 논쟁이었다. 여우가 얼마나 배고픈 상태인지, 포도가 식사인지 간식인지도 중요했다. 글래스고 사례에서 보면 배고픈 여우는 어려운 상황을 깨달은 뒤 포도를 따려는 시도를 포기한 셈이다.

점점 복잡해지는 파트너십 때문에 도시 개발을 둘러싼 의사 결정 과정에서 벌어지는 갈등은 도시 정치에서 핵심 주제였다. 구조주의적 접근과 실용주의적 접근은 계속 평행선을 그렸다. 구조주의자들은 주요 행위자 사이에 불평등한 권력 관계가 있다면 합의는 일시적 해결책일 뿐이라고 했다. 실용주의자들은 중개자에게 시간과 기술이 충분하다면 서로 소통해서 갈등 상황을 해결할 수 있다고 했다.

글래스고 사례에서 구조주의 접근과 실용주의 접근을 다시 생각해 봐야 했다. 불평등한 권력 관계가 참여자 사이에 갈등을 불러일으킬 낌새도 없었고, 충분히 소통하지 못한 상황이 아니라 전략적으로 소통하지 않은 때문이었다. 게다가 위원장은 시민단체 출신 위원이 무슨 생각을 하는지 알고 있었고, 그런 생각이 전체 의사 결정에 도움이 되지 않는다고 생각했다. 또한 모든 위원들이 내는 의견을 듣고 민주적으로 논의하는 방식을 선택하면 축제 일정을 못 지킬 수 있다는 점을 염려해서 효율적인 진행을 우선시했다. 그래서 위원장은 시민사회 출신 위원에게 발언할 기회를 주지 않으려 노력했다.

존재의 이유 — 마음을 흔들어 행사되는 권력

3차원적 권력에 관련된 힌트는 인터뷰 끝머리에 슬며시 나왔다. 축제위원장이 회의를 주도한다고 이구동성으로 이야기했지만, 인터뷰 말미에 몇몇 위원은 다른 말을 꺼냈다. "그런데 알고 보면 시의회 위원 권력이 큽니다." 시의회가 제도적 규제를 할 수 있고 예산도 시의회에서 많이 나오기 때문이었다. 자기들이 결정을 내릴 때 시의회가 무엇을 바라는지 의식하게 된다는 말도 했다.

예상하지 못한 대답이었다. 참여 관찰을 할 때 시의회 출신 위원은 회의에서 주로 침묵할 뿐 영향력을 행사하려 하지도 않았다. 무관심한 태도로 조용히 앉아 있거나 일찍 자리를 뜨거나 아예 회의에 오지 않을 때도 있었다. 회의 시간에 말 통하는 사람들끼리 눈짓과 웃음을 주고받기도 했는데, 이 사람은 그런 행동도 하지 않았다. 그런데도 다른 사람들이 그 위원이 품은 생각을 고려해 의견을 정하게 하는 힘, 곧 존재로서 가지는 권력이 작동하고 있었다.

시의회 출신 위원을 면담했다. 그 사람은 자기가 권력을 행사한다는 주장에 손사래를 쳤다. 권력은 위원장에게 있으며 자기는 옆에서 도울 뿐이라고 말했다. 질문을 바꿔 봤다. "그런데 지금 위원장이 없다면 축제는 어떻게 될까요?" 대답은 간단했다. "다른 사람을 위원장으로 고용해야죠." 또 질문을 던졌다. "시의회가 없다면요?" 그 사람은 조용히 웃으며 말했다. "그럼 축제는 없을 겁니다." 시의회 출신 위원은 질문에 답하면서 시의회란 다른 무엇으로 대체할 수 없는 존재라는 사실을 인정한 셈이었다.

심층 면담을 해 보니 시의회 출신 위원은 꽤 열정적이고 사교적인 정치인이었다. 회의에서 보인 모습하고는 딴판이었다. 심드렁한 태도는 그럴 수 있기 때문이었고, 적극적으로 의견을 내지 않은 이유도 그럴 필요가 없기 때문이었다. 자기도 알고 있는 듯했다. 다른 위원들이 자기 눈치를 살핀다는 현실을, 그래서 결국 자기가 가고자 하는 데로 가게 돼 있다는 현실을.

권력은 재미있다. 시의회에 제도적이고 재정적인 힘이 실제로 있기도 했지만, 위원들이 그렇다고 의식하는 현실이 권력을 가져왔다. 어떤 사람에게 권력이 있다고 다른 이들이 생각하면 그 사람에게는 권력 자원이 없어도 권력이 있게 된다. 권력은 결국 우리가 하는 상상과 상징이 가져오는 질서이기 때문이다. 바로 우리 마음이 허용하는 질서다.

회의에서 펜만 들어도 다른 사람들이 어깨를 움찔하는 사람이 있다. 2차원적 권력과 3차원적 권력 이론이 설명하듯 권력이 직접적 영향력을 넘어 미묘하고 간접적으로 행사되는 이유는 이런 심리 때문이다. 생존하고, 자기를 보호하고, 내쳐지지 않고, 인정받고, 사랑받고, 성취하고 싶어 하는 심리 말이다.

권력에 적응하는 적응적 선호도 심리 때문이다. 시민단체 위원이 말한 자발적 포기는 일종의 생존 의지였다. 실패 기억, 분노 회피, 충성심, 소속감, 거절당할지 모른다는 두려움 속에서 고른 최선의 선택이었다. 협상과 파트너십은 권력 관계에 따라 기계적으로 나타나기보다는 권력과 감정이 뒤섞인 결과인데, 권력이 약한 쪽이 생각을 훨씬 더 많이 하고 내부에서 협상을 벌이게 된다. 시민단체 출신 위원이 내보인 수동성은 합리적 선택이었다.

또 다른 3차원적 권력은 글래스고가 성공하기를 바라는 도시 성장 이데올로기였다. 급격한 경제 쇠퇴를 겪은 글래스고 사람들에게는 도시 성장이라는 가치가 우선순위인 듯했다. 축제로 유명한 에딘버러Edinburgh에 비교하며 열등감도 느끼면서 문화 도시로 성공해야 한다는 공동 목표가

3차원적 권력

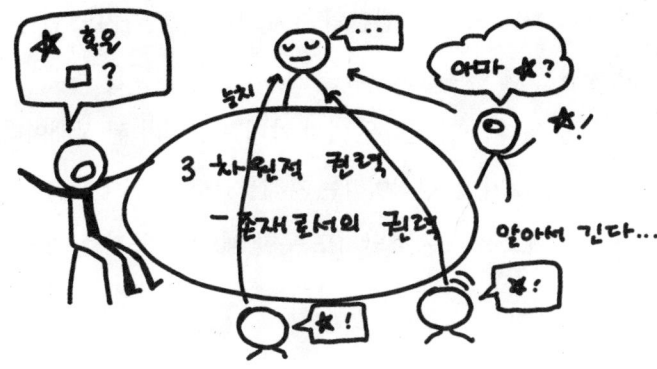

있었다. 축제를 성공시켜 경제 효과를 되도록 크게 내야만 했다. 그런 절실한 마음에 다들 협조적 태도를 보였고, 위원장이 드러낸 일방적 태도도 문제가 되지 않았다.

도시 성장 이데올로기라는 3차원적 권력은 한국 사회에서 지속적으로 영향력을 발휘했다. 1970년대와 1980년대에는 분단이 강제한 체제 경쟁 구도와 '잘살아 보세'라는 구호 아래 경제 성장을 위해 다른 가치들이 우선순위에서 밀려났고, 1990년대에는 세계화라는 거친 물결과 도시 간 경쟁에서 살아남아야 한다며 성장 이데올로기가 다시 입지를 다졌고, 선진국에 진입하면서 조금 여유를 느끼는 듯하다가 지방 도시 소멸이라는 위기 담론 속에서 경제 성장 이데올로기가 더더욱 굳건해졌다. 인구 위기가 문제라고 하지만 결국 경제 규모가 핵심이기 때문이다. 환경 문제가 예전보다 심각한 상황이기는 해도 민감도는 다른 선진국에 견줘 훨씬 낮은 데다가 성장 이념을 대신하지도 못했다.

성장 이데올로기는 더는 국가 차원의 공격적 모습을 드러내지는 않지만, 오히려 다양한 지역 규모에서 개인 인생에 이르기까지 더 잘 스며들어서 공정, 평등, 지구의 운명, 인간의 가치 같은 다른 가치도 변형시킨다. 상식에 머물던 성장 이데올로기라는 이 3차원적 권력을 우리가 드디어 인식할 수 있게 된다면 그 권력은 이미 약해진 상태가 된 상태이리라. 그러면 다른 이데올로기, 곧 상식이라는 자리를 차지한 권력이 나타나 사람들 마음을 움직이고 스스로 깨닫지도 못한 채 도시 공간을 새롭게 만들게 되리라.

7장

종교의 공간 전략
장소 만들기와 장소 고치기 사이

종교 — 공간을 통해 살아남기

종교는 공간을 통해서 살아남아 힘을 형성하고 유지한다. 장소 만들기가 권력을 얻는 행위라는 말은 종교 공간에 꽤 잘 들어맞는다. 종교가 시도하는 장소 만들기는 손에 닿지 않는 존재, 곧 신을 느끼게 하는 데 목적이 있지만, 궁극적으로는 신의 존재를 인정하고 소통하기를 바라는 종교인들이 신도들을 대상으로 벌이는 활동이다. 장소 만들기는 종교 기관이 하는 핵심 기능이고, 종교 공간은 종교 권력에서 큰 부분을 차지한다. 그래서 종교 기관은 공간에 꽤나 집착하는 편이다.

    종교 공간과 기억 공간은 공통점이 많다. 먼저 상징을 물질화하려 노력한다. 물리적으로 존재하지 않는 신이나 사람을 생각하고 교감하며, 거기에서 삶의 가치와 교훈, 살아가는 힘을 찾고 싶어하는 행위자의 욕구가 자리한다. 공간에 부착된 경험이 기억 공간에 전시된 물질을 통해 살아남는다면, 종교적 상징과 의미를 표현한 종교 공간에 모인 사람들은 종교 의식이나 행사를 열어 상징적 물질에 접촉하고 기도하면서 신을 상대로

공간을 통해 살아남는 종교

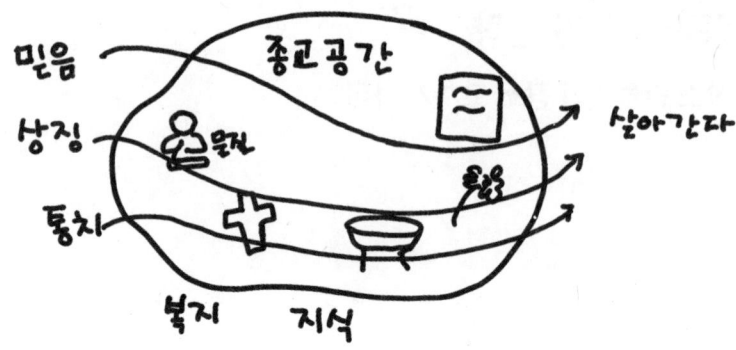

소통한다. 기억 공간은 기억 대상인 사람이 쓴 물품이나 어떤 사건에서 핵심이 된 물품을 물리적으로 두는 점이 중요하듯이, 종교는 신을 상징하며 신도들이 지켜야 할 규율을 강조하는 물건들을 두고 그 물건을 이용하는 의식을 통해 살아남는다.

정치 권력에서 분리되기 전에 종교 공간은 통치, 복지, 사회 서비스가 복합적으로 섞인 공간이었다. 의료 시설이자 숙박 시설이기도 했다. 무엇보다 지식의 중심이었고, 그래서 권력의 중심이었다. 종교 공간 자체가 책 같은 기능을 했다. 소수 엘리트만 책을 읽을 줄 아는 시절에 사람들은 종교 공간의 문, 벽, 창에 새겨진 그림과 조각을 통해 가르침을 받았다. 비대면 문자 매체인 책을 읽는 대신에 모여서 대면으로 설법을 들으며 교육을 받았다. 또한 설교, 설법, 음악, 종소리, 목탁 소리 같은 청각 자료를 활용해 아우라를 더했다. 공간 연구에서 공간은 텍스트다. 흔히 '도시 경관을 읽는다'고 표현하는데, 그런 상징적이고 간접적인 방식이 아니라 공간이 직접 책이 된 셈이었다.

지식이 대중화돼 많은 이들이 글을 읽고 과학 지식을 접하게 된 근대 사회에서도 종교 공간은 여전히 중요했다. 또는 종교에 맞선 도전이 많아져서 더 중요해진 측면도 있다. 신도들에게 헌금을 무리하게 거둔다고 종종 비판을 들을 만큼 종교는 종교 공간을 유지하고 확장하는 데 몰두했다. 요즘 온라인 종교 공간이 생기고 온라인 종교 의식도 열리고 있는데, 그렇다고 해서 대면 공간을 확보하려는 욕구가 낮아지지는 않았다. 무대는 온라인이어도 종교적 분위기가 나는 오프라인 공간을 보여 주는 방식이 효과적이기 때문이다.

21세기 들어 국가는 종교 기관을 상대로 파트너십을 맺으려 노력했다. 거버넌스가 출현한 이유하고 똑같다. 국가가 지닌 상징적 의미가 옅어지고 국민들 사이에 충성심이 점점 줄어들면서 사람들이 세금 내는 고객으로 행동하는 흐름이 나타나자, 국가는 종교 기관이나 시민단체하고 파트너십을 맺어 사라진 상징성을 메꾸려 했다.

또 다른 '주님' — 줄어드는 신도와 새로운 공간 전략

종교 공간은 중요한 사회적 공간이다. 사회 변화를 반영할 뿐 아니라 변화에 대응하는 전략의 매개체가 되기도 한다. 종교는 사회 변화에 맞게 공간을 바꾸면서 살아남았다. 요즘 많은 종교에서는 세속화 경향이 뚜렷하다. 인구 구조가 바뀌면서 신도 수가 줄고 신규 성직자를 구하기 어려워지면서 성직자도 점점 나이 들고 있다. 이런 변화 속에서 공간 전략이 더욱 절실해졌다.

이미 많은 종교 공간이 완전히 다른 장소로 변신했다. 영국에서는 믿음은 있지만 예배에 매주 나오지 않는 사람이 늘면서 많은 교회가 맥주를 파는 펍 등으로 바뀌었다. 교회 건물은 천장이 높고 많은 사람을 수용할 만큼 넓어서 큰 펍이 들어설 공간으로 알맞았다. 비로소 그 공간에 사람들이 다시 차기 시작해서 다른 '주님'을 영접하게 됐다. 종교 공간은 예술적이고 문화적인 모양새와 규모 덕분에 분위기 있는 공공 공간을 만들기도 좋았다. 교회가 공공 도서관이 되기도 하고 15세기에 지은 성당이 서점으로 바뀌기도 했다. 큰 집을 바라던 사람이 교회 건물을 사들여 주방이 널찍한 주거 공간으로 리모델링을 한 사례도 있었다.

종교 공간이 지닌 특성을 버리지 않고 이어 나가려면 살짝 다른 장소 만들기를 노리는 적극적 공간 전략이 필요하다. 전세계적 세속화 현상 속에서 한국 교회와 사찰도 열심히 노력했다. 마침 지역 사회와 정부, 기업, 시민사회 사이의 관계가 깊어지면서 종교 공간이 시도한 변신은 위기를 기회로 바꾸려는 노력으로 이어졌고, 이런 노력은 종교적 메시지를 전한다는 사명에도 맞닿아 있었다.

지역 사회에 자리한 교회는 카페나 서점이 들어선 복합 공간으로 탈바꿈하고 있다. 어느 목사님이 말한 대로 교회는 이제 교회라는 공간으로 머물러 있기에는 한계가 너무 많다. 커뮤니티 센터가 돼야 생존할 수 있다는 이야기다. 서점이나 카페 같은 기능이 더해져야 사람들이 모여들 테고, 사람이 모여야 신을 생각할 수도 있으니까 전도하는 데도 효과적이라는 논리다.

요즘 일상에서 좋아하는 장소를 물으면 카페를 첫손으로 꼽는 사람이 많다. 카페는 일터와 쉼터 사이에 자리하는 제3의 공간이다. 집이 제1공간이고 직장이 제2 공간이라면, 주점, 광장, 커피숍처럼 부담 없이 들러 시간을 보낼 수 있는 곳은 제3 공간이다. 좋은 위치에 자리 잡는 위치 전략에 상당히 공을 들인 스타벅스는 제3 공간처럼 보이는 공간 전략을 썼다. 요즘 많은 장소가 카페처럼 보이고 싶어하는 이유도 제3 공간처럼 편안하게 보여서 사람들을 끌어들이고 싶기 때문이다. 종교란 일도 휴식도 아닌 제3의 활동이라는 점에서 교회가 카페를 닮아 가는 모습은 자연스러운 현상이다.

교회에 카페를 열어야 하는 구체적인 이유가 다섯 가지 있다고 한다. 첫째, 막대한 이익을 남기는 스타벅스에서 배워 교회도 수익을 얻을 수 있다. 둘째, 지역 사회에 특유한 분위기를 창출할 수 있다. 셋째, 요즘 젊은 사람들은 카페에서는 편안해하지만 종교 공간에서는 억압을 느끼기 때문에 카페를 교회에 더하면 안정되고 접근하기 좋은 환경을 만들 수 있다. 넷째, 와이파이와 듣기 좋은 음악을 제공하는 현대적 감각을 불어넣을 수 있다, 다섯째, 사람들이 교회 서점에서는 책을 잘 안 보는데 카페에서는 많이 읽는다. 학교, 병원, 사무실처럼 여러 사람이 모이는 공간이 카페를 닮아 가고 있다.

불교는 산중에 주로 자리한 절을 활용해 '템플 스테이'라는 이름을 내건 전통 문화와 사찰 체험 프로그램을 시작했다. 카페 대신에 에어비엔비의 길을 고른 셈이다. 2004년부터 정부 지원을 받아 한국불교문화사업단이 주관하는 사업이다. 템플 스테이 안내 웹사이트 '템플스테이 — 나를 위한 행복 여행'에 들어가면 전국 곳곳에 자리한 사찰 목록이 뜨고 날짜와 지역, 템플 스테이 유형에 따라 예약할 수 있다. 체험형, 명상형, 휴식형은 말할 것도 없고 심지어 피부 미용이나 영어 공부를 하는 곳도 있다. 30일이 넘는 오랜 기간을 머물 수도 있고 낮에 반나절만 체험해도 된다.

불교 신자가 아닌 내가 우연히 템플 스테이를 해 보니 과연 그랬다. 멀리 떨어진 절에 가려고 기차를 탄 순간부터 자기를 돌아보는 마음가짐이 되는 듯했다. 숙박업소하고 다르게 아무것도 없는 소박한 절 방은 아파트에 길든 도시인의 마음을 단순하게 했다. 모두 아무 말 없이 발우에 채

종교 공간 전략

식 사찰 음식을 먹고 각자 그릇을 씻는 데 집중하니 음식이 귀히 느껴졌다. 산속에서 종소리와 목탁 소리를 듣고, 여기저기 거닐고, 스님하고 이야기를 나누면서 마치 불교 신자인 듯 합장도 하니 나도 모르게 겸손해졌다. 도시에 자리한 교회와 성당을 가면 저절로 마음이 숙연하고 평화로워졌는데, 하룻밤이지만 속세를 벗어난 곳에서 지내니 종교 공간이 내는 효과가 더 커진 듯했다.

고려 시대에 권세를 누리던 불교가 조선 시대에는 탄압을 받으며 산속으로 강제로 들어가야 했다. 일상 공간에서 분리된 탓에 교세를 유지하고 포교하는 데 불리했지만, 이제는 그런 공간이 다양한 공해에 시달리는 사람들을 끌어들이는 중요한 자산이 된 셈이다. 단지 신도가 줄고 절 공간이 남기 때문에 벌이는 사업은 아니다. 많은 현대인이 시끄러운 세상에서 벗어나 자연 속에서 휴식하고 명상하며 자기를 돌아보는 시간을 보내고 싶어한다. 불교가 종교색이 덜하고 철학에 가깝다는 인식 덕분에 진입 장벽이 낮아 템플 스테이는 효과적인 공간 전략이 됐다. 엠지 세대에게 인기를 얻고 한류 관광 코스도 됐다. 외국인과 외국으로 이주한 한국인도 한국을 방문할 때 하고 싶은 일로 꼽는다. 지난 20년간 템플 스테이 이용자는 600만 명을 넘어섰다. 사람들은 절에서 쉬면서 불교를 좀더 친근하게 느끼거나 아예 불교 신자가 되기도 한다.

종교 공간을 찾는 사람이 늘어난다고 해도 오늘날 종교가 마주한 문제들은 쉽게 해결되지 않는다. 절에서 일하는 어느 관계자는 점점 심해지는 세속화 경향 때문에 고민이라고 털어놨다. 신도 수가 줄어드는 데 그치지 않고 사찰 일을 돕는 일손까지 눈에 띄게 준 탓이다. 절 마당 쓸고 보시를 관리하고 기념품을 관리하는 등 사찰을 운영하는 데 필요한 여러 가지 일을 자발적으로 할 신도들이 없어서 비신자도 아르바이트 직원으로 고용하자는 말들이 나온다고 한다. 그런 현실을 받아들이지 못하는 스님도 많다고 했다. 나는 대학에서도 학과 업무를 자기 일처럼 대하던 대학원생 조교 희망자가 줄어서 행정 직원을 뽑는 학과가 늘고 있다고 이야기했다.

교차로 — 이주민 신앙의 두 얼굴

이동의 시대에 종교 공간은 어떤 모습을 띨까? 미국으로 이주한 한국인들이 기독교 활동에 활발히 참여한다는 사실은 잘 알려져 있다. 한국인 이주민이 없으면 이주민 종교 문제를 연구하는 사람들이 곤란해질 정도라고 말하는 학자도 있었다. 미국에 온 한국인 이주민들이 교회와 학군을 따라 이사한다는 연구도 있다. 이주민들은 종교 활동을 하며 고단한 삶 속에서 위안을 얻었고, 종교 조직은 주류 사회에 곧바로 포함되기 어려운 이들에게 사회 활동을 할 기회를 넓혀 줬다. 이웃도 친구도 직장도 교회를 고리로 해야 쉽게 찾을 수 있었다. 교회에서 만난 성직자와 교인들이 따로 독립해서 교회를 차리면서 작은 교회가 많이 생겨났고, 자기가 사는 집을 교회로 쓰기도 했다. 그야말로 삶이 종교이고 종교가 삶인 셈이었다.

경기도 김포에 사는 줌마족 이주 노동자들이 참여하는 불교 행사를 지켜본 적이 있다. 신기하게도 세 가지 언어가 자연스럽게 뒤섞였다. 인도와 방글라데시에서 온 스님들이 한국 스님들하고 같이 행사를 진행했는데, 모든 말을 3개 국어로 순차 통역하는 방식이 아니라 한국어와 줌마어와 힌두어가 불쑥불쑥 튀어나왔다. 그런 모습이 자연스러워서 신기했다. 종교 기관과 신자가 모두 변화하는 시대에 적응한 듯했다.

2015년 한국에 온 스리랑카 이주민들이 한국에서 종교 공간을 만드는 과정을 연구한 적이 있었다. 스리랑카 이주민들은 경기도 안산에 불교 사원을 세우고 온라인에 가상 사찰을 열어 다른 여러 나라에 흩어진 스리랑카 사람들이 참여하는 불교 의례를 열었다. 주요 행위자들 사이의 상호 작용 덕분이었다. 스리랑카 이주 노동자, 스리랑카 대사, 한국과 스리랑카의 사찰 관계자, 다른 나라에서 활동하는 스리랑카 이주민 등 다양한 행위자들이 협력해서 초국적 종교 공간을 만들었다.

낯선 한국 땅에 와 고된 노동을 하는 스리랑카 이주민들은 영적 존재로서 자기 자신을 지키고 싶어했다. 스리랑카 불교는 규율이 꽤 엄격했는데, 외국에 나와 생활하면서 그런 규율을 제대로 지키기 어렵고 스님을 만나 가르침을 받을 수도 없었다. 게다가 독특한 음주 문화와 상대적으로 자유분방한 분위기 때문에 고민이 많았다. 다른 사람이 영적 생활을 할 수 있게 도우면서 불교 실천에 적극 참여하라는 가르침이 스리랑카 불교의 핵심이기 때문에 공동으로 불교 생활을 나눌 종교 공간이 절실히 필요했다.

장소 만들기는 주요 행위자가 모습을 드러내면서 시작됐다. 안산에 사는 스리랑카 이주 노동자 네 명이 이런 고민을 나누는 '부처님의 아이들 그룹'이라는 모임을 만들었다. 처음에는 물리적 종교 공간을 대신할 대체물로 설법을 담은 시디를 배포하고 웹사이트에 관련 텍스트, 오디오, 비디오 자료를 올렸다. 대구에 사는 스리랑카 승려에게 도움을 요청해 온라인 화상 채팅을 하는 스카이프를 활용한 온라인 사찰을 열었다. 한국뿐 아니라 독일, 미국, 영국, 두바이, 인도, 스리랑카에 사는 불교 신자들이 참여하는 국제적 불교 공간이었다. 한 번에 스카이프 계정 25개가 영상 통화를 할 수 있었다. 이주 노동자들은 온라인 불교 토론을 열어 한국에서 섹시한 옷차림을 한 여성을 볼 때 느끼는 성적 욕망을 통제할 수 있는 방법이나 직장에서 명상을 실천할 수 있는 방법 등을 승려에게 물었다.

이런 온라인 종교 활동은 스리랑카에서 승려 두 명을 초청해 2013년에 불교 사원을 만드는 프로젝트로 이어졌다. 주한 스리랑카 대사가 적극적인 구실을 했다. 한국 불교계에서 지원을 받으려 편지를 보냈고, 안산에 사찰을 세우는 과정에서 여러 행사를 치를 수 있게 지원했다. 또한 스리랑카 승려가 한국에 와서 2년 동안 머물 수 있는 제도를 마련하는 데 기여했다. 스리랑카에서 커다란 불상을 가져올 때도 세금과 배송비를 아낄 수 있게 도왔다.

안산에 들어선 불교 사찰에서는 회원 70여 명과 승려 두 명이 활동하면서 스리랑카 이주민을 대상으로 하는 불교 프로그램을 이끌었다. 나중에 더 나은 곳으로 이사했지만, 내가 들른 때에는 상가 건물에 자리하고 있어 겉모습만 보면 절 같은 느낌은 나지 않았다. 그래도 내부는 스리랑카에서 보내온 커튼, 불상, 보리수나무 등 덕분에 이국적이었다. 스리랑카 불교 신도들은 모두 흰 옷을 입고 있었다. 불교 의례는 한국식하고 비슷했다. 나는 그곳에 있는 유일한 외국인(비스리랑카인)이었는데, 스리

온라인과 오프라인에서 이주민 종교 공간 만들기

랑카 스님은 실을 꼬아서 만든 팔찌를 선물로 건넸다. 여자에게 직접 채워 주는 행위는 금지여서 받기만 했다.

안산에 사찰을 세운 뒤에도 온라인 불교 의례는 계속됐다. 일본, 영국, 미국, 네덜란드, 일본, 이탈리아 같은 다른 나라 친구와 가족이 참여했다. 안산에 세운 사찰은 이 불교 교단에서 동아시아를 대표하는 공간이 됐고, 일본에 사는 스리랑카 이주민들도 또 다른 온라인 프로그램을 시작했다. 목요일에는 불교 가르침에 그다지 익숙하지 않은 사람들을 대상으로 하는 온라인 불교 행사가 열려 스리랑카 이주 노동자와 학생들이 참석했다. 토요일에는 승려가 가르침을 전하는 또 다른 온라인 불교 공간이 열렸다.

온라인 종교 공간과 오프라인 종교 공간은 서로 보완하면서 전체 공간이 넓어지기도 한다. 종교 공간에 세속적 기능을 더하려는 노력은 종교가 설 땅이 좁아지는 현실을 드러내지만 종교적 가르침을 확대하는 역량을 보여 주기도 한다. 기성 공간이 맞닥트린 새로운 현실과 낯선 현실을 극복하려는 공간 전략으로서 또 다른 장소 만들기는 종교만이 마주한 문제가 아니다. 학생이 점점 줄어드는 학교와 대학도 마찬가지다. 재택근무가 늘어나는 회사 공간도 그렇다. 도시 재생 과정에서 문화 시설이나 상업 공간으로 변신한 창고나 공장이 그렇듯, 빈집과 폐교를 다른 용도로 바꾸듯, 오늘날 많은 장소 만들기는 장소 고치기를 뜻하는 다른 말이다.

8장

기억의 영토화
왜 기억 공간은 싸움터가 되는가

기억과 공간

기억은 공간을 통해 자기 영토를 만든다. 경험을 통한 기억이 특정한 장소에 결합해 물화되기 때문이다. 그래서 우리는 어떤 공간을 지나갈 때 그곳에서 한 경험이 이미지로 떠오르고 그때 그 장소의 기온과 냄새가 기억나기도 한다.

사회를 뒤흔든 비극적 사건이나 참사가 일어난 곳에는 집단적 기억이 새겨진다. 기억 공간이란 머리와 마음에 깃든 기억을 밖으로 꺼내어 기억을 선별하고 관련된 물건을 전시해 특정 기억에 연관된 의미를 형상화한 공간이다. 기념관, 박물관, 기억교실, 기억공원처럼 안정된 기억 공간도 있고, 분향소나 천막처럼 일시적인 기억 공간도 있다.

요즘 '역사 박물관' 대신에 '기억 공간'이라는 말을 쓰는 이유는 탈식민주의postcolonialism식 전환이 미친 영향 때문이다. 역사라는 단어에는 공동체가 공유한 객관적 기준이 존재한다는 전제가 깔려 있다. 2차 대전 뒤에 떠오른 탈식민주의 시각은 그동안 표준으로 여겨진 서구, 백인, 남성,

기억과 공간

비장애인, 이성애자 같은 기준이 권력 관계를 반영한 표현일 뿐이라고 비판했다. 그렇게 보면 우리가 직접 경험하지 않은 공동체의 역사를 기리는 행위는 권력의 중심인 사람의 기억을 문화적 형태로 표현한 결과다. 그래서 객관적 사실을 뜻하는 듯한 역사보다 개인의 경험과 해석을 존중하는 기억이라는 용어를 쓴다. 기억을 경험하지 못한 후세대에게도 그 기억이 이어진다는 의미에서 문화 기억cultural memory이라고 부르기도 한다.

    기억은 과거의 일인 듯싶지만 사실 현재를 살아가는 행위자가 미래에 관련해 하고 싶은 이야기다. 그래서 기억과 공간의 결합은 정체성과 가치를 중심에 둔 다양한 주요 행위자들 사이의 만남이 된다. 이미 벌어진 일에 담긴 의미를 강조하고 싶은 사람들, 공감과 슬픔을 드러내고 싶은 사람들, 그 일을 묻고 지나가고 싶은 사람들, 이야기를 막고 싶은 사람들, 그 이야기를 다른 이야기로 덮고 싶은 사람들이 만난다. 그래서 만남은 치열해진다. 한국 사람들이 죽음에 얽힌 기억을 정치화한다고 비판하는 사람들이 있는데, 죽음처럼 강한 집단적 기억을 바탕으로 기억 공간을 만드는 일은 정치적 사안 중에서도 가장 앞에 놓인다. 공간이 곧 자기라고 느끼기 때문에 감정적이 된다. 기억 공간을 연구하는 현장 조사 때도 그런 감정을 대하게 된다.

기억 경관memoryscape은 집단의 경험과 역사를 담은 기억 공간들이 만드는 총체적 풍경을 가리킨다. 한국에서는 기억 경관이 진화를 거듭했다. 2차 대전 뒤 해방과 분단과 전쟁과 독재가 이어지면서 군사 정권은 승전, 식민지 경험, 투쟁의 역사를 기리고 국가의 정당성을 고취할 기념물을 건설하고 기념일을 제정했다. 아니면 먼 옛날 사람들이 쓴 식기, 옷, 바늘, 장신구를 전시한 박물관 등을 세워 과거와 현재 사이에 놓인 차이와 연관성을 함께 강조했다.

군사적 발전주의는 식민지와 전쟁을 거치며 많은 사람이 다치고 죽은 과거를 빨리 잊고 미래로 나아가야 한다고 강조했다. 미래는 과거보다 나으리라는 확신에 찬 감수성 아래에서는 과거를 오래 붙들고 씨름할 이유가 없었다. 왜 62만 명이 피해를 입은 한국전쟁은 기억하지 않으면서 수십 명에서 수백 명이 당한 죽음은 유난스럽게 대하느냐고 비판하는 목소리도 나온다. 전문가들은 세월호 참사가 한국 사회에 준 충격이 한국전쟁만큼이나 클 수 있다고 진단한다. 기억 감수성이 다르기 때문이다.

1990년대에 접어들면서 한국 사회에서는 과거의 유산이나 기억을 소중히 여기지 않고 없애는 관행을 한탄하는 목소리가 커졌다. 그런 성찰은 삶이 어느 정도 여유로워지고 경제 성장이 상대적으로 느려진 덕분이다. 경제적으로 여유롭기는 해도 더 찬란한 과거에 견주면 경제 발전이 활발하지 않은 나라에서 흔히 나타나는 모습이다. 영국은 도시 속 한적하고 좁은 골목에도 유명한 인물이 생활한 집과 학자나 작가들이 토론한 카페가 남아 있다. 빅토리아 시대에 지은 유서 깊은 건물은 창문도 마음대로 바꾸지 못한다. 먼 옛날 조상이 남긴 장소는 후세대에게 관광 수입에 더해 자부심과 정체성을 주기 때문에 중요한 자산이 된다.

경제적 선진국으로 진입하는 한편 경제 성장이 둔화하고 정치적 민주화가 진전하면서 한국에서도 개인의 아픔, 인권, 정체성, 기억을 중요하게 생각하는 여유가 생겨났다. 명백한 국가 폭력이고 국가가 애써 역사에서 지우려 한 제주 4·3 항쟁이나 광주 5·18 민주화 운동 같은 사건이 재조명됐다. 군사 정권 시기에 세운 국가 기념관처럼 획일적인 해석을 강요하지 않고 문화적인 기억 공간을 만들어 희생자 개개인이 품은 사연과 사건을 이해하는 데 필요한 다양한 관점을 보여 주기 시작했다. 기억 공간 조성은 그나마 국가가 반성하고 책임지는 조치로 여겨졌고, 기억 공간을 만들고 이끄는 주체도 그만큼 다양해졌다.

기억과 망각 — 비극적 사건을 둘러싼 영토 투쟁

기억 공간이 형성되는 과정은 기억을 끊임없이 영토화하는 시간이다. 사람들은 기억의 영토화에 자기 나름의 방식으로 참여한다. 기억 공간을 만들면서, 작은 돈을 모금하면서, 기억 공간에 들러 추모하고 묵념하면서, 무관심을 드러내려 방문하지 않으면서, 조용히 혼자 기억하면서, 적극적이고 끈질기게 방해하면서 영토화에 참여한다. 지하철에서 노란 리본을 보여 주는 행동만 하더라도 기억의 영토는 넓어진다. 심지어 기억 공간을 반대하거나 조롱하는 망각 활동이 서서히 흐려질 수도 있는 기억의 중요성을 오히려 강조하는 역효과를 불러올 때도 많다. 기억 공간의 영토화와 소멸 과정에서 나타나고 부딪치는 다양한 가치와 욕망은 과거의 기억에 갇히지 않고 현재와 미래의 우리 모습을 보여 준다. 기억 공간에는 박제된 기억이 아니라 우리의 지금이 자리하고 있다.

기억의 공간적 경계는 시간이 지나면 허물어지고 다른 곳에서 다른 방법으로 다시 영토화된다. 다른 영토를 만나서 영토 투쟁이 벌어지기도 한다. 기억 공간을 둘러싸고 애도, 기억, 치유, 기념화 활동, 망각, 일상 회귀, 공감 피로를 포함한 다양한 욕망이 존재하게 된다. 그런 욕망은 문화적 욕구, 정치적 지향, 경제적 이익에 얽혀 있다.

기억의 영토화는 또한 주체가 벌이는 권력 투쟁에 밀접하게 관련돼 있다. 푸코가 말한 대로 기억은 투쟁의 중요한 요인이라서 누군가가 사람들의 기억을 통제한다면 활력까지 통제할 수도 있다. 비극적인 공동 기억에 연관된 도시 개발은 희생자와 가족, 정부, 전문가가 싸우는 기억 전쟁터가 된다. 특히 기억을 문화적으로 재현하는 과정에서 논쟁이 자주 벌어진다. 특정한 집단이 트라우마를 기억하고 해석하는 방식은 끊임없는 긴장을 불러일으킬 수밖에 없기 때문이다.

기억 공간이 형성되는 과정은 공간이 형성되는 여러 사례 중에서 가장 고통스러운 편이다. 비극 때문에 아파하고 절규하는 피해자, 피해자가 보호받고 존중받아야 한다고 생각하는 시민들, 주민과 상인과 정치인 등 기억 공간 주변을 둘러싼 이해관계자, 기억 공간이 형성되는 과정을 돕고 싶어하지만 서로 견해가 다른 여러 전문가, 관련 정책과 예산을 전반적으로 결정하는 몇몇 정책 결정자, 기억 공간에 들어갈 세금을 다른 데 써야 한다고 주장하는 정치 단체나 이익 단체가 날카롭게 얽혀 있기 때문이다. 국가가 정치적으로 기억을 지우려 하거나 그런 시도에 동조하는 여론이 있으면 갈등은 더 심해진다. 정치적 쟁점이 별로 없던 대구 지하철 참사는 피해자 단체 사이에 벌어진 갈등 때문에 기억 공간을 만드는 데 12년이 걸렸고, 가해자가 외부에 있던 미국 '9·11 추모·박물관'도 10년이라는 시간이 필요했다.

기억화 작업에는 기억하고 기념하려는 욕구뿐 아니라 잊고 넘어가자는 망각 욕구도 뒤따른다. 망각 욕구는 이익 집단의 이해관계, 이를테면 책임을 져야 하는 주체가 지닌 욕구에서 나오기도 하지만 기억해야 하고 기억하고 싶은 주체가 타협하면서 나타나기도 한다. 현대 사회에서는 비극과 폭력에 지나치게 노출되면서 제기되는 동정 피로compassion fatigue도 꽤 있다. 동정 피로란 동정 같은 감정을 지나치게 오래 지속해야 할 때 느끼는 감정이다. 동정 피로에 휩싸이면 다른 사람들이 겪는 고통에 공감하려는 관심이 줄어들고 무감각해진다.

기억과 망각 사이에 벌어지는 영토 투쟁은 궁극적으로 기억 공간을 둘러싸고 치열해진다. 공간은 값비싸고 한정된 자원이다. 땅값이 비싼 곳에 의미를 잘 전달하고 효과적인 기억 공간을 만들려면 더 많은 예산이 들고 이해관계자도 늘어난다. 또한 기억들 사이에 경합이 일어나기도 한다. 공간과 예산은 한정적이기 때문이다. 마찬가지로 마음도 한정적이다. '3·1', '4·3', '6·25', '4·19', '5·18', '4·16', '12·3' 등 숫자로 표현되는 사건을 기억하는 수준이 사람마다 다 다르고 사건을 직접 경험한 세대가 사라지면서 기억의 중요성도 점점 줄어든다. 따라서 기억은 한정된 정부 예산과 줄어드는 관심을 두고 어쩔 수 없이 경쟁이 벌어진다. 기억과 장소가 둘 다 지속적으로 변화할 뿐 아니라 조작도 할 수 있기 때문에 더욱 어렵다.

기억 공간을 막으려는 사람들은 망각의 영토화에 적극 참여한다. 광화문광장은 세월호 기억 대 망각 사이의 갈등이 폭발한 장소가 됐다. 온라인 커뮤니티 '일베저장소' 회원들은 광화문광장에 천막을 치고 단식하는 유가족을 조롱하느라 피자 100판과 맥주, 육개장을 먹는 폭식 이벤트를 벌였다. 자기 자신을 망각 공간을 상징하는 전시물로 만든 셈이었다. 서울시가 세월호 농성장에 천막을 지원한 행위는 직무 유기라면서 서울 기억의 영토화 — 무엇을 얼만큼 어떻게 기억할까?

시장을 검찰에 고발했고, 동아일보사 건물 앞에는 '세월호 척결'이라는 구호를 내걸었다. 극우 단체 서북청년단은 천막을 강제 철거하겠다고 예고하기도 했다. 안산생명공원을 반대하는 사람들을 심층 면담한 적이 있었는데, 기억 공간에 쏟아붓는 저주가 워낙 거칠어서 기억 투쟁의 강렬함을 실감하는 시간이었다. 기억과 망각을 둘러싼 영토 투쟁은 타협과 공감의 여지를 마련하지 못한다면 기억 공간을 무대로 삼아 시간이 갈수록 더욱 거칠어질 수밖에 없었다.

갈등은 기억 공간이 마련되지 못하게 막는 걸림돌이 아니라 관련 활동을 더욱 활발하게 만드는 추진력이다. 담론 형성에 활력을 불어넣고 다양한 행위자들의 견해를 명확히 하는 데 도움을 주기 때문이다. 5·18과 세월호에 관련된 기억 공간을 반대한 사람들이 논란을 키운 덕분에 주목을 끌어 계획이 더 진전된 측면도 있다.

오히려 문제는 공식적이고 큰 규모로 기억 공간을 제도화하고 공식화할 때다. 전문가들이 세련되고 예술적인 대안을 제시하는 동안 희생자가 소외되고 기억이 박제될 수 있기 때문이다. 이 단계에서는 피해자, 생존자, 유족들하고 기억 공간이 형성되는 과정을 함께하려는 공감의 연대가 전문 지식을 활용해 슬픔 관광을 성공시키고 싶은 욕망을 이길 수 있는지가 관건으로 떠오른다.

기억 공간의 문화화 — 도시 재생, 슬픔 관광, 기억의 연대

기억 공간의 문화화란 현재 세대와 미래 세대를 상대로 다양한 방식을 활용해 기억을 공유하고 사회적 연대를 강화하는 활동이다. 나아가 집단 기억을 매개로 한 사회의 정체성을 형성하고 공감과 연대를 통해 더 나은 미래를 일구려 노력하는 과정이다. 지난 몇 년 동안 광주, 제주, 세월호에 마련된 기억 공간 참여자들은 국가의 폭력이나 무책임을 비판하면서 자연스럽게 연대했다. 다양한 곳에 기억 공간을 마련하고 인적 교류와 파트너십을 바탕으로 정치적 경험을 문화적 서사와 상징으로 바꿨다.

기억 공간은 특히 도시 재생을 만나면서 확장되고 질적 변화를 겪었다. 도시 재생 과정에서 기억 공간은 도시 역사를 문화적으로 보여 주면서 슬픔 관광 관광객도 끌어들이는 중요한 자산으로 떠올랐다. 슬픔 관광은 기억의 영토화를 공고히 할 뿐 아니라 기억의 영토 자체를 확장하는 계기가 됐다. 또한 진보, 합리성, 질서를 맹신하는 근대적 사고를 회의하고 성찰하는 자극제이기도 했다. 20세기 말부터 전세계적으로 늘어난 슬픔 관광은 비디오와 오디오를 비롯해 다양한 미디어가 발달한 덕분에 상업적으로 성공할 수 있었다. 기술 발전이라는 토양 위에 슬픔 관광을 만나면서 기억 공간의 문화화는 더욱 활발해졌다.

1980년 5·18 민주화 운동에 관련된 기억은 국가 폭력에 이어 사건에 관한 기억을 지우려는 시도에 맞섰다. 민주화 이전에는 방치되거나 민주화 운동 활동가들이 순례하는 장소에 그친 5·18 관련 공간은 광주시가 문화 정책을 발전시키는 과정에서 발견되고 발전했다. 1990년대 들어 망월동 묘역이 광주비엔날레를 비판하는 안티비엔날레 때 전시 공간으로 활용된 일을 시작으로 그동안 방치된 5·18 관련 장소가 하나씩 발견돼 기억 공간이 됐다. 2016년에는 전일빌딩에서 헬기 총탄 흔적이 발견돼 기억 공간으로 새롭게 꾸며졌다. 마지막 생존자가 남아 있던 옛 전남도청은 국립아시아문화전당으로 변신하더니 지금은 다시 복원 공사를 하는 중이다.

제주 4·3 항쟁은 1948년에 시작돼 1954년까지 이어졌다. 제주 곳곳에서 많은 사람이 죽고 다쳤다. 고립된 섬이라서, 나도 내 자식들도 계속 발붙이고 살아야 곳이니까, 가해자하고 이웃으로 살아야 해서 4·3의 기억은 조용히 묻혔다. 1999년 '제주4·3사건 진상규명 및 희생자 명예회복에 관한 특별법'(제주 4·3 특별법)이 제정되면서 비로소 기억은 활발히 이야기되기 시작했다. 제주4·3평화공원이 들어서기는 했지만, '사건'이라는 공식 명칭이 아직 남아 있고 억울한 마음도 다 풀리지 않은 만큼 4·3에 관련된 기억 공간은 앞으로 더 많이 발견되고 발전해야 한다.

2014년에 일어난 세월호 참사에 관련해서는 5·18 기억 공간을 마련한 경험을 바탕으로 기억 공간이 활발히 마련됐다. 노란색 추모 리본이 팽목항을 비롯한 여러 장소를 기억 공간으로 만들었다. 단원고 기억교실은 2학년 교무실과 교실에 꽃, 희생자 사진, 좋아한 과자, 일상을 담은 쪽지, 노란색 추모 리본을 놓아 희생자들 이야기를 보고 느끼면서 생생한 그리움을 환기시키는 장소였다. 달력은 세월호가 가라앉은 2014년 4월에 멈춰 있고, 벽에 걸린 전국 대학 지도는 많은 희생자가 대학 진학을 꿈꾼 평범한 고등학생이라는 사실을 보여 줬다. 나하고 함께 교실을 둘러본 어느 부부는 아마도 희생자 부모인 듯했는데, 그 반 학생들 한 명 한 명에게 마

기억의 연대와 이동

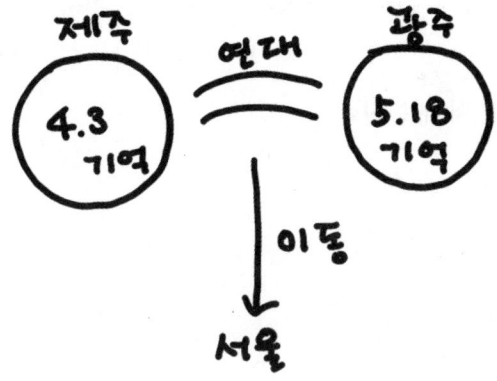

치 살아 있는 사람 대하듯 말을 걸었다.

다른 한편, 기억의 연대는 기억 공간을 유연한 방식으로 발전시키고 있다. 처음에는 아시아 지역 국가 폭력 피해자들이 광주를 방문하고 연대하기 시작했다. 4·3의 기억도 5·18의 기억에 연결돼 이야기됐다. 2018년에는 '제주-서울 프로젝트: 잊지 않기 위하여'전이 서울에서 열렸다. 광주의 기억과 제주의 기억이 손잡고 서울로 온 전시였다. 2023년 5월에는 서귀포시청 앞에 광주 5·18 민주화 운동을 기억하는 '오월 걸상'이 세워졌고, 2024년에는 광주에 4·3 관련 조형물인 '사월 걸상'이 설치됐다.

전세계 곳곳에 조형물을 세워 기억을 영토화하려는 시도는 이미 평화의 소녀상이라는 모범이 있다. 나아가 5·18과 4·3의 기억을 모티브로 서울에서 열린 전시는 기억 공간이 죽음의 장소에서 자유로워지고 유연하게 된 사례를 보여 준다. 이런 유연화가 시작된 계기는 세월호 참사였다. 세월호 참사는 바다 한가운데에서 일어났다. 비극이 벌어진 장소에 기억 공간을 만들 수 없기 때문에 주요 희생자들이 산 지역과 다닌 학교, 여행 목적지인 제주도, 참사를 막지 못한 청와대 등에 의미를 부여했다. 공유된 문화 경관은 과거의 경험과 현재의 정체성 사이에 일어난 역동적 상호작용을 반영하면서 계속 진화하고 있었다.

9장

도시 공간
분리와 통합의 정치

도시 계획 — 모으고 나누는 영토 싸움

이상적인 도시 계획가와 정책 입안가는 지도를 펴서 내려다보며 도로, 상하수도, 주택, 건물, 공원, 공항 등을 최적 상태로 오밀조밀 잘 배치해 누구나 행복한 곳을 만들고 싶어한다. 땅을 당겨서 늘릴 수는 없지만 위아래로 쌓을 수는 있으니 기술을 최대한 활용해 도시에 필요한 시설을 갖추려 한다. 도시 시뮬레이션 게임으로 유명한 심시티^{Simcity}를 하듯이 아예 아무것도 없는 땅에서 심지어 강과 산이 있는 자리도 바꾸면서 아무런 제약 없이 시작하고 싶을 수 있다. 상상만 해도 달콤한 권력이다.

현실적인 도시 계획가는 머리가 아프다. 다양한 선호를 현실로 만들 수 있는 주체는 주로 경제 권력이다. 애당초 부자들이 전염병에 걸릴까 봐 가난한 사람들을 공간적으로 분리하는 방식을 발전시킨 개념이 도시 계획이라고 하니 말이다. 사회경제적 권력을 쥔 자본, 손해 보지 않으려는 자산가, 정치적이거나 경제적인 이익만 생각하는 정치인, 이해관계가 다른 여러 행정 부서, 땅값 걱정하는 주민들, 도시 발전이라는 사회적 담론에 둘러싸인다. 그런 탓에 전문 지식에 기반한 합리적 계획가가 되려고 꿈꾸다가 여러 이해관계자들에게 치이면서 제약 많은 협의나 협상에 매몰되는 중간자로 바뀌기 쉽다.

지도 위에서 볼 때는 이상적이더라도 땅으로 내려와 주민이나 상인 등 다양한 이해관계자들의 시각으로 보면 또 다르다. 내가 사는 곳과 직장 주변이 어느 건물과 무슨 시설과 어떤 사람들로 들어차면 좋을까? 반대로 피하고 싶은 시설은 무엇이고 멀리하고 싶은 사람은 누구인가?

직장과 집 사이의 거리가 중요해서 도시 중심부에 상업 시설과 사무용 건물을 짓고 주변에 사람이 살면 되겠다고 계획가들은 꿈꿨다. 이른바 '직주 근접'은 오늘날 도시에 사는 사람들이 대개 동의하는 편이라 상업 시설 지원 정책을 정당화하는 데 곧잘 쓰인다. 그렇지만 사람들은 여러 이유 때문에 자기가 사는 동네에서 일자리를 구하지 않거나 구하지 못한 채 먼 곳으로 출퇴근하기 일쑤다. 맞벌이해야 하는 상황이면 가족이 같이 살기 어려울 수도 있고, 여기에 학군지와 '똘똘한 한 채' 같은 부동산 문제까지 끼어들면 직주 근접은 이번 생에는 까마득한 일이 되고 만다.

공간적 분리는 지역과 도시 규모에 관계가 깊다. 도시가 작으면 다 나눠 놔도 이동하는 데 별 지장이 없는데, 도시가 크면 통근 거리가 길어지고 상업 시설에 가기도 불편하다. 특정 시설을 반대하는 님비^{NIMBY · Not In My Backyard}나 핌피^{PIMFY · Please In My Front Yard} 현상도 규모에 관련된 문제다. 이를테면 그 시설이 우리 동네에 없어야 한다는 말인지, 우리나라에 없어야 한다는 말인지, 아니면 옆 나라나 심지어 지구상에 아예 없어야 한다는 말인지에 따라 각각 다르기 때문이다. 내가 굳이 자주 가지 않아도 내가 사는 도시에 미술관이 자리하면 기분이 좋다는 선호도 규모에 관련된다.

여러 시설과 건물을 모아 놓거나 공간적으로 분리하는 문제는 도시

모으고 나누는 도시 계획

계획에서 끝나지 않는 논란거리였다. 규제를 강화하거나 완화하는 문제도 늘 고민이었다. 특정 지역을 정해 집들끼리 모아 둘지, 주상 복합 형태로 집과 상업 시설을 한곳에 만들지, 공공 임대 주택을 따로 지을지 다른 아파트 단지 안에 둘지, 소수자를 위한 시설을 다른 시설에 합칠지 따로 둘지 같은 결정이다. 앞에 든 사례에서도 장단점이 다 다르게 나타나서 딱 떨어지는 답이 없다.

개인적으로 보면 이동 동선과 편의성, 편안함의 문제이고, 거시적 시각에서 보면 규제, 사회 갈등, 효율성 같은 사회적 비용 문제일 때가 많다. 무엇에 따라 모으고 나눌지도 중요하다. 기능에 따라, 사람들 필요에 따라, 동선에 따라, 나이에 따라, 성별에 따라 나눌 수 있다. 분리와 통합 중 어느 것도 정답이라 하기 힘들다. 분리와 통합의 규모에 따라 달라지기 때문이다. 분리와 통합은 사회적 담론과 분위기에 따라 다양한 규모에서 계속 실험되고 있다.

용도 지역 — 지정과 변경의 정치

공간을 쓰임새에 따라 분리해서 효율적인 도시 계획을 실행하려는 대표적인 장치가 용도 지역제^{zoning}다. 용도 지역제에 따라 우리 국토는 도시 지역, 관리 지역, 농림 지역, 자연환경 보전 지역으로 구분되고, 그중 도시 지역은 주거 지역, 상업 지역, 공업 지역, 녹지 지역으로 나뉜다. 상업 지역에는 상업용 건물만 지을 수 있고 주거 지역에는 주거용 건물만 들어설 수 있다. 준공업 지역처럼 혼합적 성격을 띤 곳도 있다. 용도 지역제는 독일에서 시작해 일본을 거쳐 1970년대에 한국으로 들어왔다. 지금은 영국과 아일랜드를 뺀 대부분의 나라에서 시행되고 있다. 용도 지역제는 여러 나라로 확산되는데, 요즘은 용도 지정 자체를 유연하게 하는 편이다.

용도 지정을 법률로 정하지 않은 영국에서는 특정 지역에 건물을 지으려면 계획 허가를 신청해야 한다. 지방 정부에서 일하는 계획가가 상황을 전반을 검토해서 계획을 허가하는데, 주민 동의가 조건일 때도 있다. 이런 방식은 맥락을 다 살펴보는 섬세한 접근인데, 대신에 평범한 사람은 웬만해서 이해하지 못할 정도로 절차가 복잡하다. 내가 있던 런던 대학교 도시계획학과가 낸 건축 계획도 허가를 받지 못했다. 용도 지정제가 없더라도 대부분 효과는 비슷하다. 공장 바로 옆에 아파트를 짓지 않고 성인이 드나드는 오락 시설 옆에 학교를 두지 않는 식이다.

민간 개발업자들은 용도 지역의 틈새를 찾아 이윤을 높이려 고군분투한다. 틈새가 많은 준농림지는 투기 자본과 개발업자가 뛰어들고 지자체장이 의지만 가지면 많은 사업을 벌일 수 있었다. 기반 시설도 없는 곳에 주택이나 공장이 들어서는 난개발이 사회 문제가 되자 지금은 폐지됐다. 주상 복합 건물은 주택 연면적 합계가 90퍼센트 미만인 건축물인데, 상업 지역이나 준주거 지역에 지을 수 있다. 주상 복합 오피스텔을 지어

용도 지역 정치

아파트처럼 광고해 분양하지만, 용도 지역에 따른 규제가 달라서 바로 앞에 고층 빌딩이 들어설 수 있다. 이런 문제 때문에 지방 정부가 건축 행위를 제한할 수 있게 규정이 바뀌었다. 주택 시장이 위축되면 제한을 느슨하게 할 테지만 말이다.

개발업자와 땅 주인들은 이윤을 극대화하려고 아예 용도 지역을 변경하려 한다. 용도 지역 지정과 변경은 정부가 가진 강력한 규제 권력이고 많은 사람에게 영향을 미치는 중요한 결정이다. 부정부패를 소재로 다루는 영화나 드라마를 보면 약방의 감초처럼 정치인이 꼭 등장한다. 그런 정치인들이 관여하는 지점이 바로 용도 지역 변경이다. 끈끈한 부패 네트워크가 노리는 궁극적 목적이 용도 변경 뒤에 나올 개발 이익이기 때문이다. 심지어 살인까지 저지르는 내용이 곧잘 나오는데, 조금 과장이 섞여 있기는 해도 그만큼 용도 변경은 큰 이익을 가져다줄 수 있다.

용도 지역 변경은 요건을 충족하는지 살피고, 주변 지역에 견줘 차이가 나는지도 보고, 도시건축공동위원회 심의까지 거쳐야 한다. 상황에 따라 가능한 기획이지만 쉬운 일은 아니다. 부동산 업계에서 흔히 바람 잡으며 하는 말이, 이 동네 용도 지역이 곧 변경된다는 정보다. 그런 소문만 퍼져도 부동산 시장이 활발해지고 가격이 오르기 때문에 작전 세력이 가짜 소문을 퍼트리기도 하고, 진짜라고 믿어서 희망 고문에 몇 십 년 시달리기도 한다. 지금도 많은 사람이 돈 되는 개발을 하고 싶어서 용도 지역 요건을 갖추고 로비도 벌인다.

'노○○ 존' — 끼리끼리 공간의 배제와 배려

도시 계획이 비슷한 사람끼리 모으고 비슷한 기능끼리 묶어서 경계선 밖 사람들은 접근하지 못하도록 물리적으로 막는 제도라면, 한국 사회에서 그런 분리 못지않게 크게 작용하는 관행은 사회적 시선에 바탕한 분리와 통합이다. 분리의 정당성은 상황에 따라 얼마든지 달라지기 때문에 이 끼리끼리 영토 긴장은 공간 정치에서 중요한 모습이다.

시공간의 표준화와 분리는 근대화의 주요 프로젝트였다. 그중 공장에서 하는 시공간 관리가 가장 중요했고, 그런 시간 규율을 중심으로 사회의 다른 부분도 재배열됐다. 해 뜨면 논밭에 나가던 농부들은 노동자가 돼 시계를 보며 정해진 시간에 출근해 작업장에서 점심을 먹고 일하다가 퇴근했다. 어린이들이 장시간 노동에 시달리며 죽어 가자 아동 노동이 금지됐고, 아이들이 공장을 닮은 학교라는 공간에 모여 교육을 받게 되면서 부모들은 일터에 나가 일할 수 있게 됐다.

어린이집이 막 생기기 시작한 1970년대에 나는 정부 시범 어린이집을 다녔다. 그때만 해도 학교 선생님들이 북한은 엄마가 아이를 돌보지 않고 탁아소라는 곳에 둔다고 비판하던 시절이라 나중에 어리둥절했다. 노동 시장에서 여성 노동이 필요해지자 어린이집은 금세 전국적 현상이 됐다.

또한 돌봄이 필요한 노인들을 요양원에 모아 효율적으로 관리했다. 전통적으로 돌봄을 도맡은 여자들이 직장에 나가 일해야 하기 때문이었다.

배려와 보호에 관한 인식도 높아지고 차별에 관한 인식도 발전하면서 분리와 통합을 둘러싼 논란이 잦아진다. 남녀가 내외하고 공중목욕탕 문화가 일반적이고 남녀 공학 중고등학교가 드문 한국에서 여성 전용 장소는 특이하지 않았다. 여성 전용이라고 써 붙이지 않아도 여성과 남성이 따로 모이는 장소가 많았다. 내가 다닌 초등학교는 심지어 4학년부터 반을 여자반과 남자반으로 나눴고, 여자반은 여자 선생님이 담임을 하고 남자반은 남자 선생님이 담임을 맡았다. 남녀 불평등 담론이 오히려 공격받는 사회 분위기가 되자 여성 전용 스터디 카페가 남성 혐오나 남녀 역차별이라는 비판이 일었다. 찜질방을 여성용과 남성용으로 나눌지 말지, 영유아나 어린이가 출입하지 못하는 노키즈 존 No Kids Zone 을 만들지 말지, 카페와 액세서리 상점을 같이 둘지 말지, 여성 전용 스터디 카페를 만들지 말지 같은 문제가 논란거리가 되기도 한다.

노키즈 존은 아이들이 들어올 수 없는 공간을 바라는 사람들을 위한 장소다. 이를테면 어떤 사람들은 진지한 비즈니스 미팅을 하거나 조용한 데이트를 즐기고 싶어서 추가 비용을 낼 마음이 들 수도 있다. 한국은 공공 질서를 어지럽히는 아이에게 워낙 관대한 편인데다가 자기 아이를 무조건 감싸는 이기적인 부모들이 미디어에 자주 등장하면서 자영업자들이 그런 시비를 아예 없애려고 만든 장소다. 그럼 예전 부모들이 지금 부모들에 견줘 더 엄격했을까? 상황이 바뀐 탓에 직접 비교하기는 힘들다. 다만 예전에는 엄마들이 아이를 데리고 브런치 레스토랑이나 카페에 자주 가지는 않았다. 그런 데가 많이 없고 외식도 자주 안 했다. 아이를 데리고 친한 집에 가 놀면서 집밥을 함께 먹는 엄마들이 더 흔했다.

노○○ 존 — 끼리끼리 공간

노키즈 존과 여성 전용 공간은 상업적으로 이득이 된다. 이런 장소에서 편안한 시간을 누리려면 더 많은 비용을 내야 한다는 논리가 정당화되기 때문이다. 고급 음식을 파는 파인 다이닝 식당도 노키즈 존인 사례가 많다. 같은 공간이고 같은 물건인데 여성 전용이 좀더 비싸서 여자가 돈을 더 많이 쓰게 만드는 현상을 일컫는 '핑크 택스$^{pink\ tax}$'라는 말도 생겼다.

차별과 구별의 경계는 흐릿하며, 이기심과 인지상정을 구별하기 힘든 때도 많다. 비슷한 사람들끼리 있으면 마음이 편해지는 모습은 자연스럽다. 자기 자신을 보호하겠다며 노골적인 분리를 하려는 사례가 늘어나는 반면 공간적 뒤섞임을 장려하는 담론도 증가한다. 미국은 1965년까지 버스 안에서 백인과 흑인이 같이 앉지 못하는 '짐 크로 법'이 있었다. 인종을 차별하는 법이 20세기에 유지된 현실도 놀랍지만, 그런 법이 사라진 지금도 차별은 만만치 않게 남아 있다. 낡은 아파트 단지는 공공 보행 통로를 전제로 재건축 승인을 받는 나중에 불법 철제 울타리를 만들어 외부인 통행을 막고 벌금을 낸다. 요즘은 지하철역, 기차역, 병원 같은 몇몇 공공 시설을 빼고는 많은 시설이 혐오 대상으로 취급된다. 청년주택도 혐오시설이 되고, 장애인 특수 학교도 반대하고, 대학생 기숙사도 노인 대상 시설도 주민 반대에 부딪친다.

한국에서는 장애인이 유독 보이지 않는다. 장애인은 장애인 시위 때문에 출퇴근하는 시민들이 불편을 겪는다는 뉴스가 나올 때만 눈에 띈다. 잘 안 보이는 이유는 수가 적은 탓이 아니라 시설에 있고 자주 돌아다니지 않기 때문이었다. 장애인을 시설 안에서 지내게 한 이유도 분명히 있다. 편의와 안녕, 보호와 배려가 필요는 하기 때문이다. 그렇지만 제도적 대안 없이 보호자가 모든 짐을 다 떠안아야 했고, 차별과 배제의 시선을 견디기 힘들어 차라리 시설에 들어갈 수밖에 없었다. 그럴수록 장애인은 점점 더 낯선 존재가 됐다. 시설에 있지 않은 장애인도 사회적 시선과 부족한 이동 시설 탓에 절대다수가 집에 갇혀 지냈다. 2021년 문재인 정부가 시설에서 '보호'받던 장애인이 밖으로 나와 지역 사회에서 자립해 살 수 있게 하려는 '탈시설 장애인 지역사회 자립지원 로드맵'을 발표했는데, 큰 논란을 불러일으켰다. 장애인 탈시설은 전세계적인 흐름이지만 다급하게 추진하면 오히려 문제를 더 꼬이게 할 수도 있기 때문이었다.

아이가 아직 어리던 어느 날 햄버거집에 갔다. 옆자리에 여러 사람이 앉아 있었다. 그때 직원이 자리를 옮기라고 권하면서 우리를 다른 탁자로 안내했다. 저 사람들이 방해가 되실 거라고 했다. 알고 보니 옆자리 사람들은 청각 장애인이었다. 수어로 이야기를 나누고 있어서 소음으로 따지자면 가게에서 가장 조용한 손님들이었다. 비장애인은 장애인 옆에 앉는 일도 꺼린다고 지레짐작해서 베푼 친절이자 폭력이었다.

이주민 밀집 지역은 이주민이 적응하고 동화하면서 서서히 사라지게 되리라는 예상을 벗어나 독자적인 문화와 네트워크를 유지하는 장소로 발전하기도 한다. 이런 이유 때문에 발전은 하지만 집값이 싼 곳도 많다. 실버타운도 내부와 외부의 복잡한 상호 작용을 특징으로 하는 분리 정치가 나타나는 곳이다. 자녀가 부양을 꺼리거나 부양 자체를 하기 힘든 분위기가 되면서 나이 든 사람들에게 필수적인 의료 시설과 편의 시설 등을 비롯해 말벗이 될 직원들까지 갖춘 곳이 나타난다. 산후조리원이 그러하듯이 실버타운도 계층에 따라 나뉘면서 비슷한 사람들끼리 모이는 공간이 되고 있다.

독립심이 높아지는 10대들 방은 '노부모 존'이다. 청소년, 청년 자녀가 가장 불쾌감을 느끼는 순간은 부모가 마음대로 자기 방에 들어올 때, 특히 상의 없이 자기 방 가구 배치를 바꿀 때라고 한다. 그래서 대학가에 단골손님인 대학생과 대학원생이 갑질하는 교수를 만나 심리적 압박을 받지 않게 하려고 '노프로페서 존 No professor zone'이라고 써 붙인 식당이 생겼으리라.

도시가 누구를 위한 공간이냐 하는 논쟁이 1990년대에 있었다. 도시에는 젊은 세대, 그중에서도 남성이 이용할 시설이 많은데, 아무리 공공 공간이라 해도 특정 집단이 다수가 돼 점유하고 있으면 비자발적 소수가 된 다른 사람들은 불편해진다. 주변 사람들 눈치를 많이 보고 자기가 분위기 망치는 사람이 될까 봐 신경 쓰는 한국 사회에서는 그런 데 특히 민감하다. 내가 살아가는 도시에 나를 위한 공간이 없다는 현실이 쉽사리 바뀔 기미가 보이지 않는 어떤 사람들이 있다. 배려가 배제가 되고 보호가 차별이 되는 '끼리끼리' 공간은 오히려 점점 늘어만 간다. 제도, 문화, 시선을 매개로 한 영토 투쟁, 분리와 통합의 정치는 오늘도 계속된다.

2부   국가와 사회

1장

선거
공간과 정치가 만나는 핫플

공약 — 공간을 바꾸겠다는 약속

우리는 왜 세상의 중요한 문제들 중에서 어떤 문제에 더 많은 공공 재정과 인적 자원을 먼저 쓰게 될까? 공간을 크게 바꾸는 도시 개발, 재개발, 도시 재생은 어떤 과정을 거쳐 정책으로 결정되는 걸까? 연구자들은 이런 의제 설정 과정을 오랫동안 궁금해했다. 시기별 미디어 담론을 분석하거나 여러 정당이 제시하는 정책 담론을 살펴보고, 소셜 네트워크 빅 데이터 분석도 빼놓지 않았다.

선거 공약도 중요한 연구 대상이다. 공공 재정과 인력을 투입해야 현실화되는 정책이 출발한 지점을 찾아 거슬러 올라가면 입법이 있고, 그전에 특정 시기에 정부가 제시하는 국정 과제가 나오는데, 그런 담론은 주로 선거 공약으로 시작된다. 대통령 선거 후보자 토론회에서 후보자들은 공약 실현 가능성을 서로 비판한다. 모든 유권자가 공약만 보고 투표하지는 않지만 당선한 후보는 선거 때 내세운 공약을 이행하도록 위임을 받는다고 여겨지는 탓이다. 후보자가 내건 대선 공약은 당선하면 70퍼센

공약과 선거

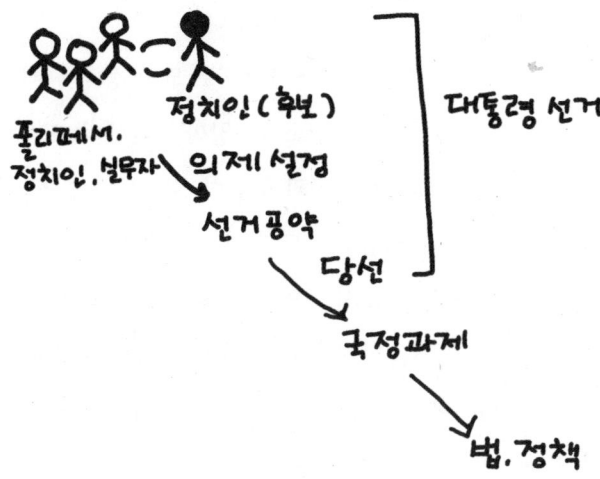

트에서 80퍼센트가 국정 과제로 발표된 뒤 정부 정책으로 전환돼 담당 부처로 하달된다. 자주 바뀌고 때로 취소되기는 해도 공약 이행은 정책을 평가하는 중요한 지표다.

도시 정치를 주로 살펴보는 내가 대선에서 의제가 설정되는 과정을 연구하려 하자 도시 정책이라면 지방 선거를 봐야 하지 않느냐고 묻는 사람들이 있었다. 꼭 그렇지는 않다. 한국에서 도시 정책을 좌우하는 굵직한 의제는 주로 대선에서 출발하기 때문이다. 많은 사람이 주목하는 도시 개발 담론은 지방 선거나 국회 의원 총선거에서 나오기 마련이지만, 큰 틀에서는 국가 차원에서 결정된다. 대부분의 동아시아 발전 국가에서 도시 개발은 국가 경제 발전을 실현하려는 도구였고, 도시 정책은 국가 정책의 하위 개념이었다. 1990년대를 거치면서 한국은 포스트 발전 국가나 신발전 국가로 다시 정의되고 지방 자치와 지역 분권이 당연한 흐름으로 받아들여졌다. 그렇지만 국가가 주도하고 관리하는 권력 관계와 문화는 거의 바뀐 적 없다는 이야기도 뒤따랐다.

1990년대에 미국 사례와 개념을 바탕으로 도시 정치를 배울 때 나는 왜 한국의 주요 행위자들이 이토록 소극적일까 궁금했다. 도시나 지역 관련 정책이 만들어지는 과정은 미국과 북유럽에서 처음 연구되기 시작했다. 그 나라들에서는 도시 재정 자립도가 평균 70퍼센트를 넘어서면서 개별 도시의 주요 행위자들이 도시 정책의 큰 줄기를 결정했다. 반면 그 무렵 지방 선거가 다시 시작된 한국에서는 오랜만에 등장해 의욕에 넘쳐 다양한 정책을 제시하는 선출직 공무원들을 쑥스럽게 할 정도로 전국을 휩쓰는 단일 의제들이 있었다. 바로 중앙 정부가 선거 공약에 바탕해 내세운 정책 기조였다.

한국은 지방 정부가 경제적으로 자립하려면 아직도 한참 멀었다. 지방 재정 자립도가 영국이나 칠레하고 비슷하게 낮다. 이런 나라들도 중앙 집중이 강력하다. 서울이 예외적으로 70퍼센트가 넘지만, 50퍼센트가 안 되는 곳이 많고, 243개 지자체 중 167개가 10퍼센트에서 30퍼센트 사이에 몰려 있다. 1년에 필요한 예산의 절반 이상, 심지어 대부분을 중앙 정부에서 받는다.

지방 정부에서 의제가 중앙 정부에 좌우되는 다른 이유는 공모公募다. 중앙 정부가 특정 사업을 수행할 참여 기관을 공개 모집해서 지방 정부에 사업비를 제공한다. 중앙 정부가 지방 정부에 하달하던 사업이 경쟁을 기반으로 하는 공모 사업으로 바뀐 셈이다. 특히 문화 도시, 도시 재생, 스마트 도시처럼 공간에 관련한 공모가 많다. 공모사업위원회에 참여한 경험이 있는 사람이 말해 준 대로 각 위원회는 공모 주제, 자격 요건, 심사 기준을 꽤 꼼꼼히 정하는 과정에서 정부가 의도하는 바를 반영하고 통제한다. 그런 공모 주제가 시작되는 첫 단계가 바로 대통령 선거다.

    1950년대부터 대선에서 등장한 대표 공약은 그 시대의 주요 담론을 반영하거나 제시하거나 형성했다. 계급 타파와 남녀 평등, 인정 과세 폐지, 군의 정치적 중립, 번영, 빈부 격차 해결, 정치 근대화, 사회적 약자의 복지, 군정 종식, 금융실명제, 국민 소득 3만 달러, 행정 수도 이전, 국민 소득 4만 달러, 경제 성장, 대운하 건설, 일자리 확보, 양질의 일자리, 기본 소득 같은 의제들 말이다. 정치적 슬로건이 대세이던 초기에 견줘 선거 공약은 갈수록 구체성을 띠게 돼 지방 선거나 총선에서 나올 법한 지역 개발 공약까지 등장했다.

    공간, 도시, 지역을 만들고 바꾸는 공약은 경제 성장과 정치적 승부수를 결합한 형태가 많았다. 수도 이전, 대운하, 공공 주택, 도시 재생, 1기 신도시 재건축처럼 공간을 재편성한다는 약속 자체가 정치적 메시지다. 대선 후보는 대통령 임기 동안 국토 공간을 재편해서 강렬한 인상을 심어주고 싶어한다. 공간을 무대로 자기만의 브랜드를 펼치려는 시도는 경제 효과도 커서 구체적 가치로 환산된다. 1번 공약이 되지 않더라도 다들 민감하게 여기는 부동산 시장에 큰 영향을 미치기 때문에 주목받는다.

정책 혁신가 — 폴리페서와 사회 참여

어느 사회든 중요하게 다루는 의제는 성원들 사이에 어느 정도 합의돼 있다. 그렇지만 사회 구조에 관련된 사안을 정책으로 구체화하는 구실을 어떤 사람이든 해야 한다. 우리는 그런 이들을 '정책 혁신가'policy entrepreneurs'라 부른다. 정책 혁신가란 여러 정부 정책을 혁신할 의사가 있고 그런 일에 노력, 시간, 네트워크, 의견, 전문성을 쏟는 사람을 가리킨다. 마치 기업 가처럼 보장되지 않는 불안정한 환경에서 혁신을 가져오려 적극적으로 행동한다고 해서 이런 이름이 붙었는데, 정책 활동가라는 뜻이다. 다양한 전문가, 싱크탱크, 시민단체, 지자체 공무원, 기업인 등 다양한 행위자를 포함한다. 정책 혁신가는 문제를 정의하고, 의미를 부여하고, 해결책을 개발하고, 네트워크와 연합을 구축하고, 자기가 제시한 아이디어를 현실화할 기회를 노린다.

대표적 정책 혁신가는 이른바 '폴리페서^{polifessor}'다. 폴리페서란 대학이나 연구소에 몸담고 있는 교수 중에서 정책 결정 과정에 개입해 자문하거나 기획하거나 실행하는 이를 가리킨다. 존경과 인정보다는 비판이나 냉소가 들어간 이름으로 자리 잡았다. 교수라는 안정된 직업을 가진 사람이 본업인 연구와 교육에 힘쓰는 대신에 밖으로 돌면서 명성과 권력까지 쥐려 한다며 비판받는다. 내가 폴리페서라는 단어를 쓰는 이유는 그런 비판을 인정하기 때문이 아니라 이미 시민권을 획득한 개념이기 때문이다.

사회 문제를 연구하고 고민하는 학자들이 사회적 영향력을 행사하려는 욕구를 품거나 주변에서 그런 기대를 받게 되는 일은 자연스럽다. 특히 사회과학 분야를 연구하다 보면 사회 문제를 분석하면서 대안도 고민하게 되기 마련이다. 직업 학자로서 수행하는 연구가 상아탑에 갇히지 않고 사회에 영향을 끼치는 상황은 학자적 욕구인 동시에 학문적 평가에서도 중요한 요소로 여겨진다. 특히 도시 계획, 지리학, 도시 연구 분야 전문가들은 현실을 개선하려는 욕구에서 연구를 시작하는 사례가 많다.

서구에서는 교수들이 싱크탱크와 정책 컨설턴트 전문가들 사이에 낄 틈이 없어서 사회 참여를 할 기회가 오히려 적다. 그래서 아쉬운 한편으로 연구에 몰두할 수 있다는 장점도 있다. 그렇지만 학술지에 논문을 게재하려면 좁은 주제에 집중해야 하는 만큼 사회 참여와 정책 입안에 도움이 되는 종합적 시각을 갖춘 연구하고는 거리가 멀어진다. 학자들이 정책 결정 과정에 참여하는 모습은 어느 나라에나 있는 흔한 일이지만, 한국에서 폴리페서는 정책 자문에 한정되지 않고 종종 연구원장이나 장관 등 주요 기관을 이끄는 수장이 된다. 그래서 권력을 추구한다는 비판이 거세다.

폴리페서는 민주화 과정에서 떠오른 주요 행위자가 정책 전문가로 바뀐 사례다. 민주화 과정에서 학생 운동에 참여하거나 우호적인 태도를 취한 대학생들은 민중 속으로 들어가려 애쓰는 동시에 지식인적 실천을 중요하게 생각했다. 유신, 가두시위, 쿠데타, 수업 거부, 분신 등 대학이 어수선하던 시절 현실 사회에 무관한 듯 상아탑에 안주하거나 독재 정부를 편드는 교수들은 어용 교수라는 비판에 시달리던 때였다.

비판적 인식을 집단적으로 공유한 대학생들은 지식인이라면 실천해야 한다는 사명감을 품었다. 대부분 20대 초반 나이인 대학생들이 정권에 대항하는 전국 조직까지 만든 학생 운동은 처음에는 의도하지 않은 결과이지만 전국을 아우르고 평생 가는 인적 네트워크를 형성했다. 그중 몇몇은 교수가 되고 정치인이 됐다. 감수성이 예민한 시기에 공유한 저항 정신과 동지애는 의식 깊이 각인됐다. 학생 운동과 민주화 운동을 함께한 경험이 있다면 출신 학교와 지역을 넘어 평생 동기이자 선후배가 됐다. 처음 본 사람도 '출신 성분'을 확인하면 금세 형으로 삼고 동생이 됐다.

1990년대 이전에는 싱크탱크가 한국에 제대로 확립되지 않은 탓에 폴리페서들이 중요했다. 민주화 운동에 참여한 경험이 있거나 비판적 사회과학, 계획, 정책 분야를 연구한 정책 지향 학자들은 싱크탱크가 제대로 자리 잡지 않은 이 시기에 정치인들하고 연결돼 엘리트 지식 네트워크를 형성했다. 1990년대 이후 정치적 공격을 받고 정책 역량이 필요해지면서 진보적 시민단체는 전문화되거나 의제별로 특화된 작은 조직이 됐다. 전문성을 갖춘 참여연대 같은 싱크탱크가 영향력이 커졌는데, 확대된 영

대선과 폴리페서

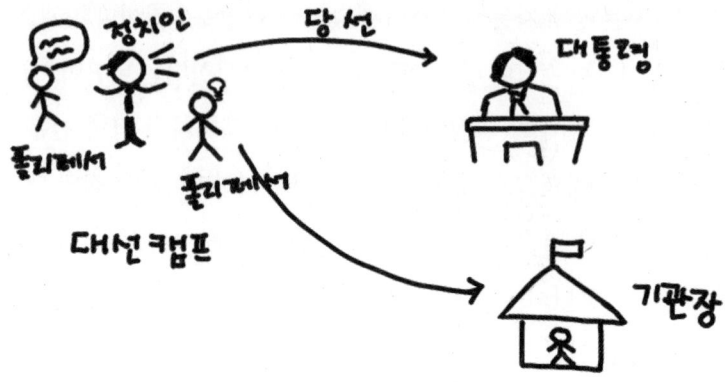

향력은 이런 폴리페서를 대체하는 쪽이 아니라 이 조직에 합류한 폴리페서들에게 권위를 부여하는 데 쓰였다. 고려 시대와 조선 시대 때 사대부를 사례로 들면서 전문성과 리더십이 전통적으로 밀접하게 연결되기 마련이라고 설명하는 연구도 있다.

폴리페서들은 대선 캠프 정책팀에 적극 참여하려 노력한다. 자기가 내세운 주장이 공약이 되면 정책으로 실현될 수 있기 때문이다. 주요 인물들이 설정하는 의제는 복잡한 정치를 단순하게 정리하고 원치 않는 이슈를 제거해 정책 의제를 결정하는 데 기여한다. 의제 설정을 이끌어 가는 과정에서는 이해관계자들 사이의 상호 작용과 소통이 중요하다. 이런 경험은 경력을 이어 나가는 데 큰 도움이 된다. 대중적 인지도가 높고 여러 위원회 활동과 정책 자문을 거치며 단련된 폴리페서들은 단골로 하마평에 올라 연구원 원장, 각종 위원회 위원장, 공공 기관장, 대통령 수석, 장관이 된다.

권력, 지식, 공간 — 같은 공간을 꿈꾸는 이심전심

대선에서 공간 관련 의제가 설정되는 과정을 연구하고 싶어서 어느 대선 캠프에 참여한 정책 혁신가들을 관찰했다. 참여 관찰은 운 좋게 했는데, 인터뷰는 섭외하기가 어려웠다. 정권을 잡은 뒤에는 영향력 있는 직위에 올라가서 만나기 힘들었고, 다음 대선에서 진 직후에는 마음이 안 좋다며 인터뷰를 거부했다.

인터뷰는 진행할수록 미궁에 빠졌다. 면담에 응한 사람들끼리 이렇게 경험과 시각이 다른 적은 없었다. 공약 의제는 논의를 거쳐 정리한다는 의견부터 가까운 소수가 내놓는 의견만 들은 후보가 결정한다는 고백까지, 폴리페서가 핵심이라는 주장부터 폴리페서는 단지 장식일 뿐이라는 비판까지 다양했다. 다른 주요 행위자들이 말한 경험을 알려 달라고 내게 부탁하는 사람도 있었다.

대선은 당내 경선과 본선이라는 두 단계를 거쳐야 한다. 당내 경선은 한 정당 안에서 여러 명이 경쟁해 당이 내세울 후보를 뽑는 단계다. 본선에서는 각 당 후보들이 맞붙어 대통령을 선출한다. 이 두 단계에서 선거 의제와 후보는 한 묶음이 되고, 후보 캠프는 전문가 팀을 꾸려 주요 의제와 선거 공약을 개발한다.

대선 준비라고 명시하지는 않지만 마음에 맞는 사람들끼리 초기 멤버를 구성하면서 여러 포럼이 자발적으로 생긴다. 대부분 사회과학 분야 대학 교수들과 비정부 기구[NGO] 지도자. 이렇게 모인 사람들은 정기적으로 만나 후보가 제시하는 국정 철학과 특정 분야 전문가로서 자기가 지닌 생각, 중요한 주제를 공유하면서 주요 선거 의제를 발굴하는 과정을 함께한다. 후보가 지닌 특징에 따라 교수, 시민사회 성원, 실무자가 차지하는 비율이 달라진다.

공약에 반영할 의제를 설정하는 과정은 종종 불투명하고 비공식적이다. 무결정이라 불리는 의제 설정이 지닌 특성이다. 이럴 때 포럼은 정책 의제를 결정하기보다는 의제를 공유하고 지원하는 기능을 한다. 앞서 설명한 2차원적 권력 개념에 기대면 대체로 이미 정해진 의제를 중요시하는 사람들이 모이면서 의제가 설정된다고 봐야 한다. 그러니까 의제 설정이 참여자 설정 같은 과정이 된다. 당내 경선을 거쳐 대선에 나갈 대통령 후보가 정해지면 다른 후보들이 구성한 포럼은 해체되고 당 후보 캠프로 합류할 수도 있다. 이때부터는 정당과 국회의원이 주도하는 정치적 단계로 들어간다. 당 소속 국회의원실에 소속된 보좌관들이 선거 캠프에 파견되고 정당 조직도 선거 체제로 재편된다. 전문가와 학자들은 한발 물러서서 지원자 구실을 맡는다.

한 폴리페서는 자기 그룹이 선거 공약 관련 제안을 담아 제출한 수백 쪽짜리 보고서가 채택되지 않은 결과를 두고 경쟁 과정에서 배신당한 듯하다고 주장했다. 그런데 캠프 내부에서 조정자 구실을 한 주요 행위자에 따르면 애당초 공약 아이디어를 둘러싼 경쟁은 없었다. 공약은 정치적 신뢰, 개인적 관계, 전문성이 조합된 산물이기 때문이었다. 어떤 공약이 실현될 수 있는 힘은 그 공약을 제시한 당사자가 어려운 시절을 후보하고 함께한 역사가 깊을 때만 발휘되기 때문에 사람과 의제는 한 묶음으로 움직인다는 말이었다. 그러니 배신이란 별다른 인연 없이 정책 역량만으로 같은 공간에 들어갈 수 있다고 믿은 사람들이 품은 착각이었다.

정치인과 폴리페서가 공유하는 역사와 상호 신뢰 때문에 정치인은 폴리페서가 하는 조언을 더 진지하게 고려할 가능성이 커진다. 일반적인 인간관계나 사내 정치 법칙이 적용되는데, 밀도가 더 높다. 현장에서 나오는 잡다한 요구와 내밀한 정보하고 결합해야만 학술 지식을 정책으로 바

아이디어+사람 패키지

꿀 능력을 지니게 되는데, 이런 정보에는 관계와 신뢰가 쌓여야 접근할 수 있다. 인터넷 검색으로 찾을 수 없는 중요한 자료는 소수만 공유하기 때문이다.

정치인 처지에서 볼 때 아이디어 자체만 보고 공약을 채택할 수는 없다. 이를테면 공간과 개발에 관련된 공약을 둘러싸고 논쟁도 곧잘 벌어지는데, 공약을 제안한 사람은 바깥에서 공격과 압박이 들어올 때 악역도 맡아 정책을 관철시키는 뚝심을 보여 줘야 한다. 후보와 폴리페서의 관계, 폴리페서가 발휘하는 정치력, 다른 사람들의 이해관계가 모두 고려된다. 여기에서 합의는 공개된 논의를 거치기도 하지만 대개 공유된 이데올로기와 정보 통제를 바탕으로 자연스럽고 미묘하게 형성된다. 그래서 후보 자신의 입을 통하거나 바로 옆에서 후보가 지닌 뜻을 읽는 사람이 승인해서 최종 결정된다.

대선 공약이 의제로 설정되는 과정을 알고 싶어 대선 캠프를 연구한 뒤 내린 결론은 대선 기간에 캠프 안에서 공약이 마련되지 않는다는 사실이다. 정치인과 폴리페서가 함께 같은 공간을 꿈꾸려면 긴 세월이 필요하다. 후보가 지난 긴 시간 동안 가까이 지낸 폴리페서와 정책 혁신가가 누구인지 살펴봐야 한다. 대선 캠프가 규모가 크고 선거 과정이 급박하게 진행되기 때문에 비공식적으로 캠프 밖에 머물 수도 있다. 같은 공간을 꿈꾸는 이심전심이 쌓이면 나머지는 별로 중요하지 않다.

2장

교통
망을 둘러싼 참여 거버넌스

차와 길 — 도시의 운명을 바꾼 협력과 갈등의 역사

교통의 역사는 대자본이나 정부가 주도권을 잡아 기반 시설을 지어 주요 교통수단을 혁신하고 도시의 운명을 바꾸는 과정이었다. 교통 기반 시설은 수요를 반영하는 만큼 수요를 창출하기도 한다. 도로를 닦으면 사람들은 차를 사기 시작하고 자동차세가 지방 정부로 들어가는 흐름이 형성되기 때문이다. 고속 철도가 생기면 역세권을 찾아오는 사람이 늘고 직장인들은 살고 싶은 곳에 살면서 출퇴근하는 삶을 선택한다.

자동차 위주 생활로 유명한 미국 로스앤젤레스는 1880년에 뉴욕 인구가 거의 200만 명일 때 1만 1000명이 사는 작은 도시였다. 1876년에 미국 대륙 횡단 철도가 동부 지역에 완전히 연결되면서 미국에서 가장 빠르게 성장하는 도시가 됐다. 한때 미국 최고의 대중교통 체계를 지하철이 차지하자 중산층이 교외로 이주하면서 저녁과 주말에 시내가 텅 비는 도심 공동화 현상이 빠르게 생겼다. 사람들이 점점 더 차를 많이 사고 집도 먼 곳에 사니 출퇴근 거리가 길어져 상습 교통 체증이 심하다. 전체 면적의 14퍼센트가 주차장인데, 도로 면적보다 넓다.

교통 문화는 삶의 형태에 큰 영향을 끼친다. 나도 로스앤젤레스에 산 적이 있었다. 인도는 한적하고 사람들은 차 안에 머물렀다. 대학 안 헬스장에 운동하러 갈 때 캠퍼스 한쪽 끝 주차장에서 차를 몰고 나와 다른 쪽 끝 주차장에 세우는 생활이 이상하지 않았다. 그러던 내가 런던에서는 심지어 유아차를 밀면서 40분을 걸어서 출근했다. 주변에 차로 출퇴근하는 사람이 없을 만큼 혼잡통행료가 비싸고 주차장이 없으며 대중교통은 불편하고 비쌌다.

사람들은 살 곳을 정할 때 다른 기반 시설도 염두에 두지만 교통을 중요하게 고려한다. 도로, 철도, 역 등 교통 기반 시설은 접근성과 빠른 이동 같은 긍정적 외부 효과를 준다. 또한 매연, 소음, 너무 많은 관광객처럼 골치 아픈 외부 효과도 있다. 반면 기반 시설을 건설하는 과정에서 주요 행위자는 교통 기반 시설에 주로 긍정적이다. 재정을 늘리는 데 효과가 있기 때문이다. 도시 단위로 생각하면 대체로 한 도시가 거두는 경제적 성공은 교통 지도가 결정한다. 지자체는 고속 철도와 지하철역을 유치하려고 애를 쓰고 무리해서 공항도 지으려 한다.

교통 기반 시설을 건설하는 결정은 정치적 면이나 경제적 면에서 모두 중대한 사안이다. 국토교통부, 국회, 지자체를 비롯해 다양한 이해관계자들이 달려든다. 전문 지식, 로비, 협상, 입법이 뒤섞이는 과정인 만큼 일찌감치 여러 행위자가 개입하고 새로운 권력을 지닌 민간 회사가 나타난다. 입법 결정이나 규제 완화 같은 변화가 같이 따라가기 때문에 공공 부문을 대상으로 하는 협력은 필수적이다. 자연스레 거버넌스가 형성된다.

거버넌스란 정부가 다 결정하지 않고 기업이나 주민, 시민단체 같은 다양한 행위자가 함께 결정하고 해결하는 '공동 통치'를 뜻한다. 그중 주

교통 거버넌스

민과 시민단체가 두드러지게 참여하는 형태를 참여 거버넌스participatory governance라고 부른다. 시민사회도 거버넌스를 구성하는 한 부분이지만 하도 그 안에서 밀릴 때가 많아 굳이 이렇게 따로 이야기한다. 시민사회 없이 정부와 민간 기업 사이의 협력이 두드러지면 거버넌스 대신 민관 협력public-private partnership이나 도시 성장 레짐urban growth regime이라고 표현한다.

이 개념들은 뉘앙스가 조금씩 다를 뿐 현실에서 명확히 구분되지 않는다. 대체로 공공, 민간, 시민사회 등 세 부문이 느슨하게 논의하고 협력하면 '거버넌스', 특정 프로젝트에서 정부와 기업이 협력하면 '민관 협력', 굳이 협력한다고 의식하지는 않지만 도시 성장을 위해 장기적으로 협력하는 관계이면 '도시 성장 레짐'이라 말한다.

참여의 역설 — 열린 기회, 닫힌 정보

교통 기반 시설은 특성상 정부가 주도하지 않으면 민관 협력이나 도시 성장 레짐 형태로 추진된다. 참여 거버넌스 형태는 의미 있는 시도이기는 하지만 현실적으로 성공하기 어렵다. 구체적인 정보에 접근하기 힘들어 속 빈 강정, 곧 무늬만 참여가 되기 십상이기 때문이다.

서울시에서 어느 교통 기반 시설을 둘러싸고 벌어진 참여 거버넌스 사례가 이런 현실을 잘 보여 준다. 2011년 오세훈 시장이 무상 급식 논란으로 사퇴한 뒤 보궐 선거를 거쳐 박원순 시장이 임기를 시작했다. 박원순 시장은 20여 년 동안 참여연대, 아름다운재단, 아름다운가게, 공익변호사그룹 공감, 희망제작소 등을 탄생시키며 시민사회에서 실용적 혁신을 이끌었다. 그런 사람이 권한과 책임이 막강한 선출직 행정가인 서울시장이 된 일은 정부와 시민사회에 모두 큰 사건이었다.

핵심 행위자가 한 부문에서 다른 부문으로 옮겨 가면 부문끼리 연결해야 하는 거버넌스는 더 손쉬워질까? 적어도 그렇게 옮긴 주요 행위자에게 거는 기대는 컸다. 시민사회 출신이 정부나 지자체의 선출직 고위 공무원으로 진출한 사례는 꽤 있었다. 기대가 큰 만큼 현실의 벽은 두터워서 그런 변신, 또는 변화가 시민사회에 끼치는 유불리를 둘러싼 평가는 다양했다.

박 시장은 전직 시민단체 활동가를 주요 직책에 영입하면서 시민사회하고 관계를 유지했다. 참여 거버넌스를 표방하고 시민사회가 내는 목소리에 귀 기울이려 했다. 그렇지만 전임 오세훈 시장 때부터 논의된 대중교통 기반 시설 사업을 결정하는 과정에서 반대에 부딪쳤다.

서울에는 이미 지하철과 버스와 마을버스가 많기 때문에 대중교통을 다시 늘리는 정책은 재선을 노리는 업적 쌓기용이라는 비판이 주된 내용이었다. 결정 과정에 시민 의견이 고려되지 않은 점도 반대하는 이유가 됐다. 이런 비판이 나온 뒤 서울시는 주민 공청회 14회, 간담회, 반대 시민단체를 부른 포럼 등을 열어 참여 거버넌스 체제를 강화했다. 참여 관찰과 심층 인터뷰를 해 보니 거버넌스를 둘러싼 상반된 시각을 여지없이 잘 보여 주는 사안이었다.

서울시는 시민단체들을 초청해 포럼을 열었다. 나도 포럼에 참석해 참여 관찰을 할 수 있었다. 전문가 발표가 길어져 논의할 시간이 짧았다. 시민단체 대표들도 표정이 좋지 않았다. 딱 한 번 논의한 뒤에 시민단체 대표들은 이제 이 사안에 관련된 행사에는 참석하지 않겠다고 결렬을 선언했는데, 동시에 더는 공개 반대를 하지 않겠다는 말도 했다.

그 뒤 참여자들을 개별 인터뷰하면서 더 구체적인 이야기를 들었다. 시민단체 행위자들은 '참여 거버넌스'라는 이름으로 서울시 관료들을 만나 정책을 논의하는 자리에 초청받았다. 그렇지만 참여는 서울시가 겉으로 내세운 메시지일 뿐 실제 상황은 '우리는 말하고 당신들은 들어라' 식으로 느꼈다. 공청회나 회의에 나가면 전문가가 설명하는 시간이 대부분을 차지해서 형식적 논의에 그치는 듯해 아쉽다 했고, 처음부터 서울시가 논의할 뜻이 있는지 의심이 들더라는 말도 했다. 게다가 시민단체 대표들은 예상 비용과 편익 정보를 뒤늦게 받아 관련 수치를 충분히 이해하고 분석하지 못한 채였다. 뒤늦게 받은 정보도 이미 공개된 내용뿐이었다.

정보와 지식은 공간을 좌우하는 큰 권력이다. 교통 기반 시설을 새롭게 건설하는 과정에서 정보 투명성은 얼마 안 되는 내부자에게만 보장된다. 관련 정보를 이른 시기에 공개하면 자본과 권력을 쥔 기업이나 개인이 훨씬 더 깊게 개입하면서 로비 때문에 난장판이 되고 부동산 시장을 자극할 수도 있기 때문이다. 정부 관계자도 철도 건설 등 개발 사업 관련 정보는 진행 과정에서 토지 투기가 염려되기 때문에 미리 공개하거나 협의하는 방식은 절대 쓸 수 없다고 강조했다. 전문가는 구체적인 노선이나

참여 거버넌스와 보안 유지

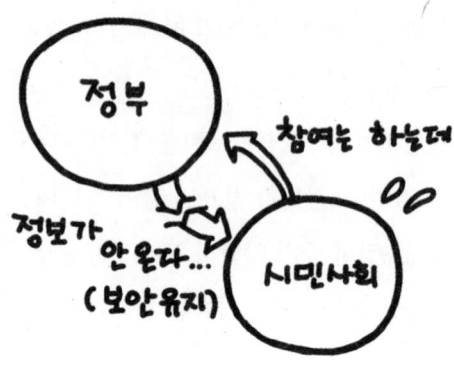

역 위치를 정하는 일은 비전문가가 접근할 수 없는 전문가 영역이라고 잘라 말했다.

특정한 프로젝트에 관련해 쓸 수 있는 시간과 노력에도 차이가 난다. 공무원이나 개발업체 직원은 임금 받고 하는 일이지만 시민단체 성원들은 단체 업무만 해도 많기 때문에 따로 시간을 들여야 했다. 어쨌든 공정한 경쟁이 아니라는 주장이었다.

전략적 선택 — 기회와 참여의 정치적 딜레마

시민단체가 더는 반대하지 않겠다고 한 이유는 시민사회 출신인 박원순 시장이 성공하기를 진정으로 바란 때문이었다. 시민단체 사람들은 박원순 시장을 좋아했고, 서울시가 참여 거버넌스를 실현하는 역할 모델이 되기를 기대했다. 그동안 서울시는 말뿐인 시민 참여조차 찾아볼 수 없는 곳이었다. 정치인으로서 박원순 시장이 더 성장하기를 바란 마음도 컸다.

시민사회 주요 행위자들은 이런 만남과 관계가 한 번으로 끝나지 않으리라는 사실을 알기 때문에 훗날을 도모하는 한편 장기적 전망에 관심을 쏟았다. 자기들 앞에 열린 정치적 기회 구조political opportunity structure를 생각했다. 정치적 기회 구조란 이해관계를 관철하거나 의사 결정에 참여할 수 있는 정치적 기회가 마련되는 틀을 뜻한다. 사회운동 연구에서 파생된 개념인데, 기성 정치 체계가 지닌 취약점이 사회운동에는 기회로 작용한다는 아이디어에서 발전했다. 기회에 영향을 끼치는 제약, 가능성, 위협인 정치적 기회 구조는 장단기적으로 곧잘 변화한다. 거버넌스에 참여하는 행위자는 자기가 쥔 지분에서 오는 존재감, 참여할 시간, 데이터를 읽을 수 있는 지식, 대화하는 기술 등 보유한 자산을 모두 동원해 목소리에 힘을 싣는다.

서울시 사례를 보자. 시민단체 사람들은 이제 막 '천만 도시 서울'을 이끄는 '소통령'이 된 박원순 시장의 앞길을 막지 않아야 장기적인 정치적 기회 구조에 유리하기 때문에 더는 반대하지 않겠다고 발표했다. 시민단체 출신 시장이 출현한 사건은 시민사회에 분명히 좋은 소식이고 반가운 기회였다. 시민단체 출신 시장을 고리로 삼아 거버넌스에 참여하게 된 변화는 시민단체 성원들에게는 무척 중요한 기회가 될 수 있었다.

그런 이들은 시민사회가 잘 되려면 장기적으로 박원순 시장이 성공해야 한다고 생각했다. 시장이 바뀐 뒤 시민단체 사람들은 서울시 산하 여러 자문위원회에 참여할 기회를 얻었는데, 이런 거버넌스가 선진국에서는 당연한 일인데도 그동안 누리지 못한 한국 시민사회에는 커다란 변화로 다가왔다. 박원순 시장이 다음 대선에 출마할 가능성까지 이야기되던 때라서 시민단체들은 더욱 조심스러웠다. 지정 지역 주민들 다수가 기반시설 건설을 지지하기 때문에 계속 반대할 강력한 명분도 없었다. 시민단체들 앞에 놓인 단기적인 정치적 기회 구조는 탄탄하지 않았다.

시민사회 출신 시장을 대하는 자세

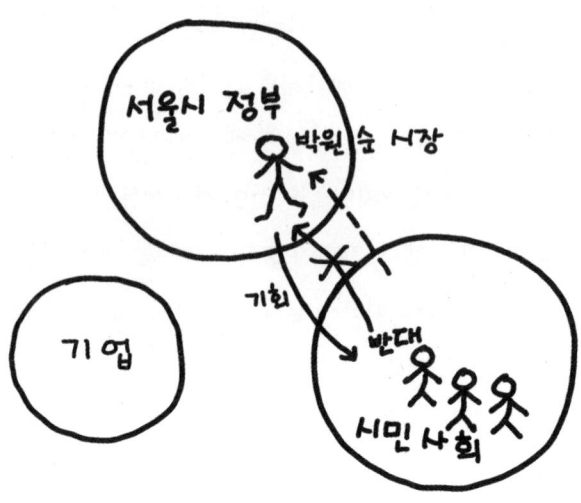

참여 거버넌스를 바라보는 관점은 두 가지다. 첫째, 민주적 통치 형태에 가치를 둬 이상적인 통치 형태로 바라보는 관점이다. 정부, 기업, 시민사회가 함께 노를 젓는 아름다운 모습을 떠올리면 된다. 둘째, 불평등한 권력 관계와 정보 비대칭을 비판하는 시각이다. 참여 거버넌스는 공공 부문과 시민사회 사이의 책임성과 투명성을 바탕으로 상승 효과를 낼 수 있지만 실상은 그저 체크 리스트에 표시하는 정도로 형식적인 수준에 그치고 만다는 뜻이다.

평범한 주민들이 쏟아 내는 의견을 도시 계획에 반영하려는 고민은 이전부터 많았다. 도시 계획과 도시 정책이 주민과 소수자의 이해관계를 대변하지 않는 이유에 관해서는 계획가들이 주로 중산층 출신인 탓이라거나 자본의 논리가 강력해서 개인이 할 수 있는 일이 별로 없다는 식으로 설명했다. 1960년대에 도시 계획은 약자를 대변하는 구실을 해야 한다는 대리인 계획$^{\text{advocacy planning}}$이 제시되기도 했다. 그 뒤 직접 참여가 강조되고 있는 중이다.

영국에서 어느 교수가 계획가들이 주민 의견을 자주 무시하는 이유를 알고 싶어 연구년에 어느 도시 계획 사무실에서 몇 달 동안 일하며 참여 관찰을 했다. 연구 결과를 물으니 그 교수가 웃으면서 대답했다. "계획가들이 너무 바쁘더라구." 황당하지만 이해할 수 있었다. 계획가는 주민 의견을 존중하고 교수는 개별 학생을 이해하고 의사는 환자 개개인을 성의 있게 대해야 한다는 원칙은 맞지만, 대개 큰 원칙은 작은 일상에 밀린다. 너무 바빠서 일정에 치이며 겨우 최소한 일만 하거나, 편도선이 부어서 말하기 힘들거나, 집안일 때문에 신경을 잘 못 쓰는 식이다. 굳이 따지자면 이런저런 일에 치여서 대충 하는 존중과 참여도 존중과 참여이기는 하다.

서울시는 정보는 안 주면서 참여의 문을 열었고, 시민단체는 이 시설에 찬성은 안 하지만 반대도 하지 않았다. 둘 다 정치적 기회와 자산을 보호할 수 있는 최선의 선택을 했다. 거버넌스에서 노 젓는 주요 행위자들도 그렇다. 배를 움직여야 하니까 같이 젓기는 하지만 각자 쥔 노는 생김새와 길이가 다 다르다. 가고 싶은 방향도 제각각이다. 교통 시설처럼 정보 공개 문제가 예민할 때면 시민사회가 쥔 노는 짧기 그지없다. 노 젓기 말고 할 일도 많다. 그런 상황에서도 최선을 다하는 이들 덕분에 거버넌스는 굴러간다.

3장

신도시
꿈과 현실 사이 불안한 실험장

신도시 꿈꾸기 — 인구와 주택, 균형의 도전

신도시는 국토 전체를 관리하는 중앙 정부가 감행한 정치적이고 전략적인 선택이었다. 사람들이 서울로 계속 몰려들면서 주택이 부족해지고 도시가 혼잡해지자 가까운 데 새로운 도시를 지어 주택 공급과 인구 분산을 한꺼번에 처리하는 해결책이었다. 분당, 일산, 평촌 등 1기 신도시에 이어 판교, 위례, 동탄 등 2기 신도시를 건설했고, 남양주 왕숙, 광명 시흥 등 3기 신도시도 수도권 집값 폭등을 완화한다는 구실로 계획됐다.

　신도시 개발은 국가가 주도한 대규모 프로젝트라서 신도시에서 일어나는 문제나 신도시 때문에 벌어지는 갈등도 국가 차원 정책 논쟁으로 비화됐다. 정치적 결정이 가져온 결과물인 만큼 신도시는 정부가 추진한 도시 정책을 대표하는 상징이 됐고, 국가가 도시 공간을 관리하고 활용하는 현실을 드러내는 지표로 받아들여졌다. 전문가들에게 신도시란 이상적 도시를 상대적으로 손쉽게 재현하는 무대였다. 이렇게 해서 신도시는 커다란 정치적 실험장이 됐다.

신도시

통치자와 전문가가 함께 그린 꿈의 도시는 역사가 길다. 유토피아Utopia는 16세기에 토머스 모어가 쓴 풍자 소설 《유토피아Utopia》에 나오는 사회주의적 가상 국가의 이름으로, 유럽에 사는 다양한 사람들에게 꿈꿀 수 있는 계기를 주고 신도시 유행을 이끌었다. 지금은 일반 명사가 된 유토피아는 여전히 이상 세계를 꿈꾸는 사람들과 그런 세계는 현실적이지 않다는 상반된 두 주장을 모두 뒷받침하는 단어다.

전원 도시garden city 운동은 도시 과밀 현상을 해결하려는 노력에서 커다란 분기점이었다. 일찍이 도시화를 경험한 영국에서 19세기에 에버니저 하워드Ebenerzer Howard가 처음 제시한 계획이다. 2차 대전 때 공습 때문에 런던 시내가 파괴되자 인구와 산업 시설을 분산시키려 하면서 이 개념이 되살아났다. 자족 기능을 갖춘 계획 도시, 도시 생활과 전원 생활의 이점을 다 누리는 전원 도시라는 꿈은 많은 신도시의 기본 정신이 됐다.

다음 분기점은 1944년 대도시 주변에 그린벨트를 설정한 '대런던 계획Greater London Plan'이었다. 이 녹지대 바깥에 신도시 8곳을 전원 도시 형태로 건설해 과밀 인구를 분산시켰다. 런던 대학교 교수이자 도시 계획가인 패트릭 애버크롬비Patrick Abercrombie가 주도했다. 이 이름은 내가 그 대학 도시계획학과 교수로 일한 2000년대 초에도 행사 등에서 가끔 환기됐다.

북미와 유럽의 신도시와 한국을 비롯한 아시아의 신도시는 발전 양상이 달랐다. 서구 신도시는 똑같이 생긴 단독 주택이 옆으로 끝없이 펼쳐지는 식이었다. 미국 텔레비전 시리즈나 영화에 나오는 백인 중산층 가족은 어김없이 이런 곳에 살았다. 교외에 자리한 전원 주택에 살며 외벌이 남편과 살림 전문가 전업주부와 두 아이로 구성된 전형적인 가족 이미지가 자리 잡았다. 교외화는 자가용 의존성, 과시적 소비, 핵가족 출현, 일과 여가의 분리, 인종 차별에 더해 경제적 배타성을 공간화했다. 도시와 교외를 명확하게 나누는 이분법에 기대어 낮 동안 도시에서 일한 중산층이 교외로 탈출해 정원 딸린 집에서 개인적 자유를 즐긴다는 이데올로기였다.

한편으로 전원 도시에서 누리는 안온한 삶은 직장인인 가장만 행복할 뿐 전업주부와 청소년들에게는 끊임없이 비교하며 지내야 하는 지루하고 가식적인 일상이라고 꼬집는 드라마나 영화도 꽤 나왔다. 이런 신도시 건설과 삶의 형태가 표준 규범으로 자리 잡는 과정에서 건설, 자동차, 대형 마트 등 기업과 주택소유주협회Home Owners Association가 큰 구실을 했는데, 주택소유주협회가 세금(회비)을 걷고 입주자들을 상대로 여러 행위를 규제하면서 마치 정부처럼 행세한다는 비판도 만만치 않았다.

한국을 비롯한 아시아에서는 주요 도시 주변에 주택을 옆이 아니라 위로 쌓으면서 아파트로 주택 문제를 해결했다. 이런 간극은 도시와 집을 둘러싼 사회적 맥락에서 드러나는 차이에서 비롯됐다. 중산층이 교외로 빠져 나간 서구에 견줘 교외화를 이끈 주역이 상대적 저소득층인 아시아에서 아파트는 주거 문제가 심각하고 도시 인프라가 부족할 때 주택을 대량 공급할 수 있는 좋은 해결책이었다. 서구에서는 공공 임대 주택이 주로 아파트라 반아파트 정서가 강한 반면 한국에서 아파트는 서구식 편리를 상징했다. 낡거나 규모나 크거나 가격이 부담스럽거나 집 지키는 사람이 있어야 하는 단독 주택에 견줘 아파트는 조금만 노력하면 누구나 사들일 수 있는 주택이었다. 쭈그리지 않아도 되는 부엌과 수도꼭지에서 늘 나오는 온수는 집 안에 들어온 선진 문물을 상징했다.

서구에서 교외화 때문에 텅 빈 도심이 다시 활발해지고 고급화되는 젠트리피케이션이 나타난 뒤 아시아에서는 도심 공동화나 젠트리피케이션을 글로 배웠다. 관련된 현상을 눈으로 보지 않은 때문이었다. 나라 전체가 고급화돼 무엇을 젠트리피케이션으로 정의할지 애매하기도 했다. 핵심 도시와 시내는 금융, 기업, 생산자 서비스가 늘 활발한 지역이었고, 그런 기능이 약해진다 싶으면 신축 아파트가 빈틈을 메웠다. 국가가 토지 개발과 주택 건설을 주도하면서 도쿄나 서울 같은 동아시아 메가 시티는 한 국가를 대표하는 도시로서 경제, 정치, 문화 부문을 이끄는 구심점 자리를 놓지 않았다.

신도시 개발 정치 — 국가 주도의 꿈에서 민관 협력의 현실로

신도시 개발은 정치적 지지까지 받을 수 있는 꿈의 계획이었다. 처음에는 국가가 독점하다가 시간이 지나면서 주요 행위자가 점점 늘어났다. 새로 시작할 수 있으니까 선택지가 많았고, 각각 다른 꿈을 품은 여러 이해관계자가 끼어들었다.

국가는 일제 방식으로 선을 긋고 과감하게 구획 정리를 하며 사업을 밀어붙였다. 1970년대 후반 국가가 주택 시장을 규제하려고 만든 두 제도는 지금도 그대로 남아 있다. 하나는 '로또 청약'을 만든 분양가 상한제

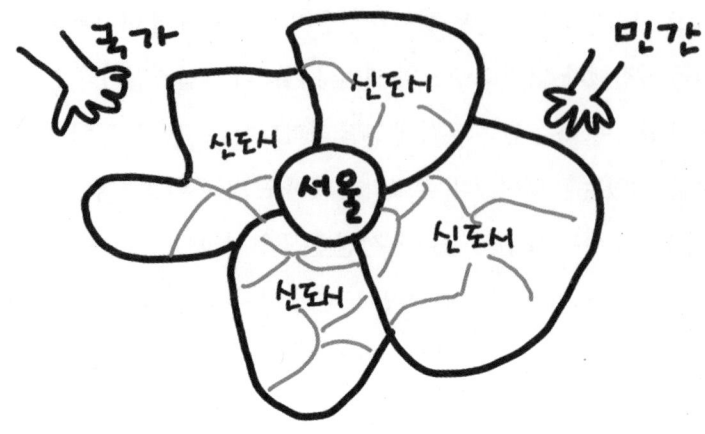

수도권 신도시

다. 신규 아파트 가격을 택지비와 건축비에 건설사 적정 이윤을 보탠 분양가 이하로 규제하는 제도다. 다른 하나는 선분양 제도다. 아직 땅도 안 판 아파트를 먼저 분양한 뒤 입주자가 낸 계약금과 중도금으로 주택을 건설하는 제도다. 덕분에 무주택 기간이 길고 어느 정도 자금력이 있는 사람들은 청약에 당첨해 완공된 집을 보지도 않고 계약을 하지만 별 불만이 없었다. 아파트가 큰 돈이 되기 때문이었다.

1980년대 들어 도시화가 빨라지고 인구가 늘어나면서 서울을 중심으로 주거난이 심각해지고 집값이 가파르게 오르자 주택은 중앙 정부가 해결해야 할 정치 문제가 됐다. 노태우 정부는 수도권에 5년 만에 주택 200만 호를 건설하겠다고 발표해 건설 광풍을 일으켰다. 그전에도 건설업은 연간 20만 호에서 25만 호를 공급하면서 호황을 누리고 있었는데, 두 배를 더 짓겠다는 계획이었다. 신도시 건설은 200만 호 건설 목표를 달성할 핵심 사항이었다. 후보지는 입지, 곧 서울까지 걸리는 시간이 중요했다.

판교처럼 서울에 가까운 후보지는 당장은 개발이 제한돼 있어도 주요 행위자들은 미래 그림을 서둘러 그리기 시작했다. 개발 제한도 종료 시점이 정해져 있기 때문이었다.

박정희 정부가 개발하지 못하게 묶어 둔 분당을 포함해 일산, 평촌 등이 1기 신도시로 지정됐다. 주요 개발 주체는 한국토지공사와 대한주택공사였다. 2009년 이 두 곳이 한국토지주택공사LH로 합병됐는데, 민간 개발업자처럼 돈 버는 사업에 몰두한다는 비판을 받았다. 서구처럼 민간 기업이 신도시 건설을 주도하지는 않았지만, 강력한 권한을 지닌 공공이 공공 임대 주택 공급 같은 주거 복지에 힘쓰는 대신에 민간 기업처럼 이윤을 추구하는 정책을 짠 탓이었다. 사업이 진행되면서 민간 업체들이 점점 더 주택 건설, 특히 신규 아파트 건설에 깊숙이 참여하게 됐다. 효율성을 핑계로 민간 업체에 택지 재판매뿐 아니라 강제 수용 절차도 허용한 결과였다. 건설사, 특히 재벌 건설사는 이런 긴밀한 관계를 바탕으로 신도시 아파트 사업에서 많은 돈을 벌었다.

1기 신도시가 자리를 잡는 동안 한국 사회는 또다시 빠르게 바뀌고 있었다. 1997년 외환 위기를 거치며 발전 국가형 중앙 집중식 발전이 변화하기 시작했다. 지자체와 지자체 산하 공기업이 새로운 주체로 등장했고, 나중에는 민간 건설사, 환경 단체, 시민, 시민단체 등 다양한 주체들도 목소리를 내기 시작했다. 도시 국제 경쟁력이 핵심 주제가 돼 규제를 없애자는 여론이 높아졌다. 시민들도 재산권을 강하게 주장하기 시작했다.

발전 국가가 경제 성장을 목표로 삼은 초기에 견줘 2000년대 들어서 신도시는 정치적 혼성화와 파편화에 휩쓸렸다. 공공, 민간, 시민사회는 이해관계가 다양할 뿐 아니라 공공 부문 안에서도 건설교통부, 환경부, 청와대, 국회가 접근하는 방식이 모두 달랐고, 건설교통부 안에서도 갈등이 일어났다. 갈등과 협상은 상수였다. 애초 3년 정도로 예상한 공사 기간도 8년으로 늘려야 했다.

2000년대에도 서울에서는 주택 수요가 계속 늘었고, 정부는 2기 신도시를 추진했다. 판교, 동탄, 김포 한강 등 2기 신도시는 1기보다 더 규모가 크고 자족 기능을 강화했다. 인구가 예상보다 더디게 늘어나면서 공실 문제를 겪기도 했지만, 판교는 정보기술 산업 중심지로 발전하며 많은 젊은 층을 끌어들였고, 동탄은 광역 교통망을 바탕으로 수도권 남부 거점 도시로 자리매김했다.

판교 — 혼성화된 거버넌스와 성장 정치의 교차로

신도시 정치가 혼성화를 겪는 사이에 들어선 대표적인 신도시가 판교다. 판교 신도시 개발 과정을 연구하던 나는 정말 다양한 행위자에게서 아주 다른 이야기를 들었다. 새로운 주요 행위자가 등장하고 이익 집단도 다채로워져서 국가가 주도한 과정이라고 간단히 말할 수 없는 그림이었다. 그린벨트 해제를 비롯해 규제 완화와 시장화가 진행된 개발 과정에서 환경단체가 비판을 제기하고, 지자체와 중앙 정부가 대립하고, 정부 부처 사이에 이견이 노출되고, 규제 완화에 관련해 다양한 주체들 끼리 이해관계가 충돌했다. 지금껏 신도시 건설 과정에서 본 적 없는 새로운 거버넌스 형태가 등장한 셈이었다. 이런 정치적 혼성화는 교외화를 대표하는 로스앤젤레스에서도 일어났는데, 시간이 지나면서 이데올로기적, 문화적, 정치적으로 복잡해지고 파편화됐다. 성장을 추구하는 과정에서 생기는 많은 문제를 지적하며 환경론자를 비롯한 반성장 지향 행위자들이 나타나면서 사회적 합의는 점점 더 어려워졌다.

신도시 개발은 주택 시장, 교통, 환경에 막대한 영향을 미치면서 한국

성장 정치의 중심에 자리했다. 서구 도시 정치 이론에서는 중앙 정부가 공공성을 추구하는 반면 지방 정부가 개발과 성장에 몰두한다고 흔히 비교하는데, 한국에서는 중앙 정부가 성장 정치를 주도하고 관리했다. 개발 후보지가 속한 지자체와 토지주택공사도 당연히 신도시 개발에 열을 올렸다. 지자체는 주택 거래에서 나오는 취득세와 등록세를 받아 세수를 얻기 때문에 부동산 시장이 성장해야 했다.

판교에서는 지방 정부와 중앙 정부 사이에 구체적인 이해관계가 달랐다. 지방 정부는 일자리를 마련하는 데 주력해 자립형 사업 시설을 확보해 기업을 끌어들이려 했는데, 중앙 정부는 전국 수준에서 주택 공급을 조율하는 데 무게를 뒀다. 경기도는 또 달랐다. 그래서 신도시 조성 사업을 최종 결정하는 건설교통부는 경기도를 상대로 여러 차례 협상한 끝에 벤처 지구 할당 계획을 확정했다.

신도시 건설은 정치적인 일이기 때문에 사업에 정당성을 부여하는 정치적 수사가 중요했다. 토지주택공사는 전체 사업을 관리하면서 특정 지역을 개발해야 하는 이유를 제시했다. 건설협회, 주택건설협회, 토지주택연구원, 건설경제연구원이 학문적 정당화를 지원했다. 이렇게 마련된 논리는 미디어를 거쳐 확산됐다.

성장 정치에서 미디어는 큰 구실을 했다. 새 아파트가 들어서고 집값이 오르거나 떨어진다는 소식이 주요 뉴스가 되면서 부동산 문제를 둘러싼 여론을 좌우했다. 미디어에 비치는 신도시 이미지는 사회 담론에 크게 영향을 미쳤다. 무리하게 추진한 개발을 중단하자는 목소리가 힘을 받을라치면 보수 신문들은 시장에 혼란을 일으킨다며 비판했다. 건설사는 주요 광고주이고, 아예 언론사 지분을 소유한 건설사도 많다. 언론사를 소유한 건설사는 공공 기관 출입 기자를 거쳐 빠르게 정보를 습득할 수 있

고, 출입 기자 등이 발주 기관 관련자 등을 상대로 직접 협의나 로비를 할 가능성도 높아진다.

이렇게 신도시는 성장 가치와 반성장 가치가 만나는 교차로가 됐다. 성장 세력에 견줘 성장을 반대하는 반성장 세력이 약한 편이어서 큰 줄기를 바꾸지는 못했다. 그렇지만 전에 없는 장벽이 되기는 했다. 반성장 주요 행위자는 환경부, 환경론자, 시민단체, 진보 성향 학자를 들 수 있다. 환경부는 정부 안에서 건설교통부에 견줘 위상이 약했지만, 환경 담론이 예전보다 발언권이 세진 편이라 건설교통부가 환경부 의견을 받아들여 밀도 계획에 문제가 생기기도 했다. 용적률 상향과 주택 수 증가를 둘러싸고 중앙 정부 안에서 노골적인 갈등도 일어났다.

정권 성격에 따라 시민사회를 상대로 논의하려는 의지에도 차이가 드러났다. 환경론자들은 생태적 관점에서 보존해야 할 습지나 녹지 등이 있으면 개발에 반대하는 주요 행위자로 등장했다. 신도시를 건설하면 민간 개발업자와 정부만 막대한 이익을 얻는다고 비판했다. 또한 서울 근교에 주택을 공급하면 오히려 주택 수요를 자극하기 때문에 강남 지역 주택 가격은 하락하지 않는다고 주장했다. 주택 정책으로 보호해야 할 저소득층은 전체 주택 시장이 활성화되면서 비싼 인기 단지가 잘 분양되면 주변에 있는 값싼 단지도 효과를 본다는 '낙수 효과'를 누리기는커녕 오른 집값을 감당해야 하는 처지에 내몰린다는 논리였다.

개발 예정지에 사는 주민들은 영향력이 크지 않았다. 오히려 신도시가 들어서면 교통 환경과 부동산 시장에 영향을 미치기 때문에 인근 도시들이 새롭게 행위자로 등장했다. 판교 신도시를 개발할 때 분당 주민들과 서울시는 판교가 서울과 분당 사이에 자리해서 교통 체증이 더 심해진다는 이유를 들어 개발에 반대했고, 한국토지공사는 고가 도로와 지하 도로를 건설하는 방안을 대안으로 제시했다.

판교를 포함한 2기 신도시를 시작한 지 15년이 지나서 발표된 3기 신도시는 이제 막 진행 중이다. 여전히 신도시가 해야 할 몫이 남아 있기는 하지만 상황은 꽤 다르다. 끝없이 오르는 집값을 안정시키고 주거 문제를 해결할 방법이 없자 신도시가 수도권 외곽까지 확장됐다. 남양주 왕숙, 하남 교산, 인천 계양, 고양 창릉 등은 공공 임대 위주로 더 철저한 계획 도시이자 교통 인프라를 확충해 자족 기능을 갖춘 도시를 지향한다. 그렇지만 고양이나 광명 등이 거세게 반발하고, 건설사들이 높아진 공사비 때문에 주저하고, 서울 인구를 분산하는 효과가 낮다는 전망 때문에 논의는 더디기만 하다.

1기, 2기, 3기 신도시에 속하지는 않지만 역사상 최대 규모 신도시는 세종시다. 도시 건설비가 31조 원에 이른다. 충청권에 행정수도를 건설하는 계획은 노무현 전 대통령이 내건 공약이었지만, 박정희 전 대통령 때부터 줄기차게 구상한 서울 과밀 해소 프로젝트였다. 논의, 수정, 재수정을 거쳐 2012년부터 시작된 이 인구 분산 계획은 2004년에 고속 철도가 개통하면서 서울과 세종이 너무 가까워지는 바람에 실패하고 말았다. 오히려 수도권이 충청까지 확대된 효과를 가져왔다. 세종은 상주 인구가 늘어나고 교육 환경이 좋아 전국에서 유일하게 학생 수가 계속 증가했다.

2030년이 되면 국회세종의사당이 완공돼 국회가 세종시로 옮길 예정이다. 대통령실을 세종시로 이전해 세종시 행정수도를 실현하자는 논의도 다시 시작됐다. 청와대와 용산 대통령실이 보안이 취약하고 정당성이 훼손된 반면 세종시에는 대통령 제2집무실이 이미 계획돼 있다. 대통령 선거라는 큰 계기에서 권력이 국토 공간 개편이라는 거대 프로젝트를 추진할 기회가 열리는 셈이다.

무엇보다도 신도시는 그저 통치자와 전문가가 주도하는 실험장이 아니라 많은 사람들이 살아가는 삶의 터전이었다. 1기 신도시에 지은 새 아파트에서 자란 '신도시 키즈'들은 이제 어른이 됐다. 신도시 키즈들은 주민들 사이에 동질성이 강하고 계획된 시설과 새 건물이 가득한 곳에서 살면서 자기들을 둘러싼 독특한 환경을 동네나 지역의 원형으로 받아들였다. 지역 문제가 1기 신도시나 집값이라는 키워드하고 함께 곧잘 미디어에 나오는 곳, 이제는 신도시가 아니라 구도시로 나이 드는 곳에서 같이 나이 들며 애착을 키운 이들이 많다. 국가 차원에서 신도시가 성공인지 실패인지 가르기보다는 그 아이들에게 신도시는 어떤 곳일지 궁금하다.

4장

송도 이야기
브랜드가 된 도시

도시 브랜드 정치 — 이름으로 도시 만들기

문화 도시, 에코 도시, 스마트 도시, 창조 도시. 도시 브랜드는 끊임없이 오고 갔다. 시대정신을 담은 새로운 도시 브랜드가 유행하면 도시들이 하나둘 의식하고 따라하면서 힘을 받는 식이다. 전세계적으로 붐을 탄 도시 브랜딩 캠페인을 보면 성공한 도시 이야기와 이미지가 중심에 자리하고 있다. 선택적 이야기로 도시를 형성하는 방식이었다.

 도시 브랜드는 어떻게 형성될까? 국제기구나 공적 기구뿐 아니라 사설 기관이나 연구소가 도시 순위를 매기고 몇몇 도시를 선정하면 도시 브랜드는 공식화된다. 한 도시가 진정한 스마트 시티이거나 에코 시티인지를 어떻게 평가해야 하는지, 그런 브랜드를 붙이려면 어떤 조건을 충족해야 하는지를 두고 활발한 논의가 이어졌다. 정치인에게, 도시에 사는 주민에게, 도시에 도시 브랜드는 그동안 거둔 성과를 평가받고 인정받는 종착역이었다.

 방향을 바꿔 도시 브랜드를 끝이 아니라 시작으로 보면 재미있는 현

도시 브랜드와 도시 형성

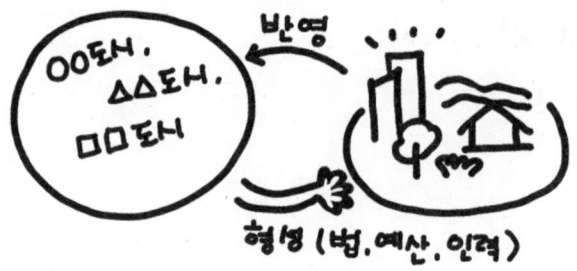

상이 더 눈에 띈다. 한 도시가 특정 브랜드를 달 자격을 갖추고 있는지도 중요하지만 일단 선정되거나 선언한 뒤에 일어나는 과정이 더 흥미롭다. 도시 브랜드가 발휘하는 사후 효과와 권력 때문이다. 도시 브랜드를 그냥 말일 뿐이라고 무시하기도 하는데, 실질적인 정책 없이 말뿐인 이름은 힘이 없다는 뜻이다. 그렇지만 정치는 말로 한다. 수행성 이론performativity theory에 따르면 언어는 수행성을 통해 효과를 가져오는 과정이 반복되면서 실제로 뭔가를 수행하는 중요한 구실을 한다.

문화 도시로 선정되거나 스스로 문화 도시라고 선언하면 특별법 같은 법적 지원이 뒤따르고, 예산이 분배되고, 행정 인력이 배치된다. 도시 브랜드가 행동 방향을 설정하고 공간 활용을 결정하는 기준이 되면서 거꾸로 도시의 특징을 형성하는 과정이 반복된다. 이제 비로소 문화 도시가 되는 경로를 따르게 된다. 다만 몸짓에 지나지 않다가 그 이름을 불러 줄 때 꽃이 된다는 김춘수의 유명한 시구처럼 이름을 붙이기는 '○○ 도시 되기'에서 핵심이다.

도시를 대표할 역사나 정체성이 없는 송도는 도시를 개발하는 의도와 목적을 표현한 도시 브랜드로 도시 정체성을 드러냈다. 송도는 마치

하얀 도화지에, 아니 갯벌을 매립해 만든 도화지 위에 그린 도시였다. 송도 개발은 도시 브랜드가 유행하고 국가, 지방 정부, 국제 기업이 새로운 권력 관계에 적응하는 과정을 거치며 진화했다.

송도는 도시 브랜드 정치를 잘 보여 준다. 도시 특성을 반영해 도시 브랜드를 만드는 대신 도시 브랜드를 실현하려 태어난 도시이기 때문이다. 송도 개발에 얽힌 역사를 듣고 난 뒤에도 외국 학자들은 종종 도시 브랜드와 신도시에 하는 질문을 똑같이 던진다. '송도 스마트 도시'라는 이름이 도시 정체성을 잘 반영하는지 묻고 원래 살던 주민을 잘 배려하는지 캔다. 송도에는 정체성을 이야기할 도시가 아예 없었고, 원래 살던 인간 주민도 없었다. 그래서 나는 다시 설명했다. 모시조개, 꽃게, 철새가 주민이었고, 어민들만 오가는 곳이었다고.

그러던 송도가 이제는 미래 도시라는 이미지로 외국 학계와 정책가들에게 꽤나 잘 알려졌다. 송도가 진정한 스마트 도시이자 에코 도시인지를 둘러싼 논쟁도 한다. 한국형 스마트 도시로서 송도가 보여 주는 독특한 이미지가 있기는 한 듯하다. 정작 한국 사람들은 송도에 큰 관심이 없고 그런 반응을 신기해하지만 말이다. 스마트 도시를 논의하는 국제 워크숍에서 만난 어느 외국 학자는 한국 사람들이 토지주택공사가 추진하는 스마트 도시 개발에 시큰둥하고 송도에도 큰 관심이 없다는 말을 듣더니 놀라워했다. 자기는 가는 곳마다 그 이야기를 듣고 'LH' 로고를 본다면서 한국 사람들이 송도에 관심이 없는 이유가 오히려 연구 주제 같다고 했다. 한국에서는 매립과 스마트 기술이 지극히 당연해진 탓일 듯하다.

줄다리기 — 성장과 이익을 둘러싼 권력들

송도 개발은 역사가 긴 만큼 갯벌 매립뿐 아니라 개발 과정에서 굵직한 변화가 일어난 기간을 아우르기 때문에 성장과 이익을 둘러싼 사회적 특징이 잘 드러난다. 1986년부터 2024년까지 주요 행위자가 늘어나고 파트너십은 점점 더 복잡해졌다. 다른 신도시하고 다르게 중앙 정부가 아니라 지방 정부인 인천시가 시작한 개발이었고, 국제 개발업자도 큰 구실을 했다. 인천시가 시작한 계획에 중앙 정부가 개입하고, 2000년대 들어 국내 기업과 국제 기업이 들어오더니, 나중에는 시민단체도 등장했다. 주요 행위자가 늘어났고, 늘어난 행위자만큼 다양한 이해관계가 얽히면서 행위자들 사이의 관계, 협력, 갈등도 중요해졌다.

1980년대 인천은 낡고 쇠퇴한 산업 구조를 벗어나려고 새로운 개발 모델을 찾고 있었다. 인천시 공무원들은 국제적인 신도시를 건설해 인천의 운명을 바꾸려는 야심 찬 계획을 추진했다. 홍콩을 대신하는 '동북아 국제 비즈니스 중심 도시'이자 '지능형 도시'이자 '미디어 밸리'로 재탄생시키려 했다. 수도권 개발 관련 규제 때문에 토지를 매립하고 택지를 개발하려면 특별한 허가가 필요했다. 공무원들은 전두환 전 대통령 동생이자 새마을중앙본부 회장인 전경환을 찾아가기도 했다. 1991년에는 전체 사업 허가를 받았다. 여의도의 17배나 되는 큰 땅을 메우는 계획이었다. 지방 정부가 대담하게 계획해서 중앙 정부를 설득한 이례적인 사건이었다. 매립은 사업 허가를 받은 뒤 15년이 지난 2001년에야 시작됐다. 2027년에 완공할 계획이었는데, 이 시간 동안 매립을 바라보는 사회적 시선이 달라졌다.

국토가 비좁은 한국에서 해안 매립은 상식이 된 편이다. 자연을 극복하려는 노력을 상징하는 사업으로 여겨지지만 환경주의 시각에서 보면 자연을 파괴해 경제 성장을 하려는 반환경적 발상이다. 송도 개발에서 중요한 구실을 한 사람을 만나서 이야기를 나눴다. 그 사람은 허탈하게 웃으면서 그때로 다시 돌아가면 그런 식으로 사업을 진행하지 않겠다고 말했다. 국토를 파괴하는 정책은 지금 보면 말도 안 되는 짓이라고 했다. 대규모 개발 사업 때문에 한국에 있는 갯벌 중 4분의 1이 말없이 사라졌다.

갯벌을 매립해 만든 빈 땅에 다양한 주요 행위자가 나타났다. 경제적 이익을 얻으려는 행위자들이 각자 자기 일을 하지만 궁극적으로 협력하는 모양새를 띠게 되는 구조를 도시 성장 레짐이라 부른다. 성장 레짐은 사회적 공동 생산 과정을 거쳐 등장한다. 적절한 형태를 띤 성장 레짐은 도시가 형성된 맥락, 곧 도시 환경이 직면한 핵심 사안에 따라 달라진다. 서구에서 성장 레짐이라는 개념을 처음 쓴 주체는 주로 도시 내부 행위자들이었는데, 민간 기업도 영향력이 컸다.

송도에서는 빈 땅에 원하는 도시를 만들고 성장시키려는 성장 레짐이 다중 스케일로 나타났다. 공간 연구에서 스케일은 도시, 지역, 국가, 글로벌로 나눠 이야기되며, 원하는 목표를 달성하려는 행위자는 스케일을 조정하는 전략을 쓴다. 송도 개발 과정에는 다양한 부문에 속할 뿐 아니라 도시, 국가, 글로벌 등 스케일상 위치가 다른 주요 행위자들이 참여한 점이 눈에 띈다. 다중 스케일을 아우르는 행위자들이 만든 도시 성장 레짐인 셈이다.

송도 개발 과정은 이 성장 레짐이 형성되는 과정과 스케일 전략에서 드러나는 역동성을 잘 보여 준다. 특히 중앙 정부와 지방 정부 사이의 줄다리기가 눈에 띈다. 중앙 정부는 매립을 허가한 뒤에도 송도에 관심이 별로 없었다. 개발 사업에서 중앙 정부가 대개 주도권을 쥐기 때문에 이런 무관심은 지방 정부에 그다지 나쁜 일은 아니었다. 자율성이 늘어나 권력 싸움도 적을 수 있기 때문이었다. 인천시는 미국 부동산 개발 회사인 게일 앤드 웬트워스하고 2001년에 양해 각서[MOU]를 체결했다. 법적 뒷

받침이나 재정 지원도 받고 싶어했다. 시장이 바뀌면 달라지기는 했지만, 송도는 인천시에 큰 과제가 돼 있었다.

변화는 1990년대 동아시아 경제 위기를 겪으며 나타났다. 중앙 정부는 2003년에 송도를 인천경제자유구역으로 지정하면서 세계화와 신자유주의적 성장을 추구하는 모델로 삼으려 했다. 중앙 정부는 세계화 전략을 적극적으로 펼쳐 변화에 뒤처지지 않으려 노력하면서 규제도 완화하는 등 예전보다 유연해졌다. 기업 활동도 자유로워져 외국 진출이 활발해지고 지식, 서비스, 첨단 기술 부문을 중심으로 산업 구조가 전환되기 시작했다. 노동 운동이 활기를 띠면서 노동 환경과 노동권이 주목받고 환경의식도 강화됐다.

중앙 정부가 태도를 바꾸자 인천시 정부 사람들은 불편했다. 그동안 관심 없더니 이제 발전하려는 기반을 마련하니까 가져가려 한다고 생각했다. 한창 기싸움이 벌어진 2010년에 인천경제자유구역청에 들른 적이 있었다. 중앙 정부 쪽 사람들하고 통화하는 도중에, 그리고 통화 뒤에 사무실은 긴장된 분위기였다. 언성을 높이고 화내는 사람도 봤다.

경제자유구역은 형식상 지방 정부에 속하지만 실상은 중앙 정부가 좌지우지했다. 경제자유구역을 선정하는 주체가 중앙 정부이고 중앙 정부에서 일하던 사람들이 경제자유구역청 고위직을 맡았다. 규제 완화 허가도 중앙 정부가 할 몫이었다. 151층짜리 랜드마크 건물을 짓는다며 외국 투자를 유치하려 할 때 인천시는 정부 승인을 받아야 했다. 중앙 정부는 인천경제자유구역청을 국가 통제 아래 두려고 시도하다가 인천시가 강하게 반대해 실패한 적도 있었다. 신도시 건설 과정은 국가가 주도하기 마련인데, 예외적으로 지역이 주도한 프로젝트를 다시 국가 지배로 전환하자 지역은 저항했다.

신도시 개발과 대도시 프로젝트에서 국가는 기업 활동에 개입하거나 개별 기업에 공사를 발주하는 위치에 있었는데, 그런 구도는 쉽게 바뀌지 않았다. 남북 분단 이래로 국가 경제 성장은 강력한 이데올로기로 자리 잡았고, 세계화 담론은 국가 경쟁력 이데올로기를 더욱 강화했다.

국제 시행사는 송도 성장 레짐에 큰 영향을 끼쳤다. 많은 주요 참여자에 따르면 국제 시행사가 투자하고 협력한 덕분에 송도를 개발할 수 있었다. 개발업체들은 개발 이익뿐 아니라 지분도 가지고 싶어했지만, 생각만큼 쉽지는 않았다. 수도권에 분양가 상한제가 여전히 적용됐고, 외국인 투자 규제 때문에 학교도 만들지 못했다.

인천 지역 시민단체는 경제자유구역을 신자유주의적이고 친자본적인 정책이라 비판하면서 노동권, 환경 규제, 공교육 측면에서 문제가 많다고 주장했다. 민간 기업에 주는 특혜나 환경을 파괴하는 초고층 랜드마크 등을 주로 문제 삼았다. 송도 성장 레짐에 대항하는 반성장 레짐이었다.

브랜드가 된 송도 — 도시 이미지 만들기와 도시 브랜딩

도시 브랜드 전략은 송도에 관련된 정책이 형성되고 의사 결정이 진행되는 과정에서 핵심적인 구실을 했다. 정책 방향이 국가와 주민이 내세운 요구와 필요에 맞게 조정되면서 인기 없는 도시 브랜드가 선호되는 슬로건으로 갑자기 대체되기도 한다. 새로운 트렌드에 맞선 대응은 도시 브랜드 장소 만들기 과정에서 지역, 국가, 초국가적 수준에서 일어나는 정치적 결정의 틀을 형성한다. 일단 이런 변화를 받아들이면 주요 행위자들은 자기 목적에 맞게 규범을 다시 조정한다. 근거, 입법, 도시 계획, 지식 이동은 서로 강화하는 순환 관계를 형성한다. 특정한 사회적 규범과 상징적 의미가 반복되면서 특정한 공간이 생산된다.

상품이 성공하는 데 이름이 큰 몫을 하듯이 도시 브랜드도 그렇다. 이름이 눈길을 끌고 입에 붙고 매력적이면 운명이 달라진다. '스마트 도시' 이전에 한국 정부가 적극 민 이름은 '유비쿼터스 도시Ubiquitous city'였다. 유비쿼터스는 어디에나 있다는 뜻으로, 정보기술 분야에서 언제 어디서나 인터넷을 사용할 수 있는 환경을 가리킨다. 2000년대 초반 중앙 정부는 송도를 'U-City 사업' 시범 지역으로 선정했다.

송도를 '지속 가능한 생태 도시'나 '녹색 도시'로 홍보하기도 했다. 2008년 출범한 이명박 정부는 야심 차게 추진한 국가 녹색 사업을 도시 개발 모델에 반영해 생태 도시라는 도시 브랜드를 채택했다. 뒤따른 계획에는 생태 습지 조성, 인공 폭포, 옥상 녹화, 폐기물 자동 관리, 자기 부상 열차를 비롯한 환경 운송 방식 등이 포함됐다. 송도는 폐기물 처리 시스템, 자전거 도로, 산책로를 갖춘데다가 전체 면적의 40퍼센트가 녹지라서 그렇게 불릴 만했다. 첫 시작이 갯벌 파괴라는 비판이 따라오기는 하지만 말이다.

모든 유비쿼터스 정보 서비스를 연결하는 통신 기술을 구축한다는 깊은 뜻을 지닌 말인데도 '유비쿼터스 도시'는 홍보에 성공하지 못했다. 한국 사람들에게는 낯선 단어였고, 영어권 사람들에게는 설득력이 없었다. 내가 런던 대학교에 있을 때 한국에서 온 사람들이 학술회의에서 송도와 유비쿼터스 도시 브랜드를 주제로 발표했다. 참석자들은 유비쿼터스라는 단어가 잘 와닿지 않는다고 입을 모았다. 직관적으로 이해하기 힘들면 도시 브랜드는 힘이 약해진다.

유비쿼터스 브랜드가 어려움을 겪자 2017년 9월 문재인 정부는 아예 이름을 바꿨다. 'U-City법'이 거의 그대로 '스마트에코시티법'으로 탈바꿈했다. 스마트 국가로 나아가자는 선언도 하고 국가 스마트 시티 사업도 조직했다. 한국에서 국가가 주도권을 쥐고 국가 브랜드를 선포하는 상황은 똘똘한 몇몇 도시를 지정해 맞춤 성장을 시켜서 성공 모델로 삼은 뒤 다른 나라에 확산시킨다는 뜻이다. 상품을 수출하듯 도시 브랜드가 지닌 가치, 계획, 기술을 전파해 영향력을 확대한다는 말이기도 하다.

도시 브랜딩 정치에서 정책의 이동과 순환은 중요한 기능을 한다. 여러 정책 연구 단위에서 정책을 정당화하는 보고서를 만들 때 빠지지 않는 '해외 사례 보고'는 '요즘 다 이렇게 한다'는 압력이다. 남들이 다 한다는 소식은 그 도시 브랜드를 유행시키는 가장 큰 동기이자 이데올로기로 작용한다. 도시 성장 이데올로기도 그렇다. 도시 간 경쟁이 심하다는 말이 돌면 도시들은 더 치열하게 성장을 추구하게 되고, 그래서 도시 간 경쟁도 실제로 심해진다.

스마트 도시 관련자들을 만나 보면 이 도시 브랜드를 수출하려는 열망이 꽤 강하다. 국가가 품은 의도가 자연스럽게 개인에게 스며든 탓도 있지만, 무엇보다 국제 행사에 가면 동남아시아를 비롯해 다른 나라들이

송도, 브랜드가 되다

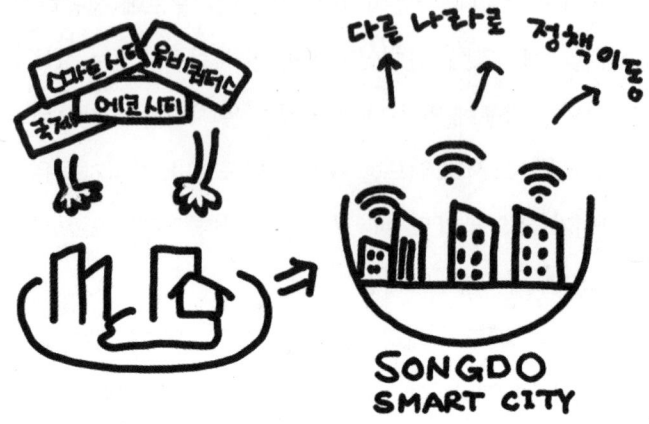

열정적으로 반응하기 때문이다. 특히 여러 브랜딩 슬로건을 통합한 송도라는 플랫폼은 이미 도시 자체가 브랜드로 인지도를 얻은 상태였다. 송도는 한국, 스마트, 신도시, 미래 도시라는 이미지를 복합적으로 보여 주는 상징이 됐다. 에콰도르, 베트남, 인도네시아, 인도가 송도에서 추진하는 스마트 환경 프로젝트를 둘러보고 조언을 들었다.

한국이 스마트 국가로 잘 알려져 있는 사실은 맞지만 그런 나라들이 지금 꼭 한국의 스마트 도시를 수입하고 싶어하지는 않는다고 말하는 사람도 만났다. 케이 팝, 케이 드라마, 케이 뷰티 때문에 한국이 인기가 많아서 뭐든 가져가고 싶어한다고 덧붙였다. 도시 개발에서 외국 사례를 의식하며 모범을 따라하던 한국이 이제 수입국에서 수출국으로 발전한 상황이라는 자부심도 한몫하는 듯하다. 막상 진행해 보면 도시마다 상황이 너무 달라서 조언과 지식 전달에 그칠 뿐 스마트 도시 자체를 수출할 수는 없는데도 그렇다.

송도 홍보 비디오를 보고 송도에 쏟아지는 관심을 대하다 보면 송도가 인천시가 아니라 사람들 상상 속에 브랜드로 존재하는 도시가 아닐까 싶다. 브랜드가 송도를 만들다가 송도라는 브랜드가 됐다. 도시 브랜드로 태어난 송도는 스마트 에코 시티라는 구체적 맥락을 보여 주다가 브랜드 자체로 변화했다. 송도가 스마트 에코 도시라는 브랜드 목표를 최종적으로 달성하지 못하더라도 송도라는 이름은 상징적 슬로건으로서 독립적인 효과를 지닌다.

5장

물
선택적 소통과 전략적 침묵

물 관리 — 협치를 부르는 소통

물은 넓은 공간의 정치를 만든다. 여러 지역을 흐르고 땅속 물도 합쳐진다. 사람들은 물 있는 곳에 모여 정착하고 도시를 만든다. 물을 오염시키는 행위자와 맑은 물을 원하는 행위자가 다 얽혀 있다. 물을 써서 농사짓는 사람, 물을 마시는 사람, 물로 공장 돌리는 사람이 있다. 많은 곳을 따라 흐르기 때문에 내 유역만 깨끗해서는 될 일이 아니다.

물 관리를 하려면 넓은 유역에 영향을 끼치는 모든 요소를 고려해야 하며 필수 생태계의 지속가능성도 유지해야 한다. 그래서 물 관리, 곧 물 거버넌스는 물과 사회경제적 발전 사이의 상호 관계를 고려한 포괄적 접근을 의미한다. 물 관리가 복잡해져 의사 결정 과정에 여러 행위자가 반드시 참여하게 되면서 의사소통이 점점 더 중요해지고 있다. 의사소통의 방식과 결과는 물 관리가 성공하는 데 결정적이다. 오늘날 물 관리는 협치와 의사소통이 지닌 중요성이 두드러지는 사례다.

이제 전문가와 비전문가 사이에서 벌어지는 지식 소통이 통합 물 관

물 거버넌스

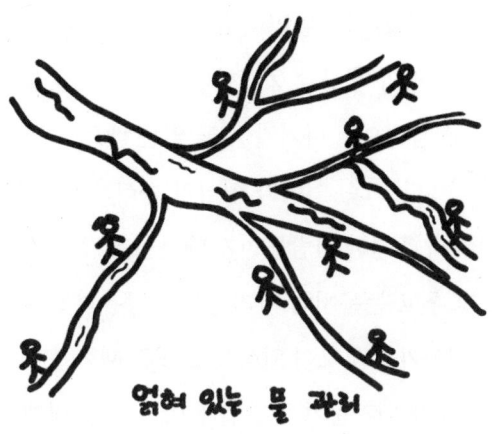

리의 핵심 요소로 자리 잡았다. 생계를 벌고 일상을 살아가면서 오염을 일으키는 비전문가를 설득해 행태를 바꾸는 문제가 관건이기 때문이다. 이야기를 나눈다고 해서 행동이 바뀐다는 보장은 없지만 누구든 다른 사람이 하는 행동을 직접 통제하지 못하기 때문에 달리 대안이 있지는 않다. 전문가는 과학적 지식에 기반해서 근거를 만들어야 하며, 물 관리가 필요한 이유를 설명하고 관련 규제가 있다면 자세한 정보를 제공하는 등 지식 의사소통이 필요하다.

그런데 과학적 지식이 서로 충돌할 때도 많아서 과학과 전문가를 맹신하는 정서만큼 불신과 거부감도 커진다. 과학적 지식을 믿는다고 해도 생활이 불편해지거나 생업을 어렵게 하면 손해를 감수하기 어렵다. 대체로 전문가가 원칙을 말하는 반면 행동하는 주체는 비전문가라서 소통은 처음부터 힘들다. 물 관리를 다룬 많은 사례 연구를 보면 거버넌스 형태는 나타나지만 몇몇 주요 행위자가 지식 소통에 동의하지 않는 모습을 드러내기도 한다.

　전문가가 비전문가에게 알맞지 않는 방식으로 접근하는 모습은 클리셰처럼 영화와 드라마에 곧잘 등장한다. 깔끔한 정장을 차려입고서 머리로 이해 안 되고 감성으로 다가갈 수도 없는 태도로 어려운 개념을 쓰면서 설명하는 식이다. 그런 언어와 형식이 논리를 세우는 데 도움이 된다고 믿는 집단에서 훈련한 사람들이기 때문이다. 전문가들은 의사가 쓰는 차트나 학술지 투고 논문처럼 자기들끼리 공유하고 이해하는 개념이나 준말을 쓴다. 전문가들만 모여 일상을 보내고 대화를 나누면서 이런 말에 익숙해지기 때문에 비전문가들이 쉽게 이해할 수 있게 설명하려면 내공을 꽤나 쌓아야 한다.

　직접 소통하지 못하면 연결 고리가 필요하다. 학자나 전문가가 실험, 관찰, 사례 연구를 거쳐 생산한 지식을 일상 언어로 바꾸는 조정자(이른바 지식 소매상)나 사회적 영향력을 갖춘 사람(인플루언서)이 그런 구실을 한다. 이런 중간자가 점점 더 중요해지는 이유는 평범한 사람이 지닌 지적 욕구를 채워 주고 시대적 가치를 설득하는 기능을 효과적으로 수행하기 때문이다. 그런 이들은 이미 유튜브 등에서 영향력이 많이 커졌다.

　정부 정책에 관련해 환경이나 인권 관련 지식을 홍보하는 과정에도 조정자나 중간자가 필요하다. 이를테면 특정 지역 농민들에게 알려야 할 정보와 지식이 있을 때 주민 회의나 마을 행사를 열어 전달하려 한다. 어려운 개념이 있을 때 만화나 공익 광고를 제작해 사람들에게 다가가려 노력하기도 한다. 또한 소통 과정을 잇는 구심점도 중요하다. 지식은 골고루 같은 속도로 퍼져 나가지 않으며, 특정한 구심점을 중심으로 집중되고 걸러지고 재구성된다. 주민들이 모인 온라인 단체 대화방이 있다면 도움이 될 테고, 신망받는 이가 건네는 말도 소통을 원활히 하는 데 한몫한다.

그런 공간이나 사람이 구심점이 돼 정보와 지식을 수집하고 교류하는 과정이 진행되기도 한다.

특정할 수 없는 오염, 폭넓은 행위자들

물 거버넌스에서 지식이 소통되는 모습을 구체적으로 살필 기회가 있었다. 2013년에서 2014년까지 진행한 새만금 지역 수질 개선 물 거버넌스에 관한 협동 연구였다. 국무총리실이 주도하고 환경부와 농림축산식품부, 지방 정부, 시민단체, 농민이 주요 참여자인 거버넌스였다.

새만금 사업은 경작지를 늘려 식량 생산을 늘리려는 국가 건설 프로젝트였다. 박정희 정부 시절 시작된 이 프로젝트는 여러 정부를 거치며 개발 목표가 계속 바뀌어서 현재는 산업 클러스터를 목표로 삼고 있다. 새만금 갯벌을 매립해 세계에서 가장 길다는 새만금 방조제와 여의도의 140배에 이르는 인공 호수 새만금호가 탄생했다. 유례없는 대규모 개발은 한국 환경 운동사에서 한 획을 긋는 갈등 상황을 불러왔다. 1990년대 중반부터 환경 단체를 비롯한 시민단체들이 새만금 개발을 거세게 비판했고, 법원에 소송을 내어 공사가 중단되기도 했다. 공사가 재개되기는 했지만, 그러는 사이 전반적으로 환경 의식이 높아지면서 친환경 개발 방안을 고민하게 됐다.

수질이 문제였다. 여러 주체가 물 관리 거버넌스에 들어왔다. 방조제에 가둔 물을 농업용수로 써야 하는데 독성 물질이 검출됐다. 만경강 유역에서 쓴 살충제 성분이 주요 원인으로 밝혀지면서 환경부와 농식품부가 협력해야만 할 상황이 됐다. 특히 농업 활동에서 발생하는 비점 오염원非點汚染源·Non-point source pollution에 관심이 높아졌다. 비점 오염원이란 불특정하게 수질을 오염시키는 다양한 물질을 배출하는 오염원을 뜻한다. 도

비점 오염

비점 오염 (Non-point pollution)

시, 도로, 농지, 산지, 공사장 등에서 나타난다. 공장이나 축산 농가 같은 점 오염원은 오염 원인을 손쉽게 찾을 수 있지만 비점 오염원은 알기 힘들다. 동물 배변, 담배꽁초, 살충제, 음료수, 세차 세제 등 일상에서 나오는 거의 모든 오염 물질을 원인으로 봐야 한다.

비점 오염원이라는 개념이나 지식은 다양한 관련 주체들에게 새롭게 다가왔다. 비점 오염이라는 말을 나도 이때 처음 들었다. 오염을 일으키는 행위자와 오염 때문에 영향을 받는 지역 사회 행위자들 사이에 이 지식을 공유하는 일이 중요한 과제로 떠올랐다. 특히 주변 지역 농민들이 농약을 사용하는 관행이 바뀌어야 한다는 뜻이었다. 이해관계가 복잡하게 얽혀 있었다.

국가 수준에서는 복잡한 이해관계가 드러나지 않았다. 국무총리가 주관하는 회의에서 환경부와 농식품부는 매우 활발히 소통하고 협력했다. 커다란 원칙에 모두 동의하기 때문이라고 했다. 국가 스케일과 지역 스케일에서는 지식을 소통하는 흐름도 비교적 원활했다. 반면 부처 내부 실무자들은 지식 소통을 선택적으로 하는 편이었다. 환경부와 농식품부 사이의 파트너십이 절실했지만, 사실 두 부처는 관계가 복잡했다. 우선순위가 달랐다. 환경부는 환경 보호가 주요 업무인 반면 농식품부는 농산물 생산량을 되도록 늘려야 했다. 환경부에 견줘 농식품부는 농약 사용을 규제하는 데 소극적일 수밖에 없었다. 대체로 농식품부가 권력이 셌지만, 환경부가 사업을 총괄하게 되면서 두 부처는 조금은 전략적인 소통을 하는 편이었다.

　시민단체들도 물 관리에 중요한 구실을 하지만 이해관계가 서로 달라 협력이 쉽지 않았다. 이런 복잡한 상황 속에서 새만금 유역 물 거버넌스는 다양한 계층과 행위자 사이의 조율과 협력을 이끌어 내야 하는 과제를 안게 됐다. 결국 문제도 해결책도 농민들에게 있었다. 전문가끼리 하는 지식 소통은 효과가 없고 농민을 상대로 한 지식 소통이 중요했다. 문제는 여러 엘리트 행위자에게 농부를 상대로 한 말 걸기가 낯선 도전이라는 데 있었다. 농민들하고 효과적으로 소통하는 방법을 찾는 일은 전문가들에게 새로운 과제이지만 필수적인 단계였다.

말 걸기, 소통 관리

전라북도 익산시에 자리한 한 마을에 현장 조사를 하러 간 적이 있었다. 농민들을 만나기가 어려웠다. 인터뷰할 때는 미리 연락해 약속을 잡고 사무실이나 커피숍에서 앉아 이야기를 나눈다. 그런데 도무지 약속을 잡지 못했다. 농민들은 아침에 눈을 뜨면 논밭에 나가서 일하다가 집에 돌아와 씻고 자는 식으로 생활하기 때문에 가만히 앉아서 한두 시간 동안 이야기할 수가 없었다. 방법을 바꿔야 했다. 집집마다 돌아다니면서 마침 잠

전문가와 비전문가 사이, 소통 불가

간 집에 들어온 농민을 만나면 이야기를 나누고 밭에 나가 있다고 하면 그 밭으로 찾아갔다.

　길과 집에서 만난 사람들은 모두 농약이 오염을 일으킨 문제를 들은 적이 없다고 했다. 정부에서 비점 오염을 설명하는 자리에 간 농민도 있기는 했다. 그런데 쉽게 설명한다며 제시한 그림은 떠올려도 정작 내용은 기억하지 못했다. 어느 부부는 양배추밭에 쪼그리고 앉아 일하는 중이었다. 옆에 다가가 일을 도우면서 이야기를 걸었다. 비점 오염이라는 말은 들은 적도 없다고 했다. 새만금 물을 맑게 하는 데 여기에서 짓는 농사가 영향을 끼친다는 이야기를 아느냐고 물으니 손사래를 쳤다. "새만금이 저어기 멀리 있는데 우리 농사랑 무슨 상관이라고 그라요."

　아닌 게 아니라 밭에서 보니 새만금이 아주 멀게 느껴졌다. 무엇보다도 농민들은 정부에 화가 나 있었다. 정부가 농민들을 늘 개돼지 취급한다고 했다. 농민들이 하는 말을 제대로 들은 적은 없으면서 이래라저래라 하달만 한다고 분통을 터트렸다. 절박한 생계 활동이 정부가 낸 대책 때문에 막힌 적이 많은데다가 평소에는 신경도 안 쓰다 필요할 때만 명령해서 빚만 남아 있다고 말했다.

농민들 반응을 보고 생각이 많아진 나는 교육 담당자를 만난 뒤 더 당황했다. 농약과 비점 오염 관련 교육을 맡은 농협 직원이었다. 인터뷰하다가 갑자기 목소리를 낮추더니 자기는 농민들에게 비점 오염 관련 내용을 전달한 적이 없다고 털어놨다. 농민들한테 도움이 되지 않기 때문이라고 설명했다. 그러니까 그 농협 직원은 정부에서 맡긴 임무를 수행하지 않는 식으로 농민들 편에 서고 싶어했다.

농약 쓰는 문제를 누구하고 의논하느냐고 농민들에게 물으면 대부분 한 사람을 지목했다. 그 농약상을 만나자고 마음먹었다. 비점 오염을 부추기는 주요 행위자인 셈이었다. 가게에 들어가니 중년 남성 여럿이 농약상을 둘러싼 채 이야기를 나누고 있었다. 나는 기다리면서 이야기하는 사람들을 관찰했는데, 궁금증이 많이 풀리는 순간이었다.

농약상은 마을을 무대로 일어나는 지식 소통에서 구심점이었다. 사람들은 농약 이야기만 하지 않았다. 자기 집에서 어떤 일이 벌어지고 무슨 걱정이 있는지 시시콜콜히 다 떠들었고, 농약상은 그런 이야기를 정말 주의 깊게 들으면서 자기 일처럼 목소리 높여 공감했다. 농약상하고 좀더 이야기하고 싶은 농민들은 앉을 틈도 없이 선 채로 오랫동안 근황을 전하고 근심을 나눴다. 당연하게도 대화는 농약상이 농약을 권하고 농민들이 사면서 마무리됐다.

농약상은 말하자면 마을에서 중간자이자 구심점이었다. 다만 물 관리 거버넌스가 의도한 목적하고는 반대 방향이라서 문제였다. 농약상은 오랜 시간 친분을 맺은 농민들을 만나 열정적으로 소통하면서 농약 사용을 권했고, 농민들은 농약상에 의존하면서 농약을 사고 여러 소식과 정보를 얻었다. 이렇게 비점 오염 문제는 더욱 심각해졌다.

선택적 소통, 전략적 침묵

거버넌스는 공식적으로 범위가 정해지지 않기 때문에 여러 경로를 거친 초대, 참여자가 지닌 자발성, 상호 관계 능력에 따라 참여 여부가 결정된다. 지식 소통 과정이 거버넌스의 실상을 보여 준다고 할 수 있다. 새만금 물 관리 거버넌스를 보면 국가와 부처 장관 사이에서는 협치가 원활히 진행되지만 실행 단위에서는 지식 소통을 전략적 선택에 따라 소극적으로 하는 모습이 나타났다. 지역 전문가들은 새만금 관련 정보를 의도적으로 공유하지 않았는데, 이런 선택은 민감한 문제를 피하려는 전략이었다.

소통의 중요성은 누구나 알고 있었다. 문제는 가장 핵심적인 실천 주체인 농민들하고 소통하지 않은 채 소통의 중요성에 관해 소통하고 있다는 점이었다. 선택적 소통과 전략적 침묵은 물 거버넌스의 경계를 형성했고, 특정 주체들을 거버넌스 과정에서 배제하는 결과를 초래했다. 농민을 직접 상대하는 중간자는 주어진 임무를 일부러 수행하지 않았다. 농민들은 친분 있는 농약상에게 의지했다. 비점 오염과 물 관리 측면에서 상황을 바라보면 더 심각했다. 실행 담당자와 농민은 오염을 해결하는 중심에 자리한 주요 행위자이지만 물 거버넌스 외부에 남아 있었고, 농약에 관련한 지식은 농약상을 중심으로 돌고 돌았다.

한국에서 의사소통이 어려운 이유가 유교라고 많은 서구 언론과 학자가 이야기했다. 부기장이 기장에게 문제를 제대로 제기하지 못해 항공 사고가 난다는 식이었다. 나이나 사회적 지위 때문에 할 말을 못하는 사례가 종종 있으니까 어느 정도는 사실일지 모르겠다. 그런 문화가 거버넌스에서 나타날 수도 있겠다. 그렇지만 새만금 사례가 보여 준 현실은 좀 다르다. 핵심 실천이 농민에게 달린 상황이지만 소통이 위축된 이유는 농민이 위계질서에서 상위에 있기 때문은 아니었다. 새만금 물 거버넌스에

새만금 물 거버넌스

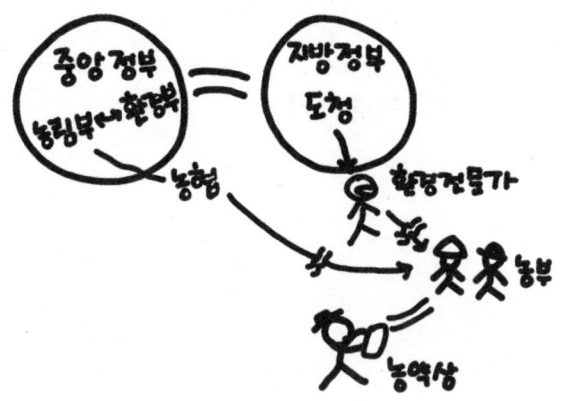

서는 행위자 사이에 이해관계가 달라 선택적 소통이 진행됐고, 농민의 이해관계를 고려한 전략적 침묵이 있었다. 비점 오염을 말하고 싶은 엘리트들은 농민이 엘리트 집단 바깥에 자리하기 때문에 이야기하기가 불편하고 효과적으로 전달할 방법을 찾기 어려웠다. 평소에 쓰는 언어가 달랐고, 그동안 쌓인 관계가 없었다. 편안함의 협치, 익숙함의 정치다.

협치가 진행되는 실제 상황에서 소통을 막는 장벽은 크게 보면 이해관계이고 작게 보면 기싸움인데, 불편한 마음이나 게으름 탓에 진행 상황을 공유하지 않는 데서 시작된다. 어려운 단어를 반복하면서 소통이 중요하다는 말만 강조하면 지식 소통 문제는 단순히 정보 전달에 실패하는 수준을 넘어서게 된다. 공간 곳곳에 스며드는 물을 관리하는 거버넌스에서 권력과 정치는 여러 가치와 논리뿐 아니라 감성과 감정을 건드린다.

6장

결혼 이주
브로커 중매와 고달픈 노동 사이

이동 통치 — 결혼, 일자리, 정체성

이주에는 다양한 권력, 통치, 전략이 개입한다. 개인에게는 대체로 더 나은 삶을 위해 자기가 선 위치를 바꾸는 실천이지만, 이동하려는 마음을 먹고 실천할 수 있도록 만들거나 돕는 일에는 많은 이해관계와 전략이 들어가 있다. 개인 처지에서는 이주를 바라보는 사회적 인식, 이주 비용 마련, 비자 등 관련 제도, 이동할 수 있는 교통수단, 도착지에서 생활 보장 등을 다 고려해서 행동에 옮긴다. 이주민 경험을 주제로 한 연구가 많지만, 이동을 가능하거나 불가능하게 하는 힘과 주요 행위자를 중심으로 보면 그런 과정에서 인구를 재배치하는 큰 권력이 작동한다는 사실을 알게 된다.

이주와 이동을 정치적으로 보는 시각에서 '이동 통치^{governmobility}'라는 개념은 (비)이동이 통치 수단이지 목적은 아니라고 강조한다. 푸코가 제시한 통치성^{governmentality}을 21세기에 맞게 발전시킨 개념이다. 인구 관리와 조절을 위해 이동과 비이동을 '통해서' 통치한다는 뜻이다. 이 통치의

이동을 통한 통치

주체는 국가를 포함한 사회 전체다. 이동 통치가 포괄하는 범위는 비자처럼 이동을 규제하는 제도 권력부터 소셜 네트워크 서비스에 나온 이미지를 보고 그곳으로 놀러가고 싶어할 때처럼 이동 논리를 내면화하는 훈육 권력까지 폭넓다. 인간 심리를 작동시키는 내재화 과정에서 기술이 큰 구실을 한다. 핸드폰이나 와이파이가 우리의 의도를 형성하고 일상을 좌우하고 두뇌와 신체의 일부가 되는 모습하고 비슷하다.

결혼 이주와 노동 이주는 이동 통치를 대표하는 사례다. 국가는 노동이나 결혼에서 수요와 공급을 맞추려고 이동을 장려하거나 제한한다. 한국에서 결혼 이주 여성과 그런 여성이 낳은 자녀가 다문화를 대표하게 된 현실은 신기하다. 순혈주의를 강조하는 한국 사회에서 가장 극단적인 다문화 사례인 결혼 이주가 갑자기 자연스럽게 받아들여진 탓이다.

다문화는 공간 규모에 밀접히 관련된 개념이다. 막연히 외국인이라는 존재를 허용하고 존중하는 정도를 뜻하는 듯하지만, 사실은 '얼마큼 가까이'라는 문제다. 이를테면 인종 차별과 외국인 혐오 현상이 나타나더라도

이 지구상에 다른 민족이나 인종을 용납할 수 없다는 극단적 인종차별주의는 드물다. 내 지역, 내 나라, 내 도시, 내 동네에 공존하는 이방인을 환영하거나 반대하는 정도로 공간 규모를 좁힐 수 있다. 다문화를 허용하는 공간 규모에서 가장 끝에는 결혼해서 한집에 사는 사례가 자리한다.

이주민이 본국 정체성을 유지하는 방식을 존중하는 다문화는 비판 정신, 저항, 사회운동으로 시작됐는데, 한국에서는 현실적 정책 대안으로 도입되면서 밋밋해졌다. 오히려 차별적인 뜻으로 쓰이면서 다문화라는 용어에 부정적 이미지가 담기는 바람에 바꿔야 한다는 말이 나온다. 그만큼 결혼 이주 여성이 누리는 삶은 녹녹치 않았다. 그렇지만 세월이 흐르면서 결혼 이주는 이동 통치와 이주 경관을 바꿔 놓았다.

공간적으로 볼 때 대부분의 결혼은 결혼 이주나 마찬가지다. 두 사람이 지리적으로 같은 지점, 곧 같은 동네나 같은 골목에 살지 않는 한 둘 중 한 사람은 새로운 환경에 놓이게 된다. 권력을 가진 쪽, 주로 남성 쪽 부모가 살거나 남성이 일하는 곳으로 여성이 옮겨 가서 새로운 환경에 적응했다. 여성들은 출신 지역을 따서 '○○댁'으로 불렸다. 부산댁이나 전주댁 같은 '○○댁'은 국내 결혼 이주 여성이었다.

인프라 짓기 — 정부, 브로커, 종교 단체

1910년대와 1920년대에는 600명에서 1000명이 넘는 조선 여성이 미국 하와이로 결혼 이주를 했다. 이주한 조선인 남성이 우편으로 받은 사진만 보고 선택해 초청한다고 해서 '사진 신부 picture bride'로 불렸다. 아시아인과 백인이 결혼하지 못하게 한 미국 법, 어차피 자기 의사에 상관없이 결정되는 결혼, 여성 개인이 놓인 형편, 우편이라는 제한된 수단, 자유로운 미국 사회를 향한 동경 등이 배경으로 작용했다.

결혼 이주의 이동 통치는 결혼 이주를 고무하거나 방해하는 사회적 분위기가 작용하는데, 좀더 구체적인 중간 단계 실천이 있다. 구체적 경로에서 경계를 그어 통제하거나 경계를 뛰어넘을 인프라를 구축하는 정치적 생태계를 중심에 둔 시각이 지난 몇 년 동안 세를 넓혔다. 이동을 개인이 내리는 결정이나 국가 간 위계 같은 커다란 사회 구조로 해석하기보다는 중간 매개자에 관심을 두는 시각이다. 경계 긋기bordering는 경계를 구축하고 유지하는 지속적인 과정을 가리킨다. 여기에는 물리적 장벽, 법적 제약, 감시, 사회적 배제 등이 포함된다. 인프라 짓기infrastructuring는 불가능한 이동을 가능하게 하는 경로를 비롯해 네트워크와 시스템을 구축하는 과정을 뜻한다. 인프라는 물리적, 법적, 사회적 요소를 다 포함한다. 두 과정 모두 매우 적극적으로 구성되고 협상된다는 점에서 중요하다.

경계를 강조하면서 이주를 힘들게 하는 실천인 경계 긋기도 있고 이동이 가능한 여러 조건을 마련하는 실천인 인프라 짓기도 있다. 경계를 만드는 실천은 법과 제도에 따른 국경 통제, 한국어 시험 결과 같은 자격 조건, 강이나 바다 같은 자연스러운 경계가 있다. 이동을 할 수 있게 돕고 이동 과정을 활발하게 만드는 여러 인프라는 브로커broker, 결혼 중개업, 다문화 가정 대상 국가 지원 프로그램, 지방 정부 제공 지원, 통일교 같은 종교 단체, 남편이라는 존재 등이다. 이런 요소들이 바로 이동 통치를 수행하는 주요 행위자다. 경계 긋기와 인프라 짓기는 목적이 반대이지만 다양한 국경 통제 사례에서 공통적으로 종종 얽혀서 공존하며 시간이 흐르면서 발전한다.

1990년대에 늦은 나이까지 결혼하지 못한 농촌 총각들이 처지를 비관해 자살하는 사건이 알려지면서 동남아 지역에서 결혼 이주 여성이 들어오기 시작했다. 국가가 2005년에 외국인 신부를 한국 사회에 통합해 다문화 사회로 나아가겠다고 선언한 뒤 인신매매하고 구별되지 않는 결혼 중매가 유행하기 시작됐다. 국제 결혼은 계속 늘어나는 추세인데, 최근 연간 전체 결혼에서 차지하는 비율이 거의 10퍼센트에 이른다. 가장 많은 여성이 온 나라는 베트남이고, 중국과 태국이 뒤를 잇는다.

베트남에서 한국으로 온 결혼 이주 여성이 가장 많은 곳은 껀터^{Cần Thơ}다. 베트남 인구의 2.5퍼센트가 사는 곳인데, 한국 결혼 이주 여성의 6분의 1 정도가 이곳 출신이다. 껀터로 가는 직항 비행기는 승객이 대부분 한국 남성과 베트남 여성 부부, 그리고 그 사이에서 태어난 아이들이었다. 껀터에 사는 사람들은 농업이 발달해서 굶지는 않지만 대체로 가난했다. 제대로 된 직업을 찾기 힘들었고, 일자리를 구하러 베트남 다른 곳에 가는 투자를 할 때도 딸은 기회를 별로 얻지 못했다. 결혼 말고는 별다른 대안이 없었다. 게다가 친척이나 지인이 없는 여성은 하노이나 호치민 같은 대도시에 가는 선택이 한국 이주보다 더 큰 도박이었다.

흔히 말하는 브로커, 곧 이주 중개업자는 인프라 짓기에서 중요한 구실을 한다. 전세계적 이주에서 불가능을 가능으로 바꾸고, 새로운 이주 경로를 개척하고, 도착한 뒤 생활하는 과정에도 여러 가지로 관여한다. 브로커 세계는 정말 넓고도 깊다. 이주민하고 경계도 뚜렷하지 않다. 내가 이주를 연구하다가 만난 브로커는 다 이주민이었다. 먼저 이주한 사람에게 주변에서 여러 가지를 물어보는 과정에서 직업적 브로커가 되는 사례가 많았다.

브로커가 주선하는 중매는 신부 후보 여러 명 중에서 한 여성을 선택하고 5분에서 10분 안에 결정하는 식이어서 비판을 꽤 받았다. 대만에 가는 줄 알다가 한국에 온 사람도 있었다. 이제 기술이 발달해 그런 비인간적인 모습은 줄어들었다. 통역 앱과 브로커가 하는 통역을 수단 삼아 일

브로커와 인프라 짓기

대일 화상 채팅을 먼저 한다. 그 뒤 한국 남성이 보통 3박 4일 일정으로 베트남에 가 커피숍이나 한국 식당에서 데이트를 한다. 이런 만남이 낭만적일 수는 없어서 젊은 베트남 여자는 핸드폰만 보고 한국 남자는 뚱하니 앉아 있기 일쑤다. 결혼을 결정하면 여자가 사는 집에 가서 부모에게 허락을 받고 친척들을 초대해 약혼식을 올린다.

다음으로 여자는 한국 남자하고 결혼하기 위해 한국어능력시험 초급 1급을 취득하거나 한국 정부에서 공인한 기관에서 한국어 초급 1급 과정을 이수해야 한다. 그래서 시험에 빨리 통과하기를 기다리는 한국 남편과 브로커와 한국어 학원이 연결돼 있다. 학원이 아예 기숙사를 차려서 여기저기 흩어져 사는 베트남 여성들을 모아 집중적으로 한국어를 교육한다. 숙박 시설과 집중 교육 노하우는 일찍이 '케이 교육'이 쌓은 경험이다. 결혼 이주 여성들은 기숙사에 살면서 한국어를 배우는 한편으로 한국 음식에도 익숙해지고 다른 결혼 이주 여성들을 사귀어 정보도 주고받는다.

사회적 송금 — '한베 부부'가 미치는 다층적 영향력

결혼 이주를 위한 인프라만큼 중요하고 역동적인 요소가 이주 뒤에 생기는 인프라다. 결혼 이주와 노동 이주는 뚜렷이 구분되지 않는다. 베트남 여성들은 유교 전통과 공산주의의 이상이 혼합된 사고 덕분에 사회 진출을 당연시하고 일하려는 욕구도 강하다. 1990년대에 견줘 줄기는 했지만, 2023년 기준으로 여성의 70퍼센트가 일을 한다. 한국은 이 비율이 55퍼센트다. 베트남에서는 여성 스스로 가정에서 유용한 존재가 되려 할 뿐 아니라 가족은 물론 사회 분위기도 외국에 나가 더 나은 기회를 잡아서 도약하라는 압력이 크다. 한국으로 이주한 결혼 이주 여성들도 예외 없이 직업을 가지려 한다. 이런 특성이 결혼 이주 뒤 나타나는 여러 현상에 영향을 많이 끼친다.

결혼 이주에 관련해 자주 이야기되는 문제가 송금이다. 송금은 여성이 결혼 이주를 하는 가장 주된 목적이다. 농경 사회 때 문화가 아직 남아 있는 베트남에서 결혼이란 노동력을 데려가는 의례이기 때문에 남자가 돈을 지불하는 방식이 합리적으로 받아들여진다. 주로 결혼 이주 여성이 직접 번 돈을 보내는 송금은 부모가 진 빚을 갚는 데 먼저 쓰인다. 송금을 여러 번 받은 가족은 노동 이주를 떠날 길을 찾는다. 부모들도 직접 한국에 가서 미등록 이주민으로 일하며 돈을 버는 쪽을 좋아한다. 아이를 낳은 결혼 이주 여성이 육아를 이유로 베트남에서 친정 부모나 형제를 초청할 수 있는 제도가 연쇄 이주로 이어진다. 부모들도 40대나 50대여서 젊은 편이라 일하고 싶어하고 형제들도 한국행을 바란다. 노동 이주하고 구별 안 되는 결혼 이주가 연쇄 노동 이주로 이어지는 셈이다.

한국으로 간 결혼 이주 여성이 많아 '한국 섬'이라고 불린 떤록$^{Tân Lộc}$ 섬이 있다. 예전에는 대만으로 결혼 이주를 많이 가 '대만 섬'으로 불렸다.

껀터에서 두 시간 정도 택시, 나룻배, 오토바이 택시를 갈아탔다. 첫째 딸은 대만으로 결혼 이주를 하고 둘째 딸은 한국 남자하고 결혼한 집에 들렀다. 부모들은 한국에서 송금은 받지 않지만 자기가 한국에 가서 농사일을 해 돈을 벌면 좋은데 이제 손주가 다 크는 바람에 갈 핑계가 없어 고민이라고 했다. 꽤 괜찮아 보이는 집은 대만으로 간 첫째 딸이 보낸 돈으로 마련한 곳이었다.

베트남 경제가 성장하고 교통과 통신 시설이 발달하면서 송금은 직접 투자로 바뀌었다. 결혼 이주 여성은 한국에서 번 돈을 송금했고, 베트남에 갈 때 페이스북으로 주문을 받아 한국 화장품을 사 가는 보따리 장사를 많이 했다. 시간이 지나면서 한국 화장품 시장은 한국에서 전문대를 다니면서 틱톡을 찍는 베트남 학생들이 차지했다. 요즘은 결혼할 때 신랑이 주는 지참금이나 결혼 뒤 딸이 보내는 송금을 받아 집을 바꿀 수 없을 정도로 부동산이 부쩍 올랐다. 아이폰이 가장 인기 있는 결혼 선물이어서 심지어 신부 부모들도 아이폰을 받고 싶어한다.

'한베(한국-베트남) 부부'들은 베트남 부동산에 투자하거나 베트남에서 사업을 하기 시작했다. 특히 베트남 정부가 이중 국적을 허용하면서 결혼 이주 여성들이 베트남 국적을 획득해 고향에서 사업을 벌일 수 있게 됐다. 비행기도 늘어나고 화상 채팅이 쉬워진 덕분에 두 나라를 오가면서도 가족생활을 유지하는 부부들이 많아졌다. 이제 한국 남편은 아내가 취득한 베트남 국적을 바탕으로 기회를 잡고 싶어한다. 아직은 외국인 명의로 부동산에 투자하거나 사업체를 굴리기 어렵기 때문이다.

경제적 송금만큼 사회적 송금도 중요하다. 정보와 지식을 보내는 사회적 송금 덕분에 이주민이 떠나온 사회도 많이 변화한다. 사회적 송금은 멀리 떨어진 두 사회를 연결하는 인프라다. 케이 뷰티를 내건 가게들을 찾아가니 주인은 한국하고 연관이 없고 한국을 잘 모르지만 한 가지 공통점이 있었다. 한국 남자를 만나 결혼한 친구가 있었다. 결혼 이주를 한 친구가 소개한 중소기업 화장품을 수입해 팔았다. 나는 여태껏 들어 본 적 없는 제품이었다.

한베 부부가 브로커가 되고 한국어 교육에 본격적으로 나서게 된 현실도 연쇄적 변화 중 하나다. 한베 부부가 세운 한국어 어학원이 우후죽순 생겼다. 한국 대학과 베트남 대학을 연결하기도 하는데, 한국 대학은 베트남 학생을 유치할 수 있다는 기대를 품는 반면 베트남 대학은 강의실 임대료를 벌고 국제 파트너십을 형성하고 싶어한다. 요즘은 어떤 식이든 한국과 베트남 사이의 교류가 긍정적으로 받아들여지는 만큼 정치인들도 관심을 기울인다.

한국에 사는 결혼 이주 여성들도 시간이 지나면서 경제적 측면뿐 아니라 사회적 측면에서 점점 더 성장했다. 비정부 기구와 정부 기관에서 일하면서 신규 이주민하고 함께 주민센터나 법원 등에 가 비자 갱신이나 귀화 신청 서류 접수 과정을 돕고, 이혼 같은 법적 분쟁에 조언을 한다. 다른 도시로 가 상담도 하고 직원 워크숍에도 참석하면서 베트남 결혼 이주 여성 공동체를 유지하는 구심점으로 자리 잡은 사람도 많다. 처음에는 결혼 이주라는 운명을 순순히 받아들이고 살다가 이제는 다른 결혼 이주 여성들에게 도움을 주고 한국이 이주민에게 좀더 친절한 사회로 바뀌는 데 기여한다는 보람을 느낀다.

눈에 띄는 또 다른 집단은 결혼 생활이 이별이나 사별로 끝나서 베트남으로 돌아온 귀환 여성이다. 반대 방향으로 경계 짓기가 시작된 셈이다. 이런 이들이 재정착할 수 있게 돕는 인프라도 생겼다. 껀터 한베돌봄센터KOCUN가 그런 곳이다. 돌아온 베트남 여성들을 대상으로 취업 훈련,

한베 부부가 미치는 영향

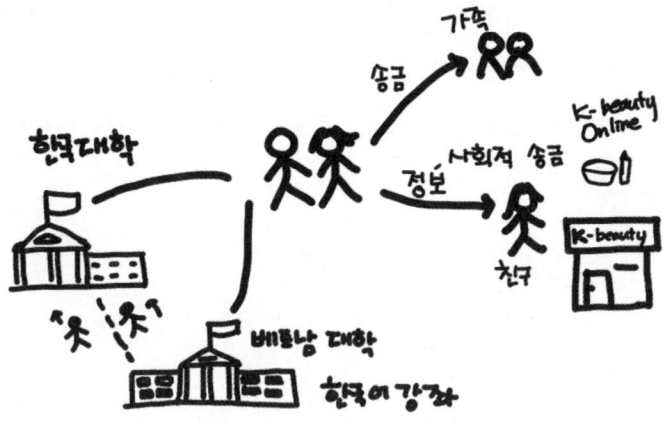

한국어 교육, 법률 상담, 자녀 베트남어 교육을 진행한다. 특히 아이들 국적이 한국이라 이런저런 피해를 볼 수 있기 때문에 법적 사안을 해결하는 일이 중요하다. 베트남에서 한국어를 잘하면 취업하기가 상대적으로 쉽지만 다시 한국으로 가고 싶어하는 사람도 많아 한국어 교육도 해야 한다. 그렇지만 한베돌봄센터 근처에 사는 귀환 여성들이 별로 없어서 서비스를 이용하기가 쉽지 않아 문제다. 인프라의 인프라가 필요하다는 이야기다.

    이동 통치를 구성하는 주요 행위자들이 인프라를 지어 이동과 이주를 가능하게 하면 다음 이주민은 두 나라를 잇고 지역 발전을 일구는 인프라가 된다. 20세기 초 먼 곳에서 생면부지 한인 남성을 만나 결혼한 사진 신부들도 고달픈 결혼과 노동의 희생자만으로 남아 있지는 않았다. 그곳에서 한인 사회를 일구는 데 큰 구실을 하고 단체를 조직해 조선인을 돕는 봉사 활동도 했다. 한국에 송금을 하거나 투자를 하고 민간 외교관 구실까지 한 재외 한인들은 이제 대통령 선거 투표권도 행사하면서 모국 영토를 전세계로 확장하는 데 기여하고 있다. 베트남 출신 결혼 이주 여성은 짧은 거리, 발전된 기술, 성장한 베트남 경제를 바탕으로 본국에서는 사업과 투자를 하고 한국에서는 경제 활동과 사회 활동을 하면서 존재감을 넓혀 간다.

7장

탈북 생태계
경계지의 경계 긋기와 인프라 짓기

젠더 탈북 — 경계와 이동의 생태계

권력과 정치가 공간에 얽히는 현실은 한반도에 사는 사람들에게 상식이나 마찬가지다. 70년 넘게 이어진 전쟁과 분단 때문이다. 고전 지정학 classical geopolitics은 독일 나치에 복무한 학문이라는 비판을 받아 서구에서 금기시된 반면 한국에서 '지정학적'이라는 표현은 늘 인기가 좋았다. 전쟁이 끝나지 않고 평화가 안착하지 못한 한국에 사는 사람들은 독특한 지식적 정서나 정서적 지식을 공유했고, 반공 포스터 그리기, 반공 웅변, 반공 글짓기, 국군 장병 위문편지 등 국가 안보를 내세운 훈육에 길들여졌다. 북한군이 쳐들어오는 악몽과 웬만한 뉴스에도 심드렁한 강심장은 덤이었다.

북쪽을 향한 흐름과 이동이 정치적 문제가 되는 한국 사람들에게 이동에 관련된 감수성과 상상력은 특징적이다. 다른 나라 사람들은 남북 사이에 이메일, 전화, 인터넷 검색, 방문, 여행, 출장을 하지 못한다는 말을 들으면 놀라서 다시 확인한다. 통일 전 동독과 서독도 왕래가 꽤나 허용

탈북 경로

된 전례가 있으니 말이다. 한국은 사실상 섬 같다고들 하지만, 섬이면 바다를 건너면 되는데 북한은 그럴 수도 없으니 상상마저 제한된 공간이다.

이런 제한은 이동 감수성뿐 아니라 난민과 이주민을 정의하는 데에도 큰 영향을 미친다. 탈북민은 전형적인 정치 난민에 가깝다. 정치적으로 적대 관계이면서 지리적으로 가까운 한국으로 넘어온 점, 다시 북한으로 가게 되면 위험하다는 점, 한국에서 복지 혜택을 받는다는 점에서 그렇다. 유엔도 탈북민을 일단 난민으로 규정한다. 그렇지만 헌법상 한반도 전체가 대한민국 영토이고, 북한은 정식 국가가 아니라 반국가 단체이며, 탈북민은 잠재적인 대한민국 국민이기 때문에 난민으로 규정할 수 없다. 한국은 난민 수용률이 3퍼센트도 안 된다며 부끄러워하는 사람이 많은데, 탈북민을 난민으로 계산하면 이 비율은 70퍼센트가 넘는다. 탈북민은 북한이 극심한 경제 위기를 겪은 고난의 행군 시절인 1996년부터 1999년

탈북 경계지

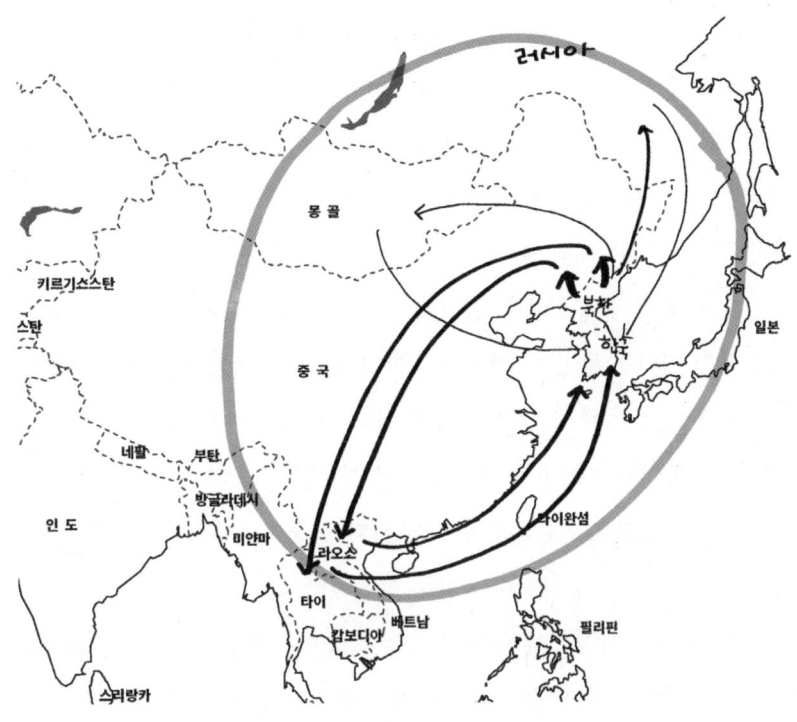

까지 확 늘다가 코로나19 때는 거의 못 들어왔다.

탈북을 할 수 있게 하는 탈북 생태계는 어떻게 만들어졌을까? 특별한 경로나 장치가 없으면 탈북은 상상하기 어려운 모험이다. 어떤 경계를 넘고 무슨 장치에 기대어 북한을 이탈하는 걸까? 북한 이탈 주민, 그러니까 '목숨' 걸고 '자유' 찾아온 탈북민 이야기는 텔레비전 프로그램 〈이제 만나러 갑니다〉 등을 통해 많이 알려졌다. 그렇지만 현장 조사에서 만난 탈북 여성, 특히 50대와 60대 중장년 여성들이 하는 이야기는 달랐다. '돈 벌러 중국에 와 돌아가지 못하고 숨어 지내다가 한국에 와 보니 자유가 있었다'에 가까웠다. 일단 탈북민들은 대부분 북중 국경 지역 출신이다. 평안북도, 양강도, 함경북도에 살던 사람들이니 한국보다 중국에 가까운 셈이다. 중국이 중요한 탈북 경로이기 때문이다.

이제껏 3만 명 넘는 탈북자 중 여성이 70퍼센트가 넘었다. 요즘에는 90퍼센트를 웃돈다. 탈북민은 왜 대부분 여성일까? 중장년 탈북 여성은 전형성을 띤다. 20대와 30대 초반이던 1990년대 중후반에 고난의 행군을 겪고 비공식 경제 활동인 장마당을 경험했다. 브로커가 낸 소문, 중국에서 잠깐 일하면 돈 많이 번다는 이야기를 믿고 편법을 써 중국에 가 브로커가 맺어 주는 중국 농촌 남성을 만나 결혼해 살다가 한국 기업에서 일했다. 한국인이 소개하는 브로커가 짠 경로를 따라 라오스나 태국에 넘어가 불법 체류자로 머물다가 한국에 왔다. 한국에 정착해 직장 생활에서 어려움을 겪다가 창업하거나 단체를 설립했다.

인프라 짓기 과정에서 탈북 여성 앞에 놓이는 위험과 기회도 따로 있었다. 탈북민의 이동과 정착에 관여하는 공식 또는 비공식 네트워크, 그리고 인간과 비인간 네트워크가 중요하며, 이 네트워크를 거쳐 이동과 정착의 생태계가 작동하는 과정을 살펴보는 일은 의미가 있다. 탈북민 여성의 삶의 경로에는 이동과 정착을 가능하게 할 인프라를 짓는 힘이 있었다. 특히 젠더에 관련된, 여성이 더 많이 이동할 수 있게 한 인프라였다. 공식적 제도와 기관도 있고, 비공식 네트워크도 있었다.

경계지 — 정치 난민이 섞이고 흐르는 공간

지도에서는 경계가 선으로 표시될 뿐이지만 구체적으로 보면 경기도 파주처럼 사람들이 살아가는 지역이며 독특한 생태계가 형성되는 공간이다. 경계 지역border area은 '혼합 공간'이나 '흐름의 공간'이라고 하는데, 이

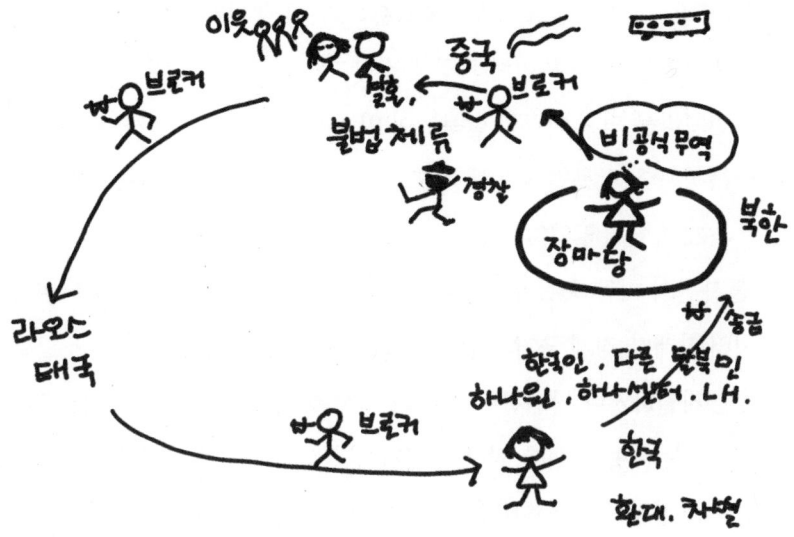

동 경로까지 포함해 폭넓게 '경계지borderland'로 부르기도 한다. 탈북민이 거치는 이동과 정착의 경계지는 북한, 중국, 라오스, 태국, 몽골, 한국을 포괄한다. 경계지에서 끊임없이 이어지는 '경계 긋기'와 '인프라 짓기'는 탈북민의 이동 생태계를 이해하는 데 중요한 요소다.

경계 긋기와 인프라 짓기는 충돌하는 개념이지만 현실에서는 공존하며 형성된다. 여기에 바로 경계지에 내재된 역설이 있다. 경계가 되면서 인프라도 되는 사례도 많다. 강과 산은 자연적 경계일 때가 많지만 강과 산을 건널 수 있다면 인프라로 기능하기도 한다. 한국 국가는 남과 북 사이에 그어진 경계를 통제하는 가장 중요한 행위자이지만 탈북민을 맞아주고 교육하고 정착을 돕는 측면에서 인프라이기도 하다.

경계지에서는 경계 긋기와 인프라 짓기에 연관된 모든 행위자가 '경계지 레짐'을 형성한다. 경계지 레짐은 경계지의 역동성을 만드는 공식 네트워크와 비공식 네트워크를 통칭한다. 여러 행위자가 연결돼 서로 영향을 주고받는 체제다. 이런 과정에서 국가와 브로커가 중요한 구심점이 되고 인프라를 거쳐 이주한 탈북민이 인프라의 일부로 기능하는 순환 관계가 형성된다. 탈북민 공동체 지도자와 브로커 사이의 관계도 명확하지 않은 경계 속에서 끊임없이 진화한다.

탈북민의 이동과 정착에 관여하는 공식적이거나 비공식적 네트워크는 여러 갈래다. 경계 긋기와 인프라 짓기 과정에서 다양한 행위자가 탈북 여성을 지원하거나 착취하는가 하면 기회를 제공하면서도 경계를 새롭게 형성하는 기능을 했다. 탈북 경계지에서 경계 긋기에 관여하는 행위자는 남북한 정부, 중국 공안(경찰), 국가정보원, 한국 선주민, 한국토지주택공사 등이다. 반면 인프라 짓기에 관여하는 행위자는 장마당 브로커, 중국 남편, 한국 기업인, 라오스와 태국에 있는 불법 체류자 보호소, 남한 정부(남북하나재단을 포함한 관련 기관) 등이다. 이 네트워크는 탈북민의 이동과 정착을 돕거나 제한하면서 탈북 경로를 구성하고 촉진하거나 방해한다. 경계 긋기와 인프라 짓기를 하는 주체를 알아보려고 남북하나재단, 브로커, 통일부, 미국 비정부 기구, 하나센터, 탈북민 대안 학교 관계자, 사업 컨설턴트를 만났다. 식당, 제조업체, 쇼핑몰, 꽃집, 커피숍, 미용실, 편의점, 결혼 정보 회사 등을 운영하는 탈북 여성 기업인도 여럿 만났다.

"남자는 팔어먹을 수 없어" — 탈북 경로를 빚는 인프라 레짐

장마당은 탈북 인프라의 시작점이다. 탈북 여성들은 장마당을 거쳐 중국으로 이끌렸다. 소련 붕괴 뒤 북한이 고난의 행군이라는 경제 위기를 겪으면서 비공식 시장인 장마당이 활발해졌다. 배급이 남성 기준이기 때문에 남성들은 일 없는 직장에 가야 했다. 상대적으로 자유로운 여성들이 합법화되기 전 쉬쉬하며 장마당에서 이것저것 팔았다. 심층 면담에서 만난 탈북 여성들은 이 시기를 꼭 고통스러운 시간으로 떠올리지는 않았다. 두부나 술 등을 팔면서 장사에 눈뜬데다가 모르고 살던 돈 버는 재주를 알게 된 시간이기 때문이었다. 배고픈 시절 고생담이겠지 지레짐작하다가 뜻밖에 여성 사업가 자질을 처음 발견한 이야기를 들었다.

장마당에서 파는 물건은 중국에서 비공식 무역 방식으로 가져왔는데, 그런 과정에서 많은 여성이 중국으로 넘어갔다. 북한 경제가 너무 어려워 국경 통제도 약해진 시기였다. 비공식 경제 활동 때문에 비공식 이동을 감행해야 했다. 게다가 중국에서 일주일만 일하면 만 원은 번다는 소문이 많이 퍼졌다. 브로커가 퍼트린 이야기였다.

탈북민을 둘러싼 커다란 오해가 하나 있다. 남한에 가고 싶어 북한을 떠난 사람이라는 선입견이다. 젊은 세대 탈북민 중에는 한국 드라마를 보고 남쪽을 동경하게 된 사례도 있었다. 그렇지만 중장년 탈북민은 한국을 너무 몰랐다. 한 탈북 여성은 중국에서 몇 년 동안 한국 드라마를 보면서도 화면 속 나라가 대한민국인 줄도 몰랐다. 몰래 중국에 넘어가 잠깐 돈을 벌거나 물건을 가지고 다시 북한에 가려던 이 여성들은 브로커가 연결해 준 나이 든 중국 남성(조선족이거나 한족)하고 선을 봤다. 1990년대 한국 농촌 총각들하고 비슷했다. '인신매매 결혼'은 북한에 돌아가면 중국에 다녀온 사실을 들키게 되는 상황을 만들어 놓아 강제성도 띠었고, 몇 남자를 만나서 퇴짜도 놓는 식으로 선보는 모습이기도 했다. 친척이 브로커일 때는 북한보다 중국에 살면 더 낫지 않느냐는 진지한 설득도 끼어 들었다. 일주일 몰래 여행은 여성들을 새로운 인생으로 이끌었다. 인신매매라는 사실을 알면서도 중국에서 새로운 기회를 엿보자는 마음으로 가기도 했다.

　밖에서 볼 때 반인륜적이고 반여성적인 인신매매 결혼은 탈북 여성들이 중국에서 신분을 확보하는 현실적으로 유일한 수단이었다. 그리고 북한 사람들이 겪는 비참한 삶을 보여 주는 장면이기보다는 중국 농촌 총각 결혼 문제를 해결하려는 브로커들이 탈북 여성을 끌어들인 결과였다. 결혼하지 못한 농촌 총각이 3000만 명을 넘어서자 중국 정부는 서른 살 넘은 농촌 총각에게 여성을 소개해 결혼을 성공시킨 중매자한테 돈을 주겠다고 했다. 브로커 처지에서는 탈북민 중 여성이 절대다수인 이유를 한마디로 정리할 수 있었다. "남자들은 팔아먹을 수가 없지 않냐." 북한에서 중국으로 데려가기, 결혼 시키기, 라오스나 태국으로 데려가기, 한국으로 데려오기까지 각 단계에서 브로커가 사슬처럼 엮여 협업한다. 베트남 결혼 이주 여성이나 국제 결혼 부부가 브로커가 되듯 브로커가 되는 탈북민도 많다. 주변에서 가족을 데려오게 도와 달라는 부탁을 들어주다 보니 자기가 브로커가 되는 셈이다.

　마을 사람들도 중국 생활에 적응하도록 돕는 인프라 구실을 하는데, 도망가는 사례가 하도 많아서 감시도 하고 이 여자는 북한 사람이라며 알려 주는 경계 긋기이기도 하다. 이런 탈북 여성들은 한국 기업에 많이 취직했는데, 한국식 사업 노하우를 가르쳐 주고 한국으로 가는 브로커도 소개해 준 한국 기업도 경계지 레짐에 속하는 인프라였다. 중국이 고속 성장을 하면서 경제 활동이 가장 활발하던 시기라 이때를 인생 황금기라고 말하는 탈북 여성이 여럿이었다. 특히 중국어는 나중에 한국에서 사업할 때 매우 유리한 자산이 됐다.

　국경을 통제하며 경계 긋기를 실행한 행위자는 중국 공안이었다. 죽은 이의 가짜 신분증을 가지고 사는 탈북 여성을 가장 괴롭힌 사람이었다. 이 탈북 여성은 머리맡에 신발을 두고 잘 정도로 늘 불안했다. 한국으로 데려가는 브로커도 그렇게 설득했다. 한국 가면 신분도 주고 돈도 준다고. 한국에 와서도 첫 3년은 중국 공안에 쫓기는 꿈을 꿀 정도였다. 지금도 약 없으면 잠을 잘 못 잔다. 그만큼 불법 체류자 삶이 힘들었다.

순환 ― 탈북 뒤 일상에 그어지는 경계와 연결

태국과 라오스는 인프라를 짓는 구실을 한다. 탈북민을 불법 체류자로 분류해 북송을 강제하는 대신에 추방 형식을 취해 희망국으로 보낸다. 이런 경로도 브로커가 짜 놓은 인프라이지만, 여기에는 공식 기관을 상대로 협상하고 조정하는 과정도 들어간다.

한국에 도착하면 조사를 받고 1999년에 만든 하나원에서 3개월 동안 사회 적응 교육을 받는다. 공식 인프라인 셈이다. 하나원 기수가 중요해서 탈북민들은 처음 만나면 몇 기냐고 묻는다. 여성 성인반 교육 때 취업할 수 있게 직종 체험 교육도 받는데, 일단 인프라로 기능하지만 대부분 저임금 서비스직에 몰려 있어 사실상 경계 긋기로 이끄는 효과도 낸다. 서비스업에서는 억양과 태도가 중요해서 탈북민이 쉽게 구별되거나 차별받기 때문이다.

한국토지주택공사, 곧 엘에치는 공공 임대 주택에 거주하도록 지원하면서 탈북민이 한국 사회에 정착할 수 있게 돕는 인프라 짓기를 하는 동시에 탈북민을 공공 임대 주택에 장기적으로 머물게 해 새로운 경계를 만든다. 탈북민이 많이 사는 공공 임대 주택에 가면 주변에 탈북민이 운영하는 초국적 식품점이 눈에 띄는데, 이런 곳은 북한 음식이나 중국 음식을 그리워하는 탈북민들에게 떠나온 곳을 잊지 않고 연결을 지속시키는 인프라 짓기 구실을 한다.

탈북민의 경계 긋기

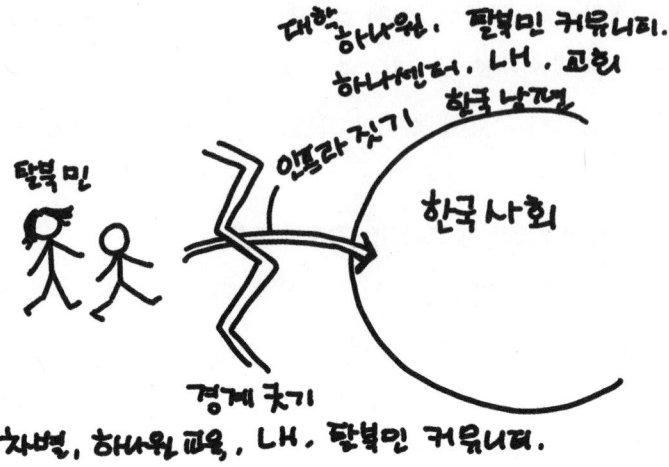

 탈북민들은 한국 정부가 제공하는 공식적 지원 말고도 교회나 비정부 기구 같은 비공식 네트워크를 거쳐 정착 과정에 필요한 자원을 얻는다. 교회에 다니면서 새로운 사회 연결망을 형성해 경제적 기회를 찾는 탈북 여성도 많다. 정부 지원 신청서를 작성할 때 도와주는 사업 컨설턴트나 정치인도 경계지 레짐에 들어간다. 소상공인과 중소기업을 지원하는 제도가 꽤 많지만 지원 신청서를 쓸 줄 모르면 접근할 수 없기 때문이다. 또한 탈북 여성들끼리 서로 지원하면서 형성하는 사적 네트워크는 경제적으로 자립하는 데 중요한 구실을 하는 동시에 자기들끼리 모여 지낼 수 있도록 경계를 유지시키기도 한다.
 탈북 여성이 보내는 일상에서 가장 강력한 경계는 차별이다. 북한에서 온 사람이라는 사실을 알고 반말을 하는 손님도 있고 왕따를 겪기도 한다. 중국에서 인신매매 때문에 겪은 고통보다도 한국에서 당하는 차별

이 더 힘들다는 탈북민이 많다. 이런 차별은 창업을 하는 계기가 되기도 한다. 탈북 여성들은 수동적인 단순 수혜자가 아니라 탈북민을 고용하고 봉사 활동도 하면서 한국 사회에 기여하려는 의지를 드러낸다.

    이제 탈북 여성들이 인프라를 구축하는 주체가 된다. 북한으로 보내는 송금은 북한과 한국 사이를 잇는 인프라를 구축하는 데 기여한다. 탈북 여성들은 북한 사회하고 연결을 유지하면서 새로운 기회를 만든다. 새로운 삶을 기대하며 국경을 넘은 사람들이 경제적이고 사회적으로 이어진 연결을 발판으로 다시 경계지 레짐을 구성하는 중요 성원으로 자리 잡는다. 남북이 개방되면 고향에서 사업을 할 계획도 세운다. 남한에서 성공하고 정착하려 노력하면서 자기를 둘러싼 환경을 능동적으로 이용하며, 그런 과정에서 새로운 경계와 이동성을 만든다. 이렇게 인프라 짓기는 순환한다.

8장

섬
별도 공간의 공간 전략

섬과 장소성 — 분리와 연결로 정의되는 지역성

지역성은 지역의 총체적 정체성을 의미한다. 한 사람의 정체성을 하나로 규정하기 어렵듯, 지역성도 지정학적 위치, 경제적 특성, 문화적 특성, 정치적 경관이 복합적으로 어우러져 나타난다. 지역성은 외부 상호 작용, 지역민이 하는 활동, 자본 상황, 문화적 분위기 속에서 끊임없이 변화한다. 그러므로 한 지역을 파악하고 정체성을 이야기할 때는 신중해야 한다. 특정 요소를 강조하다 보면 다른 요소가 배제될 수 있기 때문이다. 그런데도 특정 지역과 다른 지역을 구별하는 요소인 지역성을 탐구하려는 노력은 계속돼 왔다.

지역성을 이해하고 설명할 토대가 되면서 장소 정체성도 나타내는 개념이 '장소성placeness'이다. 장소성은 다양한 스케일의 장소에 적용될 수 있다. 일상적 공간 실천이 축적되는 집단 경험을 거쳐 정체성이 형성되는데, 이 정체성은 다른 장소성들하고 비교와 경쟁을 거쳐 재구성되고 조정된다. '장소감sense of place'은 한 장소에 연관된 이미지와 감정을 나타내는

섬과 육지(본토)의 관계

개념이다. 힘들 때마다 찾는 장소가 있다면, 그곳에 관련된 특별한 느낌과 생각, 곧 장소감이 나를 그 장소로 이끌기 때문이다. 장소와 인간 사이에도 부모 자식 사이에 형성되는 애착처럼 '장소 애착'이 생길 수 있다.

요즘 영토성 연구, 접경 연구, 비판 지정학에서 섬은 핫한 주제다. 섬이란 어떤 공간인가? 물리적으로 '물로 둘러싸인 작은 땅'으로 정의되지만 섬을 상징하고 정의하는 과정에서 문화, 정치, 인간, 지리, 철학 등 다양한 분야가 연관된다. 보통 그린란드보다 작은 육지를 섬으로 분류하는데, 이 '작다'는 정의도 논쟁 대상이다. 지정학적 중요성 때문에 갈등이 벌어지는 섬도 있고 여러 국가가 공유하는 섬도 있다. 전세계 육지 면적의 5퍼센트에 지나지 않지만 생물 다양성을 간직한 보고여서 희귀종을 포함해 조류, 파충류, 식물의 20퍼센트가 서식하는 공간이기도 하다.

섬 하면 외따로 구분된 공간이라는 이미지가 가장 먼저 떠오른다. 타인하고 교류하지 않은 채 외롭게 지내는 사람을 '섬 같다'고 하고, 지진이 일어나 교통망이 차단된 도시를 '섬처럼 된 곳'이라고 말하며, 북한 때문에 대륙으로 통하는 길이 막힌 한국은 '섬이나 다름없다'고 한다. 그렇지만 이런 분리는 절대적이 아니라 상대적이고 관계적이다. 육지가 있고 본토가 있어서 섬은 존재한다.

섬은 '섬-본토'나 '물-육지'라는 이분법 아래에서 종종 정의된다. 본토에서 분리된 섬은 정치, 경제, 행정, 인프라 면에서 본토에 연결돼 있기 때문에 이 분리에 담긴 의미가 더욱 중요하다. 완전히 고립된 공간이 아니라 국가 형성 과정에 변방에서 영토를 정의하는 데 중요한 구실을 한다. 이런 특성 때문에 섬은 분리와 연결을 동시에 지닌 공간으로서 폭압적 통제의 대상이 되기도 하고, 보상과 시험의 장이기도 하고, 본토에서 인정받기를 바라면서 거리를 두고 싶어한다. 정치적 간극이나 '사이 공간'으로 정의되기도 하며, 예외 공간이자 별도 공간으로 표현되는 지역성 개념을 내포하기도 한다.

제주도 — 분리와 연결이 교차하는 별도 공간

한국은 '섬 나라'다. 섬이 3348개나 있다. 그중 대표적인 섬인 제주도를 잘 표현하는 개념이 '별도 공간^{annexational space}'이다. 건물에 별관이 있고 잡지에 별책 부록이 있듯 별도 공간은 분리와 연결이 얽힌 공간으로 정의된다. 별도 공간은 행정적으로 본토에 속하지만 물리적으로 분리된 공간으로, 독립적인 역사와 문화를 지닌 곳을 뜻한다. 본토에 편입돼 있지만 여전히 독립적으로 존재하며 특정한 기능을 수행한다. 본토에서 떨어져 바다로 분리된 지리적 조건 때문에 본토하고 맺는 관계가 중요한 공간이다.

섬이 비판 지정학에서 중요한 주제인 이유는 접경 지역이자 교차점이기 때문이다. 황해, 동해, 동중국해가 만나는 지점에 위치한 제주는 한국, 중국, 일본을 잇는 교통 요지이자 정치적, 경제적, 군사적으로 중요한 지역이다. 오키나와처럼 제주는 육지 접경 지역하고 다른 중요한 지정학적 위치를 지닌다. 두 공간은 본토에서 분리돼 있다가 병합된 역사도 공통적이다. 통일 신라 때까지 탐라국이던 제주는 고려가 삼국을 통일하자 속국이 됐으며, 15세기 초반 조선 태종 때 실질적으로 행정 구역에 포함됐다. 1402년 조선에 완전히 편입되지만 교통 시설이 부족해 지리적으로 고립되고 육지 이주가 금지된 탓에 자급자족 경제 구조를 형성하면서 독특한 문화가 발달했다. 특히 주요 유배지로 활용됐다. 반면 류큐 왕국으로 있다가 1879년 일본에 병합된 오키나와는 본토에 동화된 정도가 제주보다는 약하다.

 1948년 4월 3일 일어난 4·3 항쟁은 제주 역사에 깊은 상처를 남긴 비극적 사건이다. 부모와 형제를 대신해 목숨을 빼앗는 '대살代殺' 같은 극단적 폭력이 자행됐고, 재판 없이 집단 사살과 방화가 횡행했다. 공산주의자로 몰린 2만여 명이 강경 진압에 떠밀려 마을을 통째로 버리고 산으로 피신해 무장대가 되기도 했다. 공식 확정된 희생자가 1만 4000명에 이르는데, 실제로는 3만 명까지 추정될 정도로 피해가 컸다. 제주도 전 지역이 이 비극에서 자유롭지 못했다. 군사 정권이 '빨갱이 섬'이라는 이미지를 심는 바람에 주민들은 알아서 쉬쉬하며 진실을 숨겨야 했다. 이 엄청난 사건은 육지에서 떨어진 지리적 특성 때문에 마치 없던 일처럼 여겨졌다. 2016년에야 비로소 진상 규명을 위한 특별법이 제정됐다.

 제주도는 지리적 위치 때문에 예전부터 주변 국가들이 줄곧 전략 요충지로 활용하려 했다. 일제 강점기 후반에 일본은 중일 전쟁과 태평양 전쟁을 벌이며 제주도를 군사 기지로 삼았고, 태평양 전쟁 막바지에 접어들자 미군에 맞서 본토를 지키는 최후 방어선으로 활용하는 작전을 구상하기도 했다. 지금도 곳곳에 땅굴 형태 군사 기지가 남아 있는 제주도에

제주, 지정학적 별도 공간

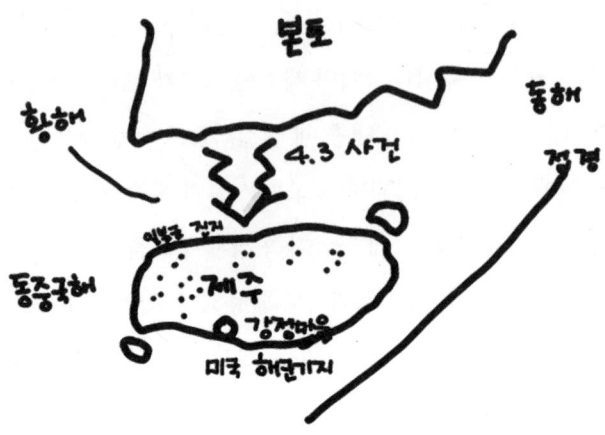

군사 기지를 또 건설하려는 시도가 이어졌다. 1993년 강정마을에 해군 기지를 세운다는 계획이 알려지면서 심각한 갈등이 빚어졌다. 해군 기지 건설을 반대한 주요 이유는 환경 파괴다. 서귀포 일대에 자라는 천연 기념물 연산호가 파괴될 가능성이 제기되면서 커다란 논란이 됐다. 정부는 단순 군사 기지를 넘어 크루즈 관광선이 드나드는 항구로 활용한다며 달래지만 갈등은 수그러들지 않았다. 결국 해군 기지가 건설됐지만, 환경 단체와 지역 주민들은 계속 저항하고 있다.

제주도와 오키나와에서 인상 깊은 모습은 천막이다. 해군 기지 앞에 설치된 천막에 가면 간이 의자에 앉은 사람들이 조용한 분위기 속에서 미사를 드리는 모습이 보인다. 천막 곳곳에 해군 기지를 반대하는 목소리를 담은 글과 그림이 걸려 있다. 강정마을 천막은 오키나와 헤노코 기지 주변에서 본 모습하고 매우 닮아 있다. 오키나와에서도 20년간 미군 기지 반대 투쟁이 이어지고 있다. 두 곳에서 본 천막은 모습과 분위기가 비슷해 착각을 일으킬 정도였다.

　제주도 역사를 관통하는 다양한 폭력 경험에 맞서서 자기 자신과 가족을 보호하는 기제가 '궨당 문화'다. 제주도에 가면 제주 사람들이 친절하기는 해도 육지 사람들에게는 결코 마음을 열지 않는다는 말을 흔히 들을 수 있다. 다들 궨당 문화 때문이라고 한다. '궨당'은 제주어로 친척이라는 뜻인데, 믿을 만한 친구 같은 개념이다. 이웃을 삼촌이라 부르는 가족주의적 문화가 외부인하고 거리를 두는 방식으로 나타난다. 궨당 문화는 일상생활을 넘어 정치에도 연관된다. '이 당 저 당보다 궨당이 최고'라는 말이 있을 정도로 소속 정당보다 제주 출신 여부가 선거에 더 큰 영향을 미친다.

국제자유도시 — 별도 공간 개발을 둘러싼 갈등의 역사

오키나와 제주를 잇는 또 다른 공통점은 보상의 정치다. 일본 정부가 보상하는 의미로 개발을 지원한 결과 오키나와는 만족스런 효과를 얻었다. 1960년대부터 개발이 시작되면서 제주도는 한국을 대표하는 관광지로 자리 잡았다. 박정희 정권 때부터 시작된 국제자유도시 개발 계획은 제주를 국제적 관광지로 만들려는 전략의 하나였다. 이런 과정을 거쳐 제주도는 자본과 사람이 자유롭게 이동할 수 있는 특별한 공간으로 자리매김했다.

　1990년대에 제주도는 주요 신혼여행 장소로 떠오르면서 관광객 수가 확 늘었다. 5월이면 제주로 향하는 비행기는 신부 화장과 올림머리에 부케를 든 신부와 양복 차림 신랑으로 가득 찼다. 한라산을 중심으로 한 제주도의 자연 경관은 세계적으로 인정받아 2002년 '생물권보전지역'으로 지정됐고, 2007년에는 '세계자연유산'에 등재됐다. 2010년에는 '세계지질

공원'으로 인정받으면서 '유네스코 3관왕'을 달성했다. 본관은 이런 별관을 어떻게 활용하고 싶었을까?

　제주도가 군사 기지만 떠안지는 않았다. 중앙 정부는 지난 수십 년 동안 제주도에서 새로운 정책을 실험했다. 제주는 지역 개발 정책을 가늠하는 테스트 베드 구실을 했고, 국가는 그런 과정이 비교적 안전하다고 여긴 듯했다. 1997년 동아시아 금융 위기 이후 제주도가 동북아시아 경제의 중심지로 떠오르자 중앙 정부는 국제자유도시라는 명칭 아래 국제화와 지역 개발을 결합한 정책을 내세워 이 별도 공간을 특별한 공간이자 예외적 공간으로 개발하려 했다.

　2002년 '제주특별자치도 설치 및 국제자유도시 조성을 위한 특별법'(제주 특별법)이 제정됐다. 제주도는 투자 이민과 비자 면제 프로그램 등 특정 정책을 시험하는 공간으로 활용되면서 안보, 노동, 교육, 외교 등 다양한 분야에서 자율성을 보장받았다. 제주과학공원, 글로벌 교육 도시, 신화와 역사 테마파크, 제주항공우주박물관, 헬스케어타운, 제주 통합 공공임대주택, 제주국제자유도시개발센터[JDC] 면세점 설치 등이 주요 사업이었다.

　마치 한국 안에 있는 외국처럼 외국인 유학생도 유치했다. 제주국제자유도시의 주요 프로젝트 중 하나인 제주영어교육도시는 영어로 교육받는 계획 도시인데, 중앙 정부는 해마다 외국으로 새 나가는 유학 비용 2700억 원을 아낄 수 있다는 명분을 내세웠다. 이른바 '강남 3구'에서 이사 온 학생만 2700여 명에 이르러 전용 타운 하우스도 들어섰다. 연간 5000만 원 넘는 수업료와 기숙사비를 내는 학생들은 주로 미국 아이비리그 대학이나 한국 일류 대학을 목표로 삼았다.

　별도 공간으로서 제주도는 규제를 풀어 외국 자본을 끌어들이려 했다. 제주 특별법에 근거해 마련된 제주투자진흥지구에 500만 달러 이상을 투자하는 국내외 자본에는 세금을 감면했다. 2010년에는 부동산 투자 이민 프로그램을 시행해 일정 규모가 넘는 부동산을 산 외국인에게 외국인 거주(F-2) 비자를 제공하고 5년 넘게 체류하면 영주(F-5) 비자를 부여했다. 영주권을 받은 외국인은 참정권이 없고 공직에 진출하지도 못하지만 내국인하고 똑같은 권한을 누릴 수 있다. 초기에는 투자에 제한이 없었다. 난개발 때문에 부동산 가격이 급등하고 환경 피해가 생길 수 있다는 문제가 제기되자 2015년 제주도 정부는 투자에 관련된 세 가지 원칙, 곧 환경 보호, 투자 부문 간 균형, 미래 가치 향상을 발표해 제한 조건을 추가했다. 부동산 투자 이민 프로그램은 그 뒤 평창 알펜시아, 여수 관광단지, 인천 영종지구 등으로 확대됐다.

화려한 국제자유도시 정책은 중앙 정부가 일방적으로 주도한 사안이 아니었다. 오히려 제주도 안에서 들끓는 장소 이해관계와 개발 욕망이 중앙 정부 정책에 영향을 미쳤다. 어느 활동가는 1970년대 이후 제주도는 섬이라는 위치를 스스로 잘 활용하고 있다고 평가했다. 제주도 엘리트들은 중앙 정부가 제시한 개발 계획을 비판적으로 수용하기보다는 순순히 따르는 경향을 보였으며, 그래서 제주도에 있는 공공 자원이 중앙 권력이나 대규모 자본에 수탈됐다.

민간 투자자가 설립하는 영리 병원을 세우자는 논의는 2002년에 시작됐다. 현행 의료법에 따라 국내 병원은 비영리 형태여야 하지만 제주 특별법에 따르면 외국 기업도 제주도에 병원을 설립할 수 있었다. 2015년 박근혜 정부는 녹지그룹Greenland Holdings Corporation이 제출한 '녹지국제병원' 사업을 승인했다. 영리 병원 도입은 공공 보건과 수익성 사이에서 커다란 논쟁을 불러일으켰다. 의료계와 시민단체는 영리 병원이 의료보험 체계

보상과 개발 테스트장인 별도 공간

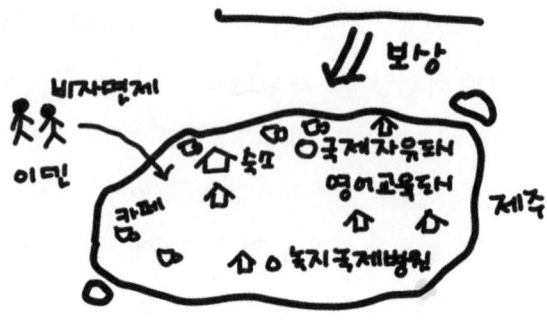

와 공공 보건에 부정적 영향을 미칠 수밖에 없다며 반대하지만 찬성하는 쪽은 일자리를 늘리고 의료 관광을 활성화할 수 있다고 주장했다.

녹지국제병원은 2017년 7월에 완공하지만 시민단체와 지역 주민이 계속 반발하는 바람에 공개 토론회가 열렸다. 여론 조사 결과 주민 대다수가 영리 병원 도입에 반대했는데, 2018년 12월에 외래 진료에 제한해서 개설이 승인됐다. 그러나 여론에 밀린 제주도지사는 영리 병원 개설 허가를 취소했고, 병원은 결국 운영되지 못했다. 제주에서 중단된 영리 병원은 현재 강원도에서 새로운 특별법을 만들어 설립하려고 추진 중이다.

개발과 성장 중심의 국가 근대화 계획은 한동안 제주도를 배제했지만, 특정한 시기가 되자 제주도는 본토에서 떨어진 별도 공간으로서 국제화와 개방화를 이끄는 첨병이 됐다. 개발 기회를 마주한 시민사회가 보인 반응은 복합적이었다. 중국 자본을 비롯한 외국인 투자가 필요하다는 현실은 인정하면서도 제주도가 중국 경제에 종속될 수 있다는 염려도 제기됐다. 본토에서 들어온 사람들이 독특한 카페와 숙소를 지으면서 땅값이 오르는 현실을 반기면서도 짐짓 경계하는 시각이 공존했다.

문화 이주와 대안적 삶 — 별도 공간이 선택한 생존 전략

별도 공간으로서 제주도가 지닌 특성은 독특한 장소감과 장소 애착으로 이어졌다. 21세기에 들어서자 본토에서 실현하기 어려운 대안적 삶과 문화 예술 활동을 누리려고 이주한 예술가들이 제주도 이미지에 큰 영향을 끼치면서 지역 정체성을 형성했다. 육지, 특히 서울에서 경쟁하는 삶에 지친 사람들은 무엇을 하기보다는 '하지 않기'와 '비우기'를 하려고 제주를 찾기 시작했다. 연예인 이효리가 감행한 '제주살이'도 이런 이미지를 강조했다.

새로운 삶을 찾아 제주도로 이주하거나 잠깐 머무는 문화 이주 현상이 붐을 일으켰다. 2011년 뒤 이주자가 만든 예술 공간이나 정부 지원을 받은 문화 공간이 갑자기 늘기 시작해 2017년까지 50개가 넘게 생겼다. 예술인 이주를 장려하려고 '저지문화예술인마을'도 조성됐다. 이렇게 모인 사람들이 문화 예술 창작 활동뿐 아니라 식당, 카페, 게스트 하우스를 운영하면서 육지 자본하고 결합해 개성 있는 공간이 더 많이 등장했다.

제주도를 사랑하는 많은 사람처럼 나도 그 섬을 늘 그리워한다. '한달살기'가 유행하기 전, 아직 영국에 살던 2011년, 나는 한국에 들어와 일부러 제주도에서 한 달을 머물렀다. 특별히 멋진 곳을 자주 가지도 않고 주로 도서관에서 노트북을 펼친 채 시간을 보냈다. 습하고 무더운 여름을 차도 없이 대중교통에 기대어 보냈지만, 그것도 좋았다. 인테리어가 조잡한 카페에 앉아도 마음이 편안했고, 이런 카페가 육지에 있다면 어떤 느낌을 줄 수 있을까 생각했다. 다음에 제주에 가서는 책이 많은 숙소에서 일주일을 지냈다. 아이랑 나는 대화도 거의 없이 하루 종일 책을 읽었고, 저녁이 되면 바닷가 옆 손님 없는 카페에서 또 책을 읽었다. 육지에서는 누리기 힘든 삶이었다. 제주에서는 사람들이 서울처럼 늘 화가 나 있거나

문화이주와 별도 공간

급하게 움직이지 않았다. 너무 애를 쓰지도 않았다.

2018년 예멘 난민 사태는 제주가 별도 공간으로서 이용되고 대응하는 방식을 잘 보여 주는 사례다. 예멘 난민 500여 명이 무사증 제도를 이용해 제주에 입국하자 본토에서는 난민에 관련된 가짜 뉴스가 퍼졌다. 가짜 뉴스가 편견을 조장하자 난민 수용에 반대하는 여론이 들끓었다. 사실 인천국제공항으로 들어온 난민이 더 많은데도 육지 사람들은 제주도로 온 난민이 육지로 넘어올까 봐 두려워했다. 문제가 될 난민들이 제주도에 머물러 있기를 바라는 눈치였다.

제주도는 상대적으로 난민을 수용하는 방향으로 나아갔다. 제주 지역 시민단체들은 난민을 지원하는 여러 활동을 펼쳤고, 제주는 난민 인권 운동을 대표하는 중심지로 떠올랐다. 공격적 개발에 반대하는 활동가들을 중심으로 제주 시민사회는 '제주난민인권을 위한 범도민위원회'를 조직해 난민 신청자가 인도주의적 체류 허가를 받을 수 있게 도왔다. 숙소 제공, 일자리 알선, 교육, 상담 등이 이어졌다. 이런 과정에서 본토하고 굳이 연대하지 않으려 하는 한편으로 본토에서 받는 인정을 의식하는 모습은 제주가 별도 공간으로서 지니는 이중적 특성을 잘 드러낸다.

별도 공간에 사는 사람들은 그렇게 역사를 이겨내고, 외부인을 맞이하고, 거리를 두면서 자기를 보호했다. 본토에서 인정받고 싶어하는 동시에 독립적인 환대 문화를 유지하려 했고, 본토에서 자기들을 분리하려는 노력을 지속했다. 분리와 연결이 공존하는 긴장 속에서 선택한 전략은 나름대로 최선이었다. 이런 전략은 단순한 생존을 넘어 구조적 권력에 대응하는 중요한 방식의 하나였다. 이런 특성이 제주 지역성의 핵심에 자리하고 있다.

9장

풍수와 공간의 권력
믿음, 통제, 그리고 장소 만들기의 경계

풍수 — 공간의 권력을 향한 원초적 믿음

한국 지리학자들에게는 터부가 둘 있다. 고전 지정학과 풍수다. 고전 지정학을 연구한 지리학자들은 제국주의자들이 도구로 이용한 학문이라는 비판에 시달렸고, 풍수지리는 과학적 학문에 무속을 끌어들인다는 오해를 받았다. 서구 학자들처럼 지정학을 더는 입에 올리지 않게 된 정도는 아니지만 한국에서도 고전 지정학에 거리를 두게 됐고, 지리학을 풍수지리하고 똑같은 학문으로 생각할까 봐 두려워하게 됐다.

이 둘이 터부가 된 원인 중 하나는 그만큼 인기 있기 때문이었다. 공통된 인기 비결은 환경 결정론, 좀더 구체적으로 말하면 위치 결정론이다. 한 나라는 국토 위치가 지정학적 존재를 결정하고, 개인은 조상 묘와 집이 자리한 위치가 내 운을 좌우한다고 보기 때문이다. 결정론은 늘 비판받지만 한 가지로 꿰뚫어 삶과 사회를 설명한다는 점에서 매력적이다. 환경 결정론이 인기를 얻으면 근거로 든 사례가 틀리다고 지적하는 목소리가 나오지만, 그런 지적은 보통 힘을 얻지 못한다. 사람의 뇌는 원래 게을

러서 결정론이나 고정 관념처럼 쉬운 방법을 선호한다. 어떤 학문이든 주로 자기 분야에서 통용되는 틀로 사회를 설명하기 때문에 밖에서 보면 결정론처럼 느껴지기도 한다.

인간은 공간을 구성하는 땅, 공기, 물 같은 자연에서 나오는 원초적 생명력을 상상하고 두려워하고 이용했다. 환경이 인간에게 두려움을 주는 대상일 때는 이해가 우선적인 과제였고, 자연이 인간 생존을 위협하는 장벽이면 극복하려 했지만, 근대 사회에 접어들어 자연환경은 통제 대상이 됐다. 요즘 들어 떠오른 친환경적 사고에서는 그런 접근을 반성하면서 자연하고 조화하려 한다.

권력과 공간 관점에서 보면 풍수를 둘러싼 사회적 인식과 정치 현상은 무척 흥미롭다. 풍수를 믿지 않는 내가 보더라도 그렇다. 한국 사회에서 풍수란 공간의 권력과 영향력을 향한 원초적 인식이자 상상이며 권력의 공간을 향한 욕구가 나타나는 무대다. 한국 사회는 자연환경에 휘둘리던 삶을 기술 발전으로 극복한 뒤에도 물리적 위치나 환경, 공간이 지닌 무형의 기운과 상징성까지 포함해 공간의 권력을 받아들였다. 사회적 맥락에서 경관이 지닌 힘이나 상징적 의미, 감정을 말하는 장소감에 견줘 풍수는 공간의 권력과 영향을 훨씬 원초적인 방식으로 널리 받아들이며 공간에 담긴 다층적 의미를 설명한다.

풍수는 공간이 권력을 갖는다는 개념을 아주 직접적으로 드러낸다. 풍수에서 말하는 기운이란 특정 공간이 인간의 삶에 영향을 미치는 방식이다. 특히 산과 물의 배치가 마을의 번영과 안전을 좌우한다고 믿는다. 이를테면 남산은 서울 중심부에 위치해 도시를 안정시키는 존재로 여겨진다. 이런 인식은 인간이 공간의 힘을 단순히 수용하는 데 머무는 대신에 이해하고 활용하려는 시도를 하면서 자기 삶을 설계하려 한 사실을

풍수, 공간의 권력

보여 준다. 지형과 환경을 최대한 살리면서 활용한 점에서 친환경적이고 생태론적인 접근하고 통한다. 위약 효과, 곧 플라세보 효과는 인간이 지닌 나약하거나 아둔한 속성을 보여 준다고 할 수도 있지만, 심리가 신체를 변화시키기도 한다는 점에서 심리가 지닌 힘을 입증하기도 하다.

 미국에 살 때 사람들은 나에게 풍수에 따르면 어디에 탁자와 의자를 둬야 하냐고 물으면서 웃었다. 풍수는 지형, 건물 배치, 방향 등 물리적 환경과 그 환경에서 나오는 기운이 사람의 운명과 안녕에 미치는 영향을 이야기한다. 들어 보면 그다지 특이할 일도 없다. 대개 편안한 삶을 바라는 마음이나 실용적인 이유가 깔려 있다. 토양에 수분이 지나치게 많으면 식물과 사람에게 모두 나쁜 영향을 미치는 현상을 수맥으로 설명하는 식이다. 생존하는 데 유리한 환경을 찾는 실용적 접근, 역사적으로 쌓아 온 상징이나 믿음처럼 자연환경과 인간 사이를 오가는 다층적 상호 작용에 관한 인식과 상상, 실생활에 기반한 여러 욕구가 복합적으로 작용한 결과다.

문화인 듯 종교인 듯 — 땅이 가하는 통제를 받아들이는 마음

한국인이 믿는 종교가 무엇이건 사실은 무교巫敎라는 말이 있다. 무교는 무속 신앙이다. 자기가 '무교無敎'라고 말하는 사람들도 일상에서는 무교 교인이라고 보기도 한다. 그만큼 자기가 믿는 종교에 상관없이 무속에 연관된 신념과 관습이 일상 문화로 삶에 배어 있다는 말이고, 신앙이 실용적이고 융통성 있는 편이라는 뜻이기도 하다. 사람들은 특정 종교를 믿으면서도 교리에 일치하지 않는 다른 신앙 체계를 흔히 뒤섞어 사용한다.

인기가 많다고 해서 사람들이 풍수를 확실히 믿는다는 뜻은 아니다. 많은 한국인이 기독교 신자가 아니어도 크리스마스 때 가까운 사람들끼리 선물을 주고받는다. 인생이 뜻대로 풀리지 않을 때 삼재三災라거나 사주에 흙이 많다거나 조상 묘를 잘못 써서 그렇다고 하면서 웃는다. 정신건강의학과와 심리상담사에게 가는 대신 사주를 보고 이사를 결정하거나 집을 지을 때 풍수를 고려한다. 음식을 차리고 제사를 지내는 행위는 조상이 정말 찾아온다고 믿어서 하는 의례라기보다는 가족이 함께 모여 고인을 생각하며 공동체 의식을 형성하는 자리다. 믿음이나 종교가 아니라 삶에 스며든 문화이기 때문이다.

다른 나라에도 이런 종교인 듯 미신인 듯 문화인 현상이 있다. 미국 법정에서 증인이 성경에 손을 얹고 선서하는 모습은 신성한 대상이나 물건을 물리적으로 접촉하면 신성성이 전이된다고 믿는 접촉 신앙을 보여 주는 예시다. 성경을 물리적으로 접촉하는 행위가 진실을 말하게 한다는 믿음이 자기를 정직하고 성실한 사람이라고 선언하는 문화적 표현으로 바뀐 셈이다.

엄밀히 말해 풍수는 무속이라기보다는 믿음 체계다. 그렇지만 스펙트럼이 매우 넓어서 풍수사에 의존하고 발복發福에 초점을 맞추면 무속에 가까워진다. 풍수와 무속 사이의 가까운 거리는 풍수를 좋아하는 이유가 되기도 하고 싫어하는 이유도 된다. 한국은 서구처럼 물질과 정신을 나누는 이분법이 강하지 않고, 사회주의 국가처럼 종교와 무속을 탄압하는 혁명의 역사도 없는데다, 사회 변화가 심해서 개인의 운명도 역동적인 사회였다. 다른 사람 눈치를 많이 보는 문화라는 말은 그만큼 관계적이라는 뜻이다. 환경하고도 관계적이라 물질과 사람에게서 느껴지는 기운을 중시한다. 과학기술에 기반한 합리성을 숭배하기도 하지만, 서구식 기준을 비판하고 거부하면서 신토불이, 곧 그 지역에 사는 사람, 동식물, 지식을 존중하는 흐름도 있다. 대체 의학에 관심이 많은 편이고, 요즘 떠오르는 생태적 접근과 여성주의 접근 또한 자연과 인간의 관계에 기반한다.

　서구에도 특정 장소나 지역에 특별한 에너지나 분위기가 있다고 믿었다. 땅에 관련된 에너지나 신성한 기운을 해석하는 흙점술^{geomancy}, 성지$^{sacred\ sites}$, 심리적 경관^{psychogeography}, 장소성, 뉴에이지 운동과 에너지장$^{energy\ field}$ 같은 개념이 그렇다. 로마 시대에 일종의 터주신을 가리킨 '게니우스 로키$^{genius\ loci}$'는 특정 장소가 지닌 고유한 에너지와 영혼을 의미하며, 인간이 이런 요소를 존중하고 활용해서 장소하고 조화하는 방식을 강조한다. 풍수가 지닌 철학하고 비슷한 개념이고, 현대 도시 설계에서도 널리 응용된다.

　사회주의 국가에서도 공간에 관련된 믿음 체계는 여전히 강력하다. 중국에서는 도교와 불교가 결합된 풍수적 사고가 사업과 가정사를 설계하는 데 영향을 미치며, 베트남에서는 조상 숭배와 불교가 결합돼 공간의 신성성을 강조한다. 쿠바에서도 산테리아^{Santeria} 같은 혼합 신앙이 개인과 공동체의 정체성을 강화하면서 공간에 신성을 부여하는 구실을 한다. 러시아에서는 러시아정교회와 전통적인 슬라브 민속 신앙이 독특하게 혼합된 형태로 표현된다. 이런 사례들을 보면 인간에게는 공간을 단순한 물리적 장소로 보지 않고 문화적 의미나 사회적 의미를 부여하면서 삶을 설계하려는 보편적 욕구가 있는 듯하다.

한국에서는 산의 위치와 강의 흐름이 중요했다. 배산임수背山臨水 원칙은 추위를 막을 뿐 아니라 여러 임산물이 자라는 산을 뒤에 두고 농업용수를 확보하기 좋은 하천을 곁에 두려는 지혜다. 이런 실용적인 선택이 나중에는 안정감을 주는 주산主山이 자리 잡아야 하고 앞에는 물이 흘러 번영을 상징해야 한다는 믿음으로 발전한다. 이렇듯 공간이 지닌 힘은 실용적 이점과 심리적 안정감에 바탕한다. 다만 배산임수가 옛 풍수서에 없다는 점을 들어 서구 영향을 받은 지리학계에서 만든 조어로 본다는 연구도 있다. 어떤 주장이 맞든 배산임수에는 통제할 수 없는 자연의 힘을 받아들이는 동시에 이해하고 조율해서 삶을 안정시키고 번영을 추구하려는 의지가 담겨 있다. 추위와 물에서 자유로워진 요즘 사람들은 뒤에 강이 있고 앞으로 도로가 나 있는 배수임도背道臨山를 더 선호한다.

땅이나 자연이 지닌 힘과 기운이 삶에 영향을 미친다고 보는 풍수는 인간이 이런 힘을 이해하고 받아들이면서 삶의 불확실성을 줄이려는 모습이다. 풍수와 사주는 인간이 삶을 완전히 통제할 수 없다는 현실을 받아들이게 하면서도 애쓸 만한 여지가 있다고 본다. 무속은 개인 수준에서는 불안을 해소하고 공동체 수준에서는 전통과 연대감을 형성하는 바탕이 된다. 그 중심에는 땅의 기운을 믿는 마음이 자리하고 있다. 땅의 기운은 환경과 인간의 상호 작용에서도 비롯된다. 기후와 지형 등 한 지역의 자연환경이 사람에게 끼치는 영향은 그곳에 연관된 느낌과 인식을 형성하고, 이런 지리적 조건이 정체성에 통합되면서 특정한 기운으로 해석될 수 있다. 기운이라는 개념은 그 지역에서 경험하는 물리적 요소와 사회적

장소 만들기를 위한 풍수

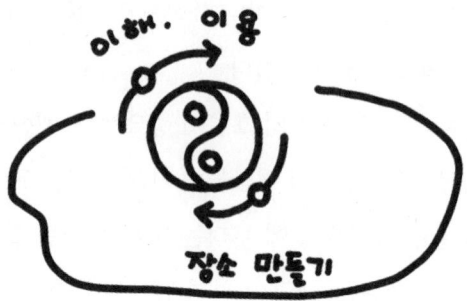

요소가 모여 만들어진 해석이다.

인간이 자기 몸을 확장해 사회적 정체성과 지역적 정체성을 형성한다는 관점에서 보면 특정 장소나 지역에 담긴 '기운'도 정체성의 확장과 투사다. 따라서 땅의 기운이나 에너지에 특정한 의미를 부여하는 행동은 자기를 보호하거나 강화하려는 심리적 작용의 일환일 수 있다. 또한 땅의 기운이라는 개념은 공동체의 경험과 기억, 상징이 축적된 산물일지도 모른다. 이를테면 특정 지역이 오래전부터 신성하거나 위험한 곳으로 여겨질 때 사람들은 그곳을 둘러싼 감정을 공유하게 되며, 그런 결과 그 땅의 기운을 특정한 방식으로 인식한다. 지역적 정체성이 특정 장소를 대표하는 상징으로 자리 잡으면서 그곳에 사는 사람들의 감정과 기억을 거쳐 기운이라는 개념으로 나타난다.

풍수를 바탕으로 땅의 기운을 이해하려는 시도에는 삶을 통제하려는 의도가 깔려 있다. 넓게 말해 장소 만들기 실천이라는 말이다. 좋은 방향으로 집을 짓거나 중요한 물건을 배치해서 자연에 깃든 기운에 맞춰 환경을 조정하면 운명에 긍정적인 영향을 미친다고 보기 때문이다. 사무실 공간을 조정해 업무 능률을 높이고, 방이나 가구를 잘 배치해 가족 간 유대와 소통을 강화하고, 환기와 난방 효율을 높여 실내에 활발한 기운을 흐르게 하려는 노력에서는 장소 만들기를 통해 가족과 일이 잘 되기를 바라는 마음과 풍수의 원칙이 공명한다.

공적 영역과 풍수의 경계 — 장소 만들기의 욕구와 절차

풍수는 공적 영역과 사적 영역 사이에서 미묘한 경계를 형성한다. 개인의 삶에서 풍수는 심리적 안정과 확신을 제공하는 구실을 한다. 풍수 전문가가 나서서 이런 욕구를 파고들어 인기를 얻을 때가 있다. 풍수가 좋은 곳은 어쨌든 많은 사람 눈에 괜찮은 위치로 보일 때가 많다. 그렇지만 공적 결정 과정에 풍수가 끼어들면 논란을 벌어진다. 결과를 설명하고 해석하는 데 그치지 않고 위치를 이용해 권력을 취하는 방법을 가르쳐 주는 이들이 통치자들에게 귀엣말로 속삭이며 권력에 가까워진다. 결국 공간을 고리로 권력과 돈을 추구하려는 욕구가 풍수를 믿는 마음으로 나타나고, 풍수 전문가는 그런 욕구를 발판으로 장소 만들기에 개입해 이익을 챙긴다.

　　정치적 권력과 경제적 권력을 가진 정치인과 기업인은 앞날이 불투명하고 마음이 외롭기 때문에 무속에 기대고 싶어하는 경향이 강하다고 평범한 사람들은 믿는다. 정치인이나 기업인치고 풍수나 사주를 안 보는 사람은 없다는 식이다. 직접 챙기지 않더라도 배우자나 비서가 나선다고들 한다. 정치와 사업은 본질적으로 불확실성을 띨 뿐 아니라 성공하려는 심리에 깊이 연관돼 있어서 그렇다. 선거나 사업은 예측하기 어렵고 통제할 수 없는 외부 변수에 크게 좌우되기 때문에 상황을 조금이라도 더 안정적으로 관리하고 성공 확률을 높이고 싶을 때는 다양한 방식으로 심리적

공적 영역의 풍수 스캔들

위안을 받거나 확신을 얻으려 한다. 그렇게 해서 풍수나 사주는 미래를 예측하거나 큰 방향을 결정하는 방법 중 하나가 된다.

선거를 앞둔 정치인이 사무실 위치 등을 정할 때 풍수나 사주를 고려하는 모습은 흔한 풍경이라고 한다. 기왕 선택하는 김에 불확실성을 제거하고 긍정적 확신을 바탕으로 심리적 안정을 얻으려는 실용적 접근이라 보면 이해 못할 일도 아니다. 위험을 회피하고 의사 결정을 정당화하기 위해 사주나 풍수 전문가가 건네는 조언을 따르는 행동은 최선을 다해 결정한다는 자기 확신을 주며, 결과가 좋지 않더라도 풍수나 사주를 탓할 수 있는 심리적 보호막이 된다. 운동선수가 징크스 때문에 시합 날 특정 색을 꺼리듯 말이다.

공적 영역에서도 그런 사례가 꽤 있다. 한양은 조선 건국 뒤인 1394년 풍수를 바탕으로 건설한 신도시다. 위치와 육로 교통, 수로 교통, 방어 환경이 좋아서 꼭 풍수가 아니어도 수도로 정한 이유를 이해할 수 있다. 다만 수도를 어디로 정하느냐 하는 문제에 정답은 없기 때문에 체계적인 믿음 체계로서 풍수가 여러 기준 중 하나를 제시할 뿐이다. 청계천 복원을 둘러싼 찬반 논쟁 때도 풍수에 관련된 이야기가 나왔고, 한국형 발사체 누리호를 쏘아 올리기 전에도 고사를 지냈다. 2004년 구성된 신행정수도 건설추진위원회 자문위원 85명 중 2명이 풍수 지리 전문가였다. 그런 사실이 별문제 되지 않은 이유는 두 사람이 공식 직함을 단 채 활동했고, 가장 첨예한 사안인 세종시 이전이 이미 결정된 뒤였고, 신행정수도에 관련된 여러 고려 사항 중 하나로 풍수를 받아들이는 분위기이기 때문이었다.

그렇지만 공적 영역에서 의사 결정을 하는 과정에 풍수와 무속이 큰 힘을 발휘하면 이야기가 달라진다. 특히 절차를 무시하고 끼어든 풍수는 그 부적절함은 미신이라는 이미지 때문에 더 커진다. 한국 사회에는 신념 체계이건 무속이건 풍수는 사적 영역에 남아 있어야 한다는 믿음이 있다. 그리고 공적 자격이 없는 이가 영향력을 행사할 때 사람들은 분노한다. 제왕적 대통령제에서 비선 실세라는 존재를 두려워하기 때문이다. 비선일수록 실세인 사례가 많았다. 곧잘 사주를 풀고 풍수를 보는 사람도 풍수에 기대어 공적 시스템을 무시하고 의사 결정을 하는 권력자는 부적절하다고 여긴다.

대통령 집무실을 용산으로 이전하는 결정이 문제가 된 이유는 풍수 전문가가 비공식적으로 관여한 정황 때문이다. 민주주의 사회에는 공적 의사 결정이 투명하고 다양한 이해관계를 고려해서 진행돼야 한다는 상식이 자리 잡고 있다. 의사 결정 과정에 개입하는 권력 중 비공식적이어서 더 중요한 권력, 곧 무결정에 개입할 수 있는 자격은 늘 문제가 된다. 권력 주변에서 어젠다를 설정하는 몇몇 인사가 자격을 갖춘 전문가라 하더라도 사적 관계를 바탕으로 그 자리에 오른 사람이라면 시스템에 문제가 있다고 여기기 때문이다. 게다가 발복을 부르짖는 풍수 전문가나 무속인이라면 더할 수밖에 없다.

풍수가 있을 자리

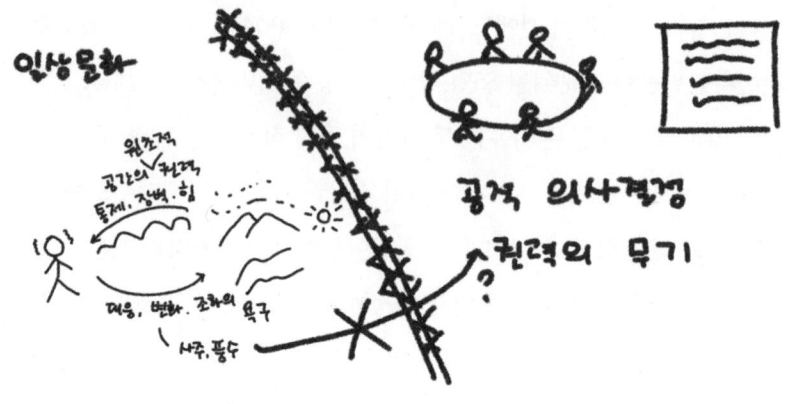

시민들은 또한 정부가 결정하는 장소 만들기는 파급 효과가 클 뿐 아니라 되돌리기 힘들다는 사실을 알고 있다. 행정부 건물을 옮기고 신도시를 만들고 도로를 닦고 철도를 깔고 시청을 옮기고 아파트를 재건축하는 결정은 나중에 문제가 드러나면 되돌리는 데 너무 큰 돈이 든다. 권력 주변에서 풍수를 발복하는 수단으로 과장해 의사 결정 투명성을 훼손하고 자기 이익을 챙기는 시도가 벌어지면 비선 스캔들이 될 수밖에 없다.

풍수 스캔들은 풍수 자체를 둘러싼 논쟁이 아니라 권력의 공간과 공간의 권력, 그리고 장소 만들기의 욕구와 절차가 첨예하게 부딪치는 장이다. 또한 권력과 공간 사이의 복합적 관계를 드러내는 중요한 사례로, 권력의 공간화와 공간의 권력화 과정을 잘 보여 준다. 풍수지리는 자연환경이나 경관을 해석하는 데 그치지 않고 특정 권력 집단이 공간을 점유하거나 통제하며 권위를 강화하는 도구로 작동한다. 공간은 단순한 배경이 아니라 권력 투쟁이 벌어지는 핵심 무대가 된다. 그리고 풍수를 아예 무시하지 않으면서도 우리 사회에서 풍수가 자리할 적절한 영역을 알려 주는 시민들은 풍수 스캔들 정치에서 큰 구실을 한다.

서울대학교 지리학과에서 풍수지리학을 강의한 고 최창조 교수님이 생각난다. 최 교수님은 한국 풍수를 좋은 땅 찾는 법이 아니라 병든 땅을 고치고 치료하는 환경 생태적 접근이라고 해석하셨다. 서울대학교에 처음으로 사직서를 낸 교수라고 자기소개를 하셨다. 그래서 당신이 직접 만든 사직서 양식을 아직도 쓴다며 웃으셨다. 풍수에 문외한이지만 재미있다고 느끼던 나는 최 교수님께 던질 질문이 꽤 많았다. 2013년 신임 교수가 된 나에게 나중에 술 한잔 하자고 하셨는데, 아쉽게도 약속은 성사되지 못했다.

3부 ──────── **나와 세계**

1장

행복의 공간 정치
북유럽의 행복, 중남미의 행복, 한국의 행복

공간과 행복 — **선택의 자유와 공간적 역량**

권력, 정치, 정책은 궁극적으로 대중들이 느낄 만족과 행복을 추구한다. 공공의 이익을 추구한 결과이기도 하고 대중이 만족해야 자기 통치의 기반이 유지되기 때문이기도 하다. 특히 현대 사회에서 정치를 평가할 때 옳고 그름보다는 사람들이 보이는 반응이 더 중요한 기준이 된다. 옳고 그름이 명확하지 않은 사례가 많고, 정책을 바탕으로 물질적이고 제도적인 기반을 마련하더라도 주관적 만족이 보장되지는 않기 때문이다. 전문가 의견을 그저 믿기보다는 의심하고 비판하는 사람이 늘고, 소득이 오르거나 새 정책을 도입할 때는 만족도가 일시적으로 상승하다가 익숙해지면 더 많은 만족을 기대하는 일이 흔하다. 무엇보다 경제와 정치가 발전한 지금도 사람들은 별로 행복하지 않은 듯하다. 이런 현실은 정책 입안자와 정치인들에게 큰 고민거리가 되고 있으며, 지난 몇 년 동안 사회과학에서 행복이 중요한 주제로 떠오른 까닭이기도 하다.

행복 연구는 보통 행복 지수를 개발해 국가별로 비교한다. 2024년

〈세계 행복 보고서〉를 보면 핀란드와 덴마크가 각각 1위와 2위를 차지한 반면 한국은 52위다. 가난한 나라인 부탄과 코스타리카가 삶의 질에서 1위를 차지해 주목을 받은 적도 있다. 경쟁과 비교가 행복을 낮춘다는 사실을 알면서도 사람들은 여전히 행복 순위를 궁금해하고, 행복 수준을 비교하고, 행복을 경쟁한다.

행복 지수는 행복을 '상태'로 보는 경향이 있지만, 요즘에는 상태가 아니라 '과정'으로 보는 관점이 주목받는다. 행복 과정을 이해하려면 심층 면담 등 질적 연구 방법이 필요하다고들 한다. 한 사회에서 행복을 구성하는 중요 요소를 파악하고 시간이 흐르면서 행복을 대하는 태도와 전략이 변화하는 맥락을 살펴야 하기 때문이다. 사람들은 순응, 관심 전환, 회피, 저항, 포기 같은 여러 방법으로 행복을 추구한다. 한편으로 세계적으로 소셜 미디어 사용이 증가하면서 상대적 박탈감 때문에 행복감이 떨어지고 있다는 진단도 많다.

행복을 설명하는 여러 이론 중 복지경제학자 아마르티아 센의 '역량capability 이론'은 많은 사람에게 행복과 빈곤을 새롭게 이해하는 영감을 줬다. 역량은 선택할 수 있는 자유, 곧 선택 가능한 처지를 뜻한다. 센은 인간 개발과 사회 발전이 궁극적으로 지향하는 목표가 선택의 자유를 확장하는 것이라고 강조한다. 흔히 말하는 소득이나 사회 정의는 자유를 얻는 수단으로 여긴다. 여기에서 역량 이론은 물질적 조건을 뛰어넘는 심리적 자유가 아니다. 오히려 물질적 조건이 충족된 상태에서 확보되는 선택의 자유를 강조한다. 이를테면 가난 때문에 배고픔을 느끼는 상태와 음식이 있지만 종교적 이유 때문에 금식을 선택하는 상황은 다르다. 장애 있는 사람은 생활비와 시설 지원이 더 많이 필요하며, 남녀 차별 때문에 소득을 자유롭게 사용할 수 없는 상황에서도 삶의 질은 낮아진다.

행복과 공간적 역량

　공간적 측면에서 행복을 살펴보면 거주와 이동의 자유, 그리고 장소 만들기에 필요한 선택의 자유, 곧 '공간적 역량'이 중요하다. 개인이 주거와 이동을 선택하는 문제는 가정과 사회에서 작동하는 권력 관계에 밀접히 연결돼 있으며, 때로는 이런 권력 관계를 재구성하기도 한다. 비싼 집값은 단순히 비싼 집에 살지 못하는 문제를 넘어 거주 위치와 주택 유형을 선택할 자유를 제한한다. 필요하고 원할 때 이동하거나 이동하지 않을 수 있는 이동의 자유는 여성의 고정된 성역할이나 강제 이주 같은 문제에도 연결된다. 나아가 장소 만들기에 필요한 공간적 역량은 도시 재생, 마을 도서관 설립, 공원 조성 등 지역 사회에 참여할 자유를 포함한다. 내 방을 꾸밀 때처럼 마을, 도시, 국가, 세계를 이상적인 방향으로 만들어 나가는 참여의 자유는 개인의 행복과 사회적 기능에 중요한 영향을 미친다.

　행복을 재미있고 골치 아프게 만드는 요인이 바로 행복해지는 역량, 행복하기 위한 전략이다. 주관적 대응이 행복을 결정짓는다. 주체의 해석, 수용, 회피, 의지가 작동해 권력 구조와 불평등 속에서도 행복과 생존에 필요한 기제를 찾아내는 인간의 특성 때문이다. 반대로 아무리 외부 환경이 좋아도 더 많은 욕구와 불만을 가질 수 있다. 이 심리적 기제가 바로 물질적 조건에서 행복으로 나아가는 통로 구실을 한다. 주체가 그런 식으로 다양하게 대응하지 않는다면 굳이 행복을 연구할 필요도 없다. 기대를 낮춰 마음의 행복을 찾아야 한다고 알려 주는 이솝 우화 〈여우와 신 포도〉에서 알 수 있듯 적응과 타협은 어떤 상황이라도 지나치게 좌절하지 않게 해 주는 생존 기제다. 그렇지만 동시에 개인이 불평등한 현실에 순응하게 하고 약자가 자기 위치를 스스로 공고화하게 이끈다.

신뢰 사회와 책임의 무게 — 북유럽 도시에서 본 행복과 삶의 전략

북유럽, 중남미, 한국의 행복과 공간적 역량, 그리고 삶의 전략을 연구하면서 코펜하겐, 오슬로, 산호세, 멕시코시티, 서울에서 청년층과 노년층을 심층 면담했다. 이 다섯 도시에 사는 사람들을 만나 심층 인터뷰를 하니 공통점과 차이점이 뚜렷하게 드러났다. 행복은 단순히 안정된 환경 덕분에 누리는 산물이 아니라 그곳에 사는 사람들이 선택하고 책임지는 방식에도 깊이 연관돼 있었다.

덴마크와 노르웨이에서 만난 사람들은 인생의 방향을 선택할 수 있는 자유가 행복의 핵심이라고 말했다. 행복은 들뜬 감정이 아니라 만족에 가깝다고 강조했다. 든든한 사회보장 제도, 낮은 빈부 격차, 투명한 사회 시스템을 신뢰하는 한편 부모 세대나 다른 나라 사람들에게 죄책감을 느끼기도 했다. 슈퍼마켓에서 지갑을 두고 온 사실을 뒤늦게 알아차린 자기에게 모르는 사람들이 선뜻 돈을 빌려주겠다고 하던 일을 이야기하면서 북유럽 특유의 안정성과 신뢰를 강조하는 사람이 있었다. 이런 안정성과 신뢰 때문에 부채감과 책임감에 짓눌리는 사례도 있었는데, 그 사람은

북유럽의 행복

실업자가 돼 국가에서 주는 지원을 받을 때면 스스로 부담스러운 존재가 되는 듯해 견디지 못할 듯하다고 말했다. 한 노년층 피면담자는 비밀이라도 되는 양 주변을 살피면서 정부가 세금을 회피하는 사람을 기필코 찾아낸다며 소근거렸다.

대도시에 사는 사람들은 삶에 전반적으로 만족하지만 청년층은 높은 집값과 점점 거세지는 경쟁에 시달리고 있었다. 친구네 부모 집에 세를 들거나 이사를 반복하는 사례가 흔했고, 이동에 큰 제약이 없는 자전거와 대중교통을 주로 이용했다.

북유럽 사람들 삶에는 동호회 활동이 중요했다. 운동, 독서, 카드 게임 같은 동호회나 협회에 가입해 활동하는 일상을 당연하게 여겼다. 동호회는 얕지만 넓은 관계를 제공했고, 활동이 만족스럽지 않으면 쉽게 탈퇴할 수 있었다. 그런데 이런 얕은 관계 때문에 외로움을 느끼기도 했다. 국가가 개인의 필요를 충분히 지원하기 때문에 자기 삶이 가져온 결과는 온전히 자기 책임이라는 생각과 인간적인 의지처가 없다는 감정에서 비롯된 외로움이었다.

북유럽 사람들은 기성 질서에 순응하기보다는 자기 의견을 강하게 표현하는 경향이 있었다. 시민단체 활동가처럼 신념이 뚜렷하고 적극적인 부류가 많았다. 한 노년 여성은 젊은 시절 차별을 일삼는 상사에 맞서 계속 싸운 경험을 이야기했다. 너무 맞서서 후회하느냐고 물으니 주먹을 날리지 못한 일을 후회한다며 웃었다. 한 젊은 여성은 북유럽 사람들이 국제기구에서 늘 강하게 의견을 표출하는 바람에 다른 나라 사람들에게 거만하다는 인상을 준다고 전했다. 나는 그런 태도가 북유럽 사회에서 투명성과 신뢰를 유지시키는 원인이자 결과라고 봤다.

선택의 미학 — 뜨거운 햇살 아래 행복을 일구는 중남미 사람들

중남미, 특히 코스타리카와 멕시코에서는 좋은 날씨와 싱싱하고 값싼 음식이 기본적인 삶을 유지하는 데 중요한 구실을 했다. 코로나 시기여서 줌으로 인터뷰를 진행했는데, 멀리 뒤로 보이는 풍경만 봐도 아름다운 곳이었다. 자연환경에 감사하는 태도는 시대가 변화하면서 더 도드라졌다. 한 코스타리카 여성은 어린 시절과 현재를 비교했다. 어린 시절에는 건강이 좋지 않았다. 성공한 변호사로 일하는 부모가 바빠서 집을 비운 사이 냉장고에 중산층의 부를 상징하는 미국 냉동 피자가 늘 가득 차 있었다. 환경 문제를 중시하는 인식이 점점 높아지고 싱싱한 채소를 즐기는 분위기가 형성된 뒤 값싼 시장에서 채소를 사다 요리하는 생활 습관을 들였다. 그렇게 건강이 좋아지고 너무 많은 욕심을 부리지 않게 된 지금은 직장 생활에서도 만족감을 얻고 있다고 그 여성은 말했다.

코스타리카 사람들은 군대를 폐지한 정책에 아주 만족했다. 1949년에 군대를 폐지한 뒤 다른 나라에 견줘 경찰과 정치인마저 권위적이거나 위협적이지 않고 친절하며 인간적이라는 평가를 받았다. 이런 특성이 군대 폐지 정책에 관련된다고 보는 피면담자들이 많았다. 또한 무상 교육과 무상 의료가 삶의 기본 조건으로 여겨졌는데, 몇몇 피면담자는 이런 조건을 당연시하는 젊은이들의 태도를 비판하기도 했다.

청년층과 노년층이 모두 대도시 거주를 선호하지만 높은 집값에 부담을 느꼈다. 특히 경제 상황 때문에 깊은 한숨을 쉬는 청년층이 많았다. 노년층은 경쟁이 심해 젊은 사람들이 장시간 노동을 해야 하는 현실을 걱정했다. 한 코스타리카 노인은 무상 교육과 높은 자원 접근성이 열심히 일하면 의미 있는 성취를 얻을 기반이 된다면서도 젊은 사람들이 지나치게 일에 몰두하는 상황을 걱정했다. 또한 중남미에서 삶의 질을 결정하는 가장 중요한 문제는 안전이었다. 여성 피면담자들은 예외 없이 돈을 더 들이더라도 안전한 곳에서 살고 싶다고 답했다. 심지어 사람 많은 쇼핑몰에서도 완전히 안심할 수 없다며 불안해했다.

중남미 피면담자들은 하나같이 자기가 속한 핵심 집단이 중요하다고 강조했다. 핵심 집단은 꼭 친구만 뜻하지는 않아서 친척이나 형제도 포함될 수 있었다. 인간적으로 잘 맞는 사람이 중요할 뿐이었다. 많은 사람이 어릴 적 왕따를 당하거나 고립 상태에서 지내다가 핵심 집단을 형성하면서 행복해진 이야기를 열정적으로 들려줬다. 한국에서는 긴 노동 시간이 행복도를 낮춘다는 이야기가 상식이지만, 멕시코와 코스타리카는 세계에서 가장 긴 노동 시간을 기록하는 곳이면서도 활발한 사회적 활동에 바탕을 둔 만남과 소통에서 큰 의미를 찾으며 행복감을 유지했다. 코로나19 시기를 가장 불행한 때로 떠올린 한 멕시코 피면담자는 개인적 자유가 제한된 상황에서 반려견하고 산책하다가 다른 견주들을 만나 손을 흔

드는 작은 행위에서 큰 즐거움을 느낀 적이 있다고 말하기도 했다.

중남미에서 눈에 띄는 마지막 특징은 행복을 만드는 방법을 학습하고 실천하는 열정이었다. 한 60대 멕시코 여성은 멕시코 사람들이 행복한 이유가 삶에서 부정적 감정을 분리해 경계를 확립할 줄 알기 때문이라고 정리했다. 그러고는 스스로 원하는 바를 명확히 하기, 삶의 경계 세우기, 타인하고 소통하는 법 발전시키기, 달리기하면서 마음 다스리기 등 자기가 개발한 행복 기제를 설명했다. 행복이란 단순히 물질적 조건에 의존하지 않을 뿐 아니라 개인이 개발하고 실천하는 삶의 전략에 깊이 연결돼 있다는 사실을 보여 주는 사례다.

성취할 자유와 행복할 역량 — 가족과 사회적 관계 속에서 불행한 한국인들
한국은 경제적으로 성장한 국가이지만 행복 면에서는 많이 뒤처져 있다고 생각했다. 지나친 경쟁 때문에 집단 속에서 고통받는 개인이 많다고 믿었다. 그런데 막상 만나 본 한국 사람들은 북유럽이나 중남미 사람들처럼 자기 의지대로 흘러가는 상황이 행복을 가늠하는 중요한 조건이라고 말했다. 겉으로 비슷해 보여도 내가 선택해서 갇혀 있는 상황과 국가나 타인 때문에 강제로 갇혀 있는 상황은 다르다고 했다. 한 피면담자는 가장 불행한 시절은 군대 있을 때고 가장 행복한 시절은 대입 재수 때라고 말했다. 똑같이 갇혀 지낸 시절이지만 재수 시절 고립은 자기가 선택한 환경이라는 점이 큰 차이를 만든 셈이었다.

많은 피면담자가 서울살이에 만족하면서도 높은 집값을 걱정했다. 다른 지역 사람들처럼 청년층은 서울에서 계속 살려면 좋은 직업을 가져야 한다는 부담을 느꼈다. 이런 부담은 때로는 더 열심히 살아가는 동기가 되기도 했다. 예상하고 다르게 경쟁 때문에 큰 스트레스를 받지는 않았다. 대부분 피면담자는 한국 사람들이 경쟁 때문에 불행하다는 데 동의하면서도 자기는 괜찮다고, 오히려 일을 하며 성취를 얻는 과정에서 행복을 느낀다고 말했다. 성취감을 행복한 삶의 중요 요소 중 하나로 여겼고, 대개 자기가 무슨 일을 하는지 이야기할 때 열정적인 모습이었다.

행복을 가로막는 걸림돌은 경쟁 자체가 아니라 성과가 나온 뒤 가족이 보이는 반응이었다. 결과가 어떻든 자기는 괜찮은데 부모가 보이는 반응에 민감해진다고 했다. 경쟁 자체보다는 가족 등 의미 있는 관계에서 경쟁이 지니는 의미가 중요했다. 북유럽과 중남미에 견줘 한국에서 만난 피면담자들은 가족 이야기를 많이 했다. 부모나 자녀가 주는 행복, 압박감, 의무감이 행복과 불행을 가르는 주요 원천이었다. 특히 청년층은 부모하고 떨어져 살기만 해도 행복감을 느꼈다. 이런 상황은 독특한 외로움으로 이어졌다. 고립에서 오는 외로움이 아니라 지나치게 끈끈한 관계에서 비롯되는 책임감에서 벗어나고 싶은 상태에서 찾아오는 외로움이었

다. 이런 외로움은 순응과 저항에서 모두 소극적 경향을 드러내는 원인이기도 했다. 불만이 있어도 북유럽이나 중남미처럼 적극적으로 생각을 말하지 않고 간접적 의사만 전달하거나 혼자 삭이는 방식으로 대응했다. 또한 가족, 직장, 학교를 제외한 사회적 관계망도 가치 있다고 생각했다.

행복은 맥락과 시간에 따라 역동적으로 변한다. 개인과 집단은 행복을 찾아가는 전략을 주어진 조건에 맞춰 개발하며, 이런 전략은 행복의 결과물이자 원인이 된다. 북유럽과 중남미에서 만난 사람들은 물질적 조건과 삶의 방식이 다르지만 모두 행복해 보였다. 한국인들은 자기 삶과 자기가 살아가는 사회에 비판적인 모습을 드러내면서도 성취를 향해 나아가는 과정에 의미를 뒀다.

다섯 나라 사람들을 대상으로 진행한 행복 연구에서 나는 정책적 차원과 개인적 차원에서 각각 다른 함의를 찾았다. 정책적 함의는 행복하려면 일정한 수준을 충족하는 물질적 기반이 중요하다는 점이다. 건강한 먹을거리, 안정된 집, 편리한 교통 등 기본적인 사회 시스템을 갖춘 상태일 때 사회적 평등을 요구하는 목소리가 진정한 힘을 발휘한다. 이를테면 지난날 여성이 자유롭게 외출할 수 없던 한국이나 자기 의지에 상관없이 남편을 따라 이동해야 하던 북유럽에서 기본적인 사회 시스템은 개인적 불행을 초래하는 원인이었고, 가족이 안정적으로 살 집을 마련하는 문제는 다섯 도시에서 모두 여전히 인생의 큰 짐이자 숙제였다.

개인적 견지에서는 행복할 수 있는 역량을 키워야 한다는 교훈을 얻는다. 인생에서 선택의 자유는 매우 중요한 요소이며, 이런 자유를 누리는 삶과 사회를 만들어야 한다. 그러나 뜻대로 되지 않을 때도 저항이건 적응이건 스스로 행복할 방법을 찾을 수 있어야 한다. 무한대의 권력과 자유를 가질 수는 없고 내내 구조의 희생자로 사는 삶 자체가 더 큰 피해이기 때문이다. 자기만의 방식을 발견하려는 과정 자체가 중요하다.

2장

태백과 파독 광부
자본과 국가에 휘둘리는 도시와 개인

검은 황금 — 석탄 산업과 성장 정치

자본의 이동, 국가의 통치, 도시의 운명, 개인의 삶은 맞물린다. 이런 모습은 탄광 도시 태백과 파독 광부派獨鑛夫에서 잘 나타난다. 태백은 1920년대 일제 강점기에 검은 땅과 검은 계곡물이 눈에 띄면서 탄광이 개발된 뒤 경제 개발 시기 정부 정책에 따라 빠르게 성장한 곳이다. 파독 광부란 1963년부터 1977년까지 정부 간 계약에 따라 한국 정부가 서독에 파견한 광산 노동자 8000여 명을 가리킨다. 태백에는 파독광부기념관이 있다. 파독 광부들이 훈련을 받고 광부로 다시 태어난 곳이기 때문이다.

한국전쟁이 끝나고 얼마 안 된 1960년대 한국은 최빈국이었다. 일인당 국민소득이 80달러 정도여서 필리핀이나 태국은 말할 것도 없고 가나나 가봉보다 가난했다. 실업률도 40퍼센트였다. 그 뒤 고도 성장이 시작되지만 지역과 산업에 따라 차이가 나타났다. 태백도 고도 성장이 안긴 열매를 차지한 지역이었다. 여러 산업이 발전하면서 검은 황금이라 불린 석탄을 찾는 수요가 폭발했다. 가정집에서도 연탄으로 난방을 했다. 광부

탄광 도시 태백

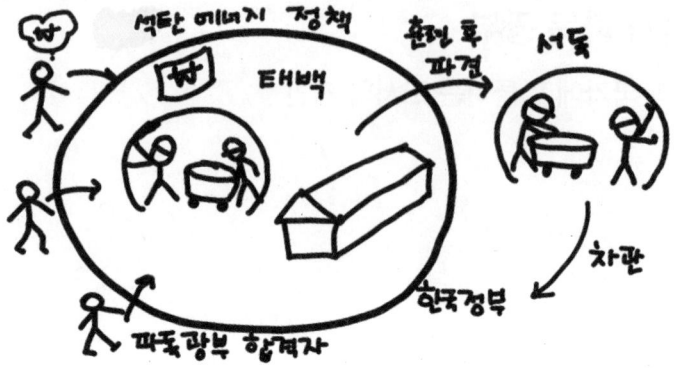

로 일하려는 사람들이 태백으로 몰려들기 시작했다. 태백은 전체 주민의 98퍼센트가 국내 이주민이었다.

1960년대에는 국가와 국가 사이에 경제 수준이 차이가 많이 나서 공식적이고 제도적인 이동 통치가 실행됐다. 한국은 박정희가 일으킨 군사 쿠데타 때문에 미국하고는 관계가 불편하고 일본하고는 외교 관계를 맺지 않아 외국에서 자금이나 물자를 장기 결제 방식으로 가져오는 공공 차관을 들일 수 없었다. 라인 강의 기적을 일군 서독이 그나마 가능한 선택지였다. 지금 한국이 요양, 돌봄, 건설 부문에서 노동력이 부족하듯 1960년대 독일도 광부, 간호사, 조선 노동자가 모자랐다. 일본하고 맺은 광부 파견 계약이 만료된 탓이었다. 한국과 독일은 이주 노동자를 파견하는 협정을 맺었다. 이동이라는 수단을 써 한국은 실업 문제를 해결하고 서독은 인력 부족을 넘어설 수 있었다. 정부는 애국을 실천하는 동시에 부를 거머쥘 수 있다고 강조했다. 가난한 한국인들에게 서독은 꿈의 나라가 됐다.

광부 — 성장 정치에 올라탄 가난한 노동자들

태백 광부와 파독 광부들은 국가가 주도해서 이끈 성장 정치에 함께했다. 국가는 정책을 수단으로 도시의 운명을 갈랐고, 사람들은 혜택을 받는 대신에 비용을 치러야 했다. 태백이 성장하는 데 에너지 정책이 큰 영향을 미쳤다. 에너지 수요가 점점 석유로 몰리던 1970년대에 일어난 중동발 '오일 쇼크'는 박정희 정부와 한국 사회에 충격을 줬다. 텔레비전에서는 기름이 부족해 병원 응급실 불이 꺼지고 수술실이 멈추는 현장을 보여 줬다. 정부는 국내에서 생산할 수 있는 석탄 중심 에너지 정책으로 방향을 틀었다. 보조금 지원을 비롯한 여러 혜택 덕분에 석탄 산업은 제2의 호황을 누렸다. 1981년에 시로 승격한 태백은 1987년에 13만 명이 사는 탄광 도시가 됐다. 태백은 전국 석탄 생산량의 30퍼센트를 생산했다.

한편 광부 파견 협정을 체결한 1963년부터 1977년까지 8000명이 파독 광부로 선발됐다. 직장인 평균 월급에 견줘 8배 정도 되는 수입을 3년 동안 보장한다는 조건이었다. 3개월 넘는 탄광 노동 경험이 자격 조건이었는데, 대부분 한 번도 탄광에서 일한 적 없는 사람들이었다. 영화 〈국제시장〉에 나온 대로 쌀가마니를 다섯 번 들어 올리는 체력 시험을 통과한 절대다수는 광부가 아니라 고등학교 졸업자였고, 대학 나온 고학력자도 꽤 많았다. 10 대 1에 이를 만큼 경쟁도 치열했다. 선정자 명단이 신문에 실릴 정도였다. 그만큼 힘든 한국을 떠나 독일로 가서 가난한 가정과 국가를 위해 일한다는 자부심이 컸지만, 서독 사회에서는 최빈국에서 온 외국인 노동자 취급을 받았다.

1970년대 내가 어릴 적 친구 아버지가 외국으로 돈 벌러 간다는 이야기가 들려오면 독일이나 중동이었다. 각 가정이 연탄을 때 난방하고, 매년 수백 명이 연탄가스로 죽고, 일산화탄소에 중독되면 동치미를 먹으라는 때였다. 드라마에서는 파독 광부 부인이 음성을 녹음한 테이프를 소포로 보내는 설정이 종종 나왔다. 인터넷이 없고 국제 전화도 비싼 시절이어서 일단 독일로 떠나면 시간이 오래 걸리는 편지나 소포로 소식을 전했다.

태백 광부와 파독 광부들이 만난 계기는 훈련이었다. 모든 파독 광부는 독일에 가기 전에 강원도 태백과 삼척에 있는 탄광에서 한 달 반 정도 현장 실습을 했다. 태백에서 처음으로 갱도에 들어가 석탄 캐는 일을 접하고 독일어를 배운 이들은 파독 광부로 다시 태어났다. 드물게 경험자도 있었다. 새로운 정체성이 나타나고 장소 애착이 강화되고 마음의 고향이 됐다. 나이 든 파독 광부들은 지금도 태백에 깊은 애착을 느낀다.

이 성장 정치에서 노동자들은 돈도 벌고 질병도 얻었다. 광부는 교사보다 세 배나 되는 월급을 받았다. 산업 역군이자 산업 전사라는 칭송은 덤이었다. 태백에서는 개도 돈을 물고 다닌다는 말이 있을 만큼 돈과 사람이 넘친 시절이었다. 매일이 불안한 광부들은 술과 유흥으로 괴로움을 달래면서 고된 노동과 잦은 사고를 온몸으로 감당해야 했다. 해마다 187명이 탄광 사고로 목숨을 잃어서 전국적으로 탄광 순직자가 5000명이 넘었다. 태백에서만 1779명의 위패가 황지동 산업전사위령탑에 안치됐다. 폐 속으로 들어온 석탄 가루 때문에 생기는 진폐증은 워낙 흔해 별로 신경 쓰지 않는 분위기였다. 갈등이 깊어지면서 1980년 4월 강원도 정선군 동원탄좌 사북영업소 광부들이 나쁜 노동 환경과 낮은 임금, 어용 노조에 항의해 노동 항쟁을 일으켰다.

서독에 간 광부들은 초보라 더 난감했다. 태백에서 훈련을 받았지만 섭씨 35도에 이르는 지하 1600미터 갱도로 들어가 매일 여덟 시간 넘게 일하기는 힘들었다. 애당초 독일에서 광부 인력이 부족한 이유가 사람들이 기피하는 일이기 때문이었다. 가끔 천장이 무너져 매몰되면 다치고 죽

광부의 삶

었다. 작업 중에 사망한 사람이 27명이고 자살한 사람이 4명이다. 광부들은 갱도로 들어가면서 이렇게 말했다. "글뤽 아우프 Glück auf." 오늘도 행운을 빈다는 인사는 낯선 땅에서 일하는 파독 광부들에게 중요한 의미였다.

파독 광부와 간호사들이 한국으로 보내는 송금은 개인과 국가에 커다란 의미가 있었다. 독일은 이주 노동자에게 비교적 차별이 없는 편이었다. 그렇지만 한국에서 나름 엘리트에 속하던 이들은 선진국에 와 기피 직종에서 일하는 처지에 실망하고 향수병과 외로움 때문에 힘들어했다. 그런 어려움을 이겨 내는 버팀목은 돈을 벌어 집안 살림에 보태는 보람이었다. 송금은 한국 경제가 성장하는 데에도 크게 기여했다. 1965년에서 1975년까지 파독 광부와 간호사가 보낸 송금액이 1억 153만 달러였는데, 그 무렵 1년 총수출액의 거의 2퍼센트에 맞먹는 금액이었다.

석탄 산업 합리화 — 관광촌으로 바뀐 탄광촌

한국 사회가 큰 변화를 겪은 1990년대, 도시와 사람의 운명도 전환점을 맞는다. 태백은 중앙 정부 정책에 따라 한 산업에 전적으로 의존하다가

급격히 쇠퇴했다. 1986년부터 2005년까지 중앙 정부가 추진한 석탄 산업 합리화 정책으로 석유와 가스가 석탄을 대신하기 시작했다. 연탄 수요는 1988년 2293만 톤에서 2020년 51만 톤으로 줄었다. 태백에 사는 탄광업 종사자는 1981년 1만 9379명에서 1995년 3846명이 됐다. 탄광업 사업체 수도 1985년 45개에서 1995년 13개로 줄었다.

태백은 산업 구조가 바뀌면서 도시 쇠퇴를 겪는 전형적 사례였다. 도시 쇠퇴는 1990년대 들어 전세계적으로 제조업이 쇠퇴하고 자본이 산업화가 일찍 시작된 곳에서 저임금 국가로 옮겨 가면서 시작됐다. 한국 도시들은 서구처럼 심각한 산업 쇠퇴를 경험하지는 않았다. 한국은 값싼 노동력을 무기로 외국 기업을 끌어들인 나라이지 기업을 뺏기지는 않았다. 서구하고 다르게 자본 이동을 중앙 정부가 조정한 만큼 도시의 운명을 바꾼 손은 정부라고 봐야 한다. 다른 선진국은 탄광을 매년 한두 개씩 없애면서 피해를 줄인 반면 한국석탄산업합리화사업단은 5년 동안 300개를 한꺼번에 없앴다. 1988년 서울 올림픽 등을 대비해 대기 환경을 개선한다는 목표 아래 도시가스 설비 투자 보조금을 높게 설정하자 폐광 신청이 몰린 탓이었다. 그 뒤 1990년대 들어 석탄 수요가 줄고 정부가 에너지 정책을 바꾸면서 석탄 산업이 타격을 입자 주민들은 정부를 상대로 협상을 벌여 카지노를 중심으로 한 대체 산업을 유치해 장소 마케팅을 펼쳤다.

기업 이동이 더 자유로워지고 국가 재정 위기가 심각해지면서 기업이 사업하기 좋은 도시로 옮기기 시작하자 도시들은 치열한 경쟁을 벌인다. 기업이 떠난 도시는 실업자가 늘어나고 관광 산업, 문화 산업, 정보기술 산업, 지식 산업으로 전환해 위기를 넘어서려 한다. 도시 이미지를 제고하고 도시를 홍보하는 데 힘을 쏟는다. 기업과 관광객과 주민을 끌어들이려고 도시를 상품처럼 다루는 장소 마케팅이 시작된다. 장소 마케팅은

지역 활성화를 위한 성장 전략이며 문화 전략이다. 그중에서도 문화 산업 모형은 대체 산업으로 문화 상품을 발굴하는 데 우선적인 목표를 둔다.

나는 1997년에 장소 마케팅을 다룬 석사 학위 논문을 쓰면서 태백을 주요 사례로 들었다. 태백은 다른 한국 도시에 견줘 특이한 위치에 있었다. 태백을 제외하면 한국에서 장소 마케팅은 심각한 경제적 쇠퇴를 극복하려는 노력이 아니라 장소 마케팅 전략을 이데올로기로 차용하는 사례였다. 세계화 논리를 좇아 도입된 경쟁 논리와 문화 논리가 막 부활한 지방자치제에 잘 들어맞았다.

도시의 운명이 중앙 정부 손에 달려 있기는 해도 온전히 정부 뜻대로 되지는 않았다. 태백 주민들은 대체 산업을 발굴하려 노력했다. 지역 유지라고 해 봐야 집 한 채 가진 정도로 계층 분화가 적고 생활 수준이 엇비슷해서 결속력이 강했다. 대규모 집회와 노동 운동을 벌인 경험을 공유했다. 석탄 산업이 몰락하고 심각한 지역 쇠퇴가 계속되는데 중앙 정부는 별다른 대책을 마련하지 않자 불만이 커졌다. 서비스업도 영세 자영업 중심이어서 떠나는 주민을 붙잡을 수 없었다. 주민들과 시 정부는 중앙 정부에 산업 구조를 전면적으로 바꿀 대책을 마련하라고 강하게 촉구했다.

주민 53명이 백만 원씩 출자해 만든 시민 기업 태백고원관광레저개발 시민주식회사가 1994년에 창립됐다. 시민주식회사는 대안을 제시하고 번영회는 주민을 동원하는 구심점이 되면서 서로 상승 효과를 냈다. 시의회도 주민들이 제기한 불만이 공식적인 정치 의제로 등장할 수 있는 장을 마련했다. 시 정부는 도시를 되살려야 한다는 명분을 내걸고 중앙 정부를 상대로 협상할 수 있었다. 강력한 주민 운동과 시민이 주체가 된 시민주식회사가 대안 세력을 형성해 지방 정부와 의회를 거쳐 중앙 정부에 영향을 끼치면서 특별법을 제정하고 자금도 지원받을 수 있었다.

주민들이 나서고 시 정부가 배수진을 쳐도 결정은 다시 중앙 정부가 해야 할 몫이었다. 1995년 태백시는 재정 자립도가 14.9퍼센트여서 대안을 마련할 주체가 되기 힘들었다. '폐광지역 개발 지원에 관한 특별법'이 제정되고 1998년 6월에 산업자원부 산하 공기업 강원랜드가 출범했다. 한국에서 유일하게 내국인이 출입할 수 있는 카지노였다. 카지노를 바라보는 시선이 곱지는 않아도 뾰족한 수가 없었다. 2000년 카지노 호텔이 개장하면서 도박중독센터, 카지노 호텔, 테마파크, 골프장, 복지재단, 스키장이 강원도 정선을 중심으로 생겼다.

탄광촌이 관광촌으로 변신하던 이때 몇몇 파독 광부가 한국으로 돌아와 관광촌의 일부가 됐다. 경상남도 남해군에 세워진 독일마을이다. 무공해 관광 휴양 산업을 추진하던 남해군이 1997년 스포츠 파크를 조성하려고 독일 슐레스비히홀스타인 주 노드프리슬란트 시하고 자매결연을 맺고 국제 교류를 하는 과정에서 중요한 구실을 맡은 이들이 바로 파독 광부였다. 파독 광부들이 한국으로 돌아와 여생을 보내고 싶어한다는 사

변신하는 탄광촌

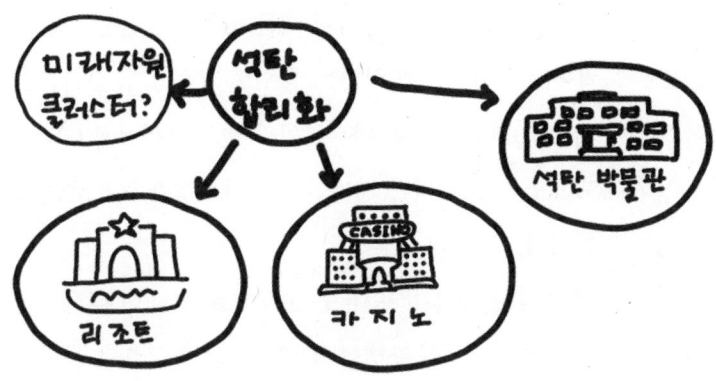

실을 알게 된 남해군은 파독 광부들이 살 수 있는 공간을 마련해 독일 문화와 생활 방식을 보여 주는 관광지를 만드는 아이디어를 냈다. 사업 예산 절반은 국비와 시 예산으로 충당했다.

장소 마케팅이란 장소를 상품처럼 광고하는 방식인 만큼 파독 광부라는 정체성은 독일마을이 지닌 상품성에서 큰 부분을 차지했다. 독일에서 20년 넘게 일한 파독 광부들이 독일식 주택을 짓고 독일식 생활 방식을 유지하며 살기로 했다. 2015년에 45명이 모여 시작한 남해독일마을협동조합은 독일마을을 만들어 회원 가구가 운영하는 간이음식점에서 맥주, 소시지, 피자, 아이스크림을 팔기 시작했다. 남해 푸른 바다와 유럽식 경관 덕분에 독일마을은 유명한 관광지가 됐다.

갈림길 — 아직 진행 중인 미래

세월이 흘러 교수가 된 나는 학생들하고 함께 태백으로 학과 답사를 떠났다. 태백은 아직도 쇠퇴하는 중이고 여전히 대안을 마련하고 있었다.

여전히 힘겨워 보이는 태백에는 파독광부기념관이 들어섰다. 많은 파독 광부들에게는 이곳이 마음의 고향이기 때문이다. 기념관은 석탄 산업이 호황으로 들썩이던 시절을 그리워하는 향수로 가득했다. 전시물은 광부들이 독일에 간 1970년대 물건이 대부분이라 내가 국민학교 다닌 시절에 받은 통지표도 보였다. 코로나19 시기인데도 마스크가 필요 없을 정도로 사람이 별로 없었다.

독일에서 청춘을 불사르며 번 돈을 고국으로 보내던 젊은이들은 이제 여든이 훌쩍 넘었다. 파독 광부의 60퍼센트는 한국으로 돌아오지 않고 미국 등으로 재이주했다. 2020년에 '파독 광부·간호사·간호조무사에 대한 지원 및 기념사업에 관한 법률'이 제정됐는데, 질병 치료 같은 실질적 복지는 빠지고 기념사업 중심이어서 비판을 많이 받았다.

태백과 파독 광부 이야기는 중앙 정부의 힘, 국제적 산업 구조 변화, 국가 위계에 따른 이동 통치, 태백으로 오거나 거쳐 간 이주민의 삶이 얽히고 변화한 과정을 잘 보여 준다. 그리고 아직 진행 중이다. 2024년 6월 한국 최대 탄광인 장성광업소가 문을 닫은 태백은 여전히 대체 산업을 찾는 중이다. 국고 지원, 카지노 초과 수익금 폐광 지역 재투자, 관광 구역 지정, 미래 자원 클러스터 조성 중에서 해답이 있을지, 그 해답이 여전히 중앙 정부가 내릴 결정에 달려 있을지, 아직 남은 주민들이 스스로 새로운 길을 개척할 수 있을지는 미지수다. 태백은 여전히 갈림길에 서 있다.

3장

◯◯ 도시
도시 정체성 정치의 안과 밖

'다들 이렇게 한다' — 참고, 경쟁, 연대하는 도시들

도시는 한 국가에 속하는 행정 구역이다. 그렇지만 도시는 국가 간 경계를 넘어 전세계적으로 규모와 수준이 비교적 비슷하거나 약간 앞서 나가는 다른 도시를 의식한다. 다른 도시가 무엇을 하는지 참고하고, 따라 배우고, 비교하고, 경쟁하고, 연대한다. 세계 곳곳 도시에 사는 사람들은 자기 도시하고 비슷한 다른 나라 도시 사람들을 보며 많은 공감대를 형성한다. 그래서 도시들 사이에는 '다들 이렇게 한다'식 정치가 중요하다.

정책 보고서와 계획서에 빠지지 않는 단골 메뉴가 '외국 사례 소개'다. 비슷한 사례 따라 배우기는 단기간에 성과를 낼 수 있는 가장 효율적인 방법이다. 이럴 때는 세계적으로 이미 알려져 있는 모범 사례를 소개하는 편이 안전하다. 그렇지 않으면 정책 입안자나 전문가가 알고 있는 사례를 소개한다. 그래서 학연이나 지연이 많이 작동하기도 한다.

도시가 벤치마킹하기 좋은 이유는 상대적으로 고만고만하기 때문이다. 국가는 규모와 권력에서 차이가 정말 크기 때문에 뭉뚱그려 '나라'나

베끼고 경쟁, 연대하는 도시

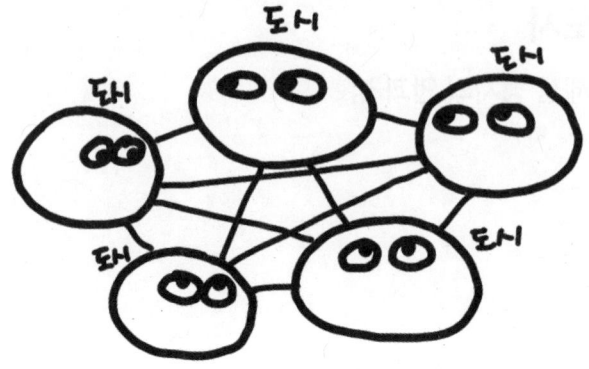

'국가'로 부르는 방식이 말이 되나 싶은 반면 도시는 차이가 상대적으로 덜하다. 나라는 극단적으로 바티칸처럼 인구가 800명인 곳도 있지만, 도시는 인구 5만 명 이상 같은 대략적 표준이 적용된다. 도시화를 시작할 때 도로, 상하수도, 전기, 교량 같은 도시 기반 시설을 건설하거나 도심에 상업 시설을 배치해 많은 사람이 모여 살고 이동할 수 있는 환경을 마련하는 방식도 비슷하다.

레벨, 수준, 규모에 맞는 도시들 사이에 동질성이 생기기 때문에 세계 도시는 그 나라 다른 도시보다 다른 나라 세계 도시하고 비슷한 세계를 형성하고, 관계를 맺고, 서로 이해한다. 그래서 나라마다 역사도 다르고 환경도 다르고 사회적 분위기도 다르지만 규모가 비슷한 도시를 찾아 벤치마킹을 하기가 비교적 쉽다.

20세기 들어 자본 이동이 국경을 넘어 활발해지면서 도시의 운명도 세계적으로 바뀌었다. 자본이 선택하는 적당한 단위는 국가가 아니라 도시다. 비교와 경쟁이 본격화된 1990년대에 장소 마케팅의 주요 고객은 자본과 관광객과 주민이라 여겨졌지만, 가장 근본적이고 결정적인 요소는 자본이었다. 도시들은 기업을 유치하려 경쟁하기 시작했다. 도시는 졸지에 자본의 선택을 바라고 기다리는 처지가 됐고, 기업 입지에 도시 이미지가 중요 요소로 떠오르면서 도시 간 비교와 경쟁이 촉진됐다.

신자유주의 경쟁에 뛰어든 도시가 도시 정체성을 고민하기 시작한 시기도 이때일 듯하다. 흔히 겉으로 드러나는 도시 이미지는 깊이가 없는데다 외부 요구에 맞추느라 상업적이고 얄팍한 속성이라 치부하는 반면, 정체성은 도시가 본래 지닌 모습이자 고유한 특성으로 여기기 쉽다. 그렇지만 시각적인 면이나 담론상으로 무형의 문화 등 다양한 방식은 있을지 몰라도 겉으로 드러나지 않으면 무엇이든 알기 어렵기 때문에 현실에서 이미지와 정체성이 다를 수 없다는 의견도 있다. 자기 자신을 완벽하게 아는 상태란 불가능하고 자기가 아는 자기가 진정한 자기라는 확신도 할 수 없기 때문에 사실상 이미지와 정체성을 나누는 구분은 많은 사람이 생각하는 정도로 크지 않다는 뜻이다.

'○○ 도시' — 도시 브랜딩과 한 단어 정체성 정치

도시 정체성을 한 단어로 정리해 '○○ 도시' 식으로 이름을 붙이는 도시 브랜딩이 지난 수십 년 동안 유행했다. 문화 도시, 세계 도시, 스마트 도시, 친환경 도시, 지속 가능 도시, 회복 탄력성 도시, 창의 도시, 에코 도시 같은 이름이다. '15분 도시'가 최신 유행인데, 도보나 자전거로 15분 거리 안에 일상적으로 필요한 인프라가 자리하는 모델이다. 공간이 복지이고 일상 공간에 자리 잡은 복지 시설이 중요하다는 '공간 복지'하고 비슷한 접근이다.

도시 브랜딩 말고 다양한 지수를 고안해 도시를 비교하기도 한다. 이를테면 '웃음 지수 smile index'는 어떤 도시에 가서 그곳 사람하고 눈을 마주칠 때 사람들이 얼마나 웃는지를 나타내는 지표다. 이 지수는 사람들이 짓는 웃음에 묻어나는 삶의 편안함과 타인을 향한 친근함에 가치를 둔다. 반면 '힘내라 지수'는 힘내야 하는, 곧 살기 힘든 정도에 긍정적인 이름을 붙인 지표다.

도시 브랜딩은 한 정부 기관이나 한 기업에서 만들어 퍼트리는데, 설득력이 있으면 세계적으로 유행하기도 한다. 유행하는 도시 브랜딩은 대개 사회적으로 주목받는 명명이거나 미래 지향성을 담고 있으며, 자본이 원하는 이름일 때도 많다. 다양한 성향을 지닌 도시 정책 입안가들 사이에서 유행한 용어에 발맞추려는 각 도시가 자가발전한 사례도 있다.

문화 중심 도시는 그중에서도 유명하다. 1985년 유럽연합이 시작한 유럽 문화 중심 도시로 처음 선정된 도시는 아테네였다. 유네스코는 공예와 민속 예술, 디자인, 영화, 미식, 문학, 미디어 아트, 음악 등 여러 종류의 창의 도시를 선정해 모범 사례로 많은 나라에 소개하고 있다. 선정 도시는 유네스코 창의도시네트워크에 들어가 국제 포럼에 참가한다. 한국에도 창의 도시가 여럿 있다. 서울은 디자인, 이천은 공예와 민속 예술, 전주는 음식, 광주는 미디어 아트, 부산은 영화, 통영과 대구는 음악, 부천과 원주는 문학, 진주와 김해는 공예와 민속 예술, 강릉은 미식 창의 도시다.

유네스코와 세계은행이 한국 창의 도시에 관한 프로젝트를 국토연구원하고 공동으로 진행할 때 나도 컨설턴트로 참여했다. 광주를 창의 도시 사례로 분석한 보고서를 세계은행에 제출하기 위해 중간 발표를 할 때였다. 세계은행과 유네스코 직원들이 질문했다. 광주비엔날레처럼 현대 미술에 집중하거나 미디어 아트를 살리면 그런 장르를 작업하는 사람들은 지원을 많이 받아 좋겠지만 전통 예술이나 다른 장르에 속한 예술가들은

○○ 도시 브랜딩

배제되지 않겠냐는 물음이었다.

사실 예전부터 그런 비판적인 질문을 지원을 받는 기관들에 하고 싶던 나도 되물었다. "지금 세계은행이나 유네스코 같은 세계적인 기관이 이런 프로젝트를 만들고 선정하니까 그런 선택과 집중이 심해지지 않을까요? 도시들은 그저 선정되려고 노력할 뿐인데요." 그 사람들은 아무 말도 하지 않았다. 유네스코가 창의 도시를 여러 분야로 나눈 이유는 다양한 창의성을 격려하려는 의도였다. 그런데 한 도시에는 한 이름만 붙기 때문에 한 번 이름이 정해지면 그 도시는 선정된 분야에 행정과 재정을 집중하기 마련이다. 올림픽이 열리면 올림픽 종목으로 정한 스포츠만 중요해지고 그렇지 않은 스포츠는 소외되듯 말이다.

이렇게 도시 브랜딩에는 도시 이름이 지니는 수행성이 나타난다. 수행성 이론에서 대화란 의사소통 수단일 뿐 아니라 수행적으로 기능한다. 여기에서 '수행遂行'은 종교적 행위를 뜻하는 '수행修行'이 아니라 영어 단어 'perform', 곧 무대 행위나 실천이라는 뜻에 가깝다. 말이 말에 그치지 않고 정체성을 규정하는 실천을 한다는 의미에서 수행적이라는 의미다. 주디스 버틀러Judith Burtler가 제시하는 젠더 수행성 이론은 이름을 가져오는 (남자 또는 여자 같은) 정체성이 원래 있어서 발화나 몸짓의 원천이 되는 대신에 반복되는 대화와 몸짓의 결과가 정체성을 만든다고 본다. 이름이 정체성을 만든다는 이야기다.

도시 브랜드와 도시 발전을 보면 이런 언어(브랜드)의 수행성이 매우 두드러진다. 스마트 도시를 예로 들어 보자. 서울이 스마트 기술이 발전한 도시이기 때문에 스마트 도시라는 이름이 붙은 측면이 분명히 있지만, 일단 그렇게 이름이 붙으면 스마트 기술과 스마트 기술을 이용한 정보 공유, 그리고 그런 기술과 정보를 수단으로 자동화를 이끌어 도시 정부에 고용된 직원과 도시 시민들의 삶을 윤택하게 하려는 정책에 많은 예산과 행정력이 집중된다. 그럼 그전까지 전통적으로 수행하던 다른 기능이나 새로 시도하려던 기능들은 당연히 소외될 수밖에 없다. 입법과 행정 절차, 예산이 영향을 받는데, 이런 흐름은 도시들이 서로 벤치마킹을 하기 때문에 효과가 더욱 강화된다. 스마트 도시라는 이름을 붙이기 때문에 스마트 도시가 되는 측면이 강하다는 말이다.

한국에서는 도시 브랜드가 수행적으로 발전하는 현상이 국가가 하는 선택과 집중에 따라 계속 나타났다. 국가는 어떤 가치를 내세울 때마다 모범적 도시, 지역, 구역을 발굴했고, 발굴된 모범 사례를 확산시키는 데 주력했다. 그중 특구는 시설 개발과 집적을 하나의 목적에 집중하기 위해 특별히 설치하는 구역인데, 공모를 거쳐 선정한다. 교육발전특구, 규제자유특구, 지역특화발전특구, 기회발전특구, 연구개발특구, 국제적(글로벌) 혁신특구, 강소특구, 도심융합특구 등 대략 1000개가 있으니 더는 특별하지 않은 특구다. 한국을 비롯해 동아시아 국가는 특구 국가다.

특정 특구라는 이름을 달기 전에 공모에 지원하는 단계에서 이미 수행은 시작된다. 연구자들이 하는 연구비 신청도 마찬가지다. 큰 분야의 주제가 정해지면 그 방향에 맞춰 연구계획서를 쓰는데, 그런 과정에서 관련 문헌을 들추고 사례를 살피면서 스스로 설득돼 정말 관심을 가지게 되는 사례가 많다. 앞으로 진행할 연구에도 당연히 영향을 끼친다.

도시도 공모와 선정을 거치는 과정에서 어떤 이름이 지향하는 가치와 모범이 빠르게 확산되기 쉬웠고, 중앙 정부는 예산과 제도적 지원을 아낌없이 쏟아부었다. 서울은 아마도 그런 혜택을 가장 많이 받은 도시일 듯하다. 서울은 국가가 아끼는 '귀염둥이 아이'로 자랐지만, 도시가 발전하면서 경제가 독립적이 되자 어느덧 국가를 따라 하는 모습을 많이 보여주게 됐다. 이를테면 경제적 성장주의가 내재된 점이나 독자적으로 공모를 실시해 모범 사례를 발굴하고 아낌없이 지원하는 방식이 그렇다. 전세계 여러 도시를 초청해 스마트 도시 행사를 치르거나 다른 나라 도시 정부와 민간 기관을 선정해 지원하기도 한다. 이제는 공모의 정치가 국가를 넘어 서울을 비롯한 다른 도시에서도 많이 나타나고 있다.

본캐와 부캐 — 도시 정체성의 다양성

도시 정체성은 아주 다양한 측면이 모여 있기 때문에 도시를 딱 한 단어로 표현하려는 시도는 사실상 불가능하다. 사람도 내 속에 내가 너무도 많아 괴로워하는데, 도시가 여러 가지 모습을 지니는 현실은 지극히 당연하며 존중돼야 한다. 스마트 도시라고 해서 스마트 기술만 가치가 있지는 않으며, 스마트 도시에 종사하는 사람이 다른 이들보다 더 귀중한 일을 한다고 볼 수도 없다.

스마트 기술하고는 상관이 없어도 스포츠 하는 사람, 책 읽기 좋아하는 사람, 전통 문화 즐기는 사람, 장사에 열중하는 사람들이 있다. 그런 다양함은 당연하고, 사실상 도시를 가장 건강하게 만드는 요소다. 스마트 도시나 문화 도시 같은 용어도 요즘은 한 가지 의미만으로 통하지 않는다. 두 가지 넘는 요소가 융합해야 시너지 효과를 가져온다는 현실을 깨달은 셈이다.

'○○ 도시'라는 작명을 가장 좋아하는 사람은 지자체장이나 공무원, 지자체 관계자들이다. 도시를 상품화하고 홍보하려 할 때 중구난방 메시지는 마케팅에 도움이 안 되기 때문이다. 선명한 방향 아래 '○○ 도시'라고 내세워야 선거에서도 눈에 잘 띈다. 또한 예산과 인력에는 한계가 있는 만큼 집중할 의제를 설정해야 한다. 물론 스마트 도시나 창의 도시가 선택되고 유행하게 된 과정에는 자본의 논리가 가장 큰 영향을 미칠 수밖에 없다. 자본 순환 속도가 좀 더딘 2차 순환에 잉여 자본이 투입돼 건물이나 인프라 같은 건조 환경에 투자될 때 투자 가치를 뒷받침할 브랜드가 필요하기 때문이다.

그 밖에 전세계적 산업 구조의 변화, 지정학적 환경, 권력자의 특성, 거버넌스 구조의 변화 등이 영향을 미친다. 그래서 자본의 논리나 통치의 논리도 중요하지만 어느 정도 폭넓은 설득력을 갖춘 이름이어야 한다. 도시 브랜드를 정할 때는 도시의 특성과 그 도시가 지닌 이상적 이미지를 염두에 두고 긍정적 전망을 담아야 하며, 글로벌 트렌드도 외면할 수 없다.

도시 브랜드를 아예 없앨 수 없다면 요즘 유행하는 본캐(본 캐릭터)와 부캐(부 캐릭터) 담론을 가져오면 된다. 본캐와 부캐를 구분하는 방식은 다양한 정체성을 인정하고 독려한다는 점에서 매우 현실적이고 건강하다. 도시 정부도 장려할 만하다. 이를테면 스마트 도시가 주목받는 시기

다양한 도시 정체성

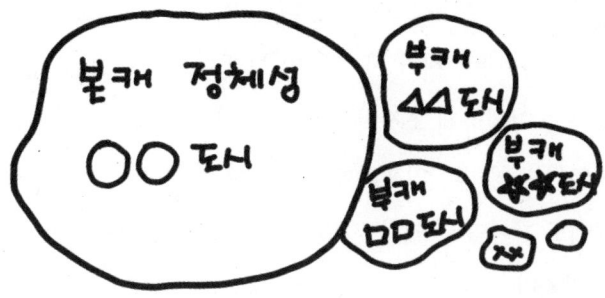

라서 대세를 거스를 수 없을 때 같은 스마트 도시 개념을 쓰더라도 시민들의 더 나은 삶을 담는 방향으로 다양성을 더할 수 있다. 주요 담론 안에서도 각 도시의 이익을 극대화할 요소를 찾아내는 자율성이 정책 담당자들에게 필요하다. 큰 트렌드에 맞서거나 굳이 나서서 바꾸기보다는 시민들에게 실질적 혜택을 줄 방법을 모색하는 편이 현명하기 때문이다.

초국적 다문화도 도시의 다양성을 추구하는 데 크게 기여했다. 처음에는 다른 인종이나 민족 출신 이주민이 도착지 사회에 통합되는 과정에 방해되지 않게 하는 데 목표를 두다가 1990년대에 사회운동으로 자리매김한 다문화주의는 동화하는 동시에 예전 정체성도 인정해 달라고 주장했다. 세계 도시로 발전한 도시들은 겉으로 보면 정리되지 않은 갈등과 산만한 현실만 눈에 띄지만 다양한 모습을 지닌 다문화 도시가 아닌 곳이 드물다. 한국에서는 다문화가 주로 결혼 이주 여성이 낳은 자녀를 가리키는 차별적 용어로 쓰이고 있어서 다른 이름으로 바뀌어야 한다는 목소리가 많다. 굳이 바꾼다면 여러 다양성, 곧 인종적이거나 민족적인 다양성뿐 아니라 남성과 여성, 장애인과 비장애인, 동성애와 이성애, 인간과 비인간 등 다양한 차원에서 다양성을 포괄할 수 있다. 그런 다양성은 도시를 활기차고 매력적인 장소로 만든다.

시민사회는 비판적 시각 아래 단일 브랜드로 나아가는 속도를 조절하거나 방향을 미세하게 조정하는 구실을 맡을 수 있다. 공간을 만들 때 겉으로 보이는 건물이나 인프라에만 주목하는 대신 실질적인 내용을 채우는 과제에도 기여할 수 있다. 시민사회는 억지 상품화에 진정성을 더하는 주요 행위자다.

모호하고 유동적인 정체성이 현대 사회가 지닌 특징이지만, 특정 도시에 가면 그곳에 특유한 분위기를 느낄 때가 많다. 케이 팝과 케이 드라마를 즐기는 사람이 한국에 들르면 자연스럽게 한국적인 느낌을 받고 매력을 느끼듯 말이다. 이런 요소를 굳이 정부나 지자체가 인위적으로 강화하려 하면 오히려 부정적 효과를 불러올 수도 있다. 특정 도시에서 느껴지는 고유한 분위기는 쉽게 사라지지 않으며, 의도적으로 변화시키기도 어렵다. 타인이 내놓는 평가에 신경 쓰기보다는 자기가 느끼는 행복과 강점에 집중할 때 오히려 긍정적인 인상을 줄 수 있기 때문이다.

4장

이동의 젠더화
노동과 적응을 둘러싼 공간 전략

이주의 젠더화 — 이동, 노동, 적응에서 드러나는 성별 차이

'이주의 젠더화'란 이주 과정에서 성별에 따라 경험이 달라지고 불평등이 드러나는 현상을 가리킨다. '이주의 여성화'란 전체 이주민 중 여성이 수적으로 늘어날 뿐 아니라 여성 이주민이 특정 분야에서 중심적인 구실을 하게 되는 현상까지 포함한다. 이런 현상은 이동 통치가 젠더에 따라 다르게 나타나는 현실을 보여 준다. 또한 여기에는 이주 때문에 삶의 방향과 태도가 달라지는 현실도 포함돼야 한다.

이주의 젠더화 담론은 주로 국제 이주민을 다룬 논의에서 등장했다. 그러나 1960년대부터 1980년대에 걸친 산업화 시기에 일어난 국내 이주도 이주의 젠더화 측면에서 주목할 만하다. 농촌에서 도시로 대규모 인구가 이동하는 과정에서 남성과 여성의 이주 양상은 뚜렷한 차이를 드러냈다. 이주 동기, 직업 선택, 정착 방식, 가족 내부 성역할 등에서 성별에 따른 차이가 나타났다. 이를테면 남성은 제조업이나 건설업 등 물리적 노동을 해야 하는 직종에 투입된 반면 여성은 봉제업이나 전자 부품 조립 등

이주의 젠더화

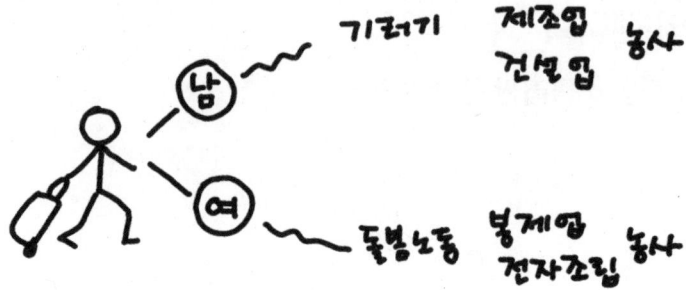

섬세한 기술이 필요한 직종에 집중됐으며, 가정부, 곧 가사도우미로 일하는 사례도 많았다.

이주의 젠더화는 단순히 인구 이동 때 성별 구성이 바뀌는 데 그치지 않고 성별에 따라 이동 과정과 정착 과정에서 경험과 기회가 달라지는 복합적 현상이었다. 21세기 들어 교통과 통신이 발전하면서 시작된 이동 통치에서는 이주 젠더화 양상이 다르게 나타난다. 행정 수도 이전이나 대기업 지방 이전처럼 직장이 옮겨 갈 때 예전처럼 가장을 따라 가족이 함께 이주하지 않게 됐다. 가장을 대신해 가족에서 중심이 된 요소는 교육과 부동산이다. 서울처럼 교육과 집값 상승에 유리한 곳에 주로 엄마와 자녀들이 남고 아빠는 발전한 교통을 통해 장거리 출퇴근을 하거나 나가서 생활한다. 외국에 가야 한다면 엄마와 자녀들이 같이 떠나고 기러기 아빠만 남는다.

물리적 노동에는 저임금과 낮은 사회적 지위가 따라왔지만, 특히 여성 노동은 가치를 제대로 인정받지 못한 채 불평등한 대우를 받았다. 봉제 공장을 다니는 여성들이 보내는 돈은 오빠나 남동생이 대학 다니는

데 쓰였다. 국내 결혼 이주 여성들은 남편 고향이나 직장 근처로 이동해 적응하려 애썼다. 가부장적 가족 구조 때문에 흔히 볼 수 있는 풍경이었다. 남성보다 여성이 적응력이 뛰어나다는 말이 상식처럼 떠도는데, 성별에 따른 타고난 차이는 알 수 없지만 여성이 적응해야 하는 상황에 더 자주 놓이게 되는 현실은 부인하지 못한다.

남성은 주로 경제적 부양자로서 이동을 주도하는 반면 여성은 물리적이고 정서적인 돌봄을 수행하면서 동반 이주하는 사례가 많았다. 지금도 그렇지만 예전에는 그런 경향이 더 뚜렷했다. 새로운 지역에 정착한 결혼 이주 여성은 자녀가 학교 생활에 적응하고 가족이 지역 사회에 통합되는 과정에서 더 큰 부담을 떠안게 됐다. '반찬값 벌려고' 비정규직으로 일하는 여성도 많았는데, 젠더화된 노동 시장 구조에서는 현실적인 선택지였다.

필리핀 가사도우미 — 돌봄과 결혼 노동에서 드러나는 젠더화 흐름

2020년 기준으로 국제 이주민은 2억 8100만 명으로 추산되는데, 세계 인구의 3.6퍼센트 정도다. 그중 남성 이주민이 1억 4600만 명가량이고 여성 이주민이 1억 3500만 명가량으로, 남성이 절반을 약간 넘는다. 국제 이주 중 노동 이주가 많으며 전세계 유급 노동 시장 참여율이 남성은 76퍼센트이고 여성은 60퍼센트인 데 견주면 여성 이주민이 꽤 많은 편이다.

이주의 여성화를 단순히 이주민 중 여성 비율이 남성보다 높은 상태로 정의하기는 어렵다. 이주의 여성화는 이주 과정에서 여성의 위치와 경험이 점점 더 두드러지고 특성이 바뀐다는 데 관련된다. 특히 가사 노동, 간병, 서비스업 등 그동안 여성에게 할당되던 직종에서 여성 이주민이 차지하는 비율이 매우 높아지고 있다. 이를테면 필리핀, 인도네시아, 스리랑카 등에서 외국으로 파견되는 가사 노동자나 간병인은 대부분 여성이며, 이런 현실은 이 지역의 경제와 가족 구조에 중요한 영향을 미친다. 처음에는 주로 남성이 경제적 이유 때문에 이주하다가 지난 몇 십 년 동안 경제적 이유나 사회적 계기 때문에 이주하는 여성이 늘어났고, 이제 여성은 더는 가족을 따라가는 부수적 존재가 아니라 가정 경제를 책임지는 생계 부양자로 자리 잡았다.

가사, 육아, 간병 같은 돌봄 노동 시장에서 나타난 전세계적 이주 흐름 때문에 이런 현상이 나타났다. 그동안 가사 노동은 주로 전업주부로 일하는 여성이 담당했는데, 이제는 달라졌다. 여성이 예전보다 노동 시장에 더 활발히 참여하는 반면 남성이 가사 노동에 참여하는 비율은 상대적으로 늘지 않자 저개발국 출신 이주 여성이 부족분을 메꾸는 식이다. 맞벌이 가정에서 이주 여성 돌봄 노동자를 고용하면 이 여성 이주민이 떠나온 본국 가정에는 그 여성의 어머니나 더 가난한 나라에서 온 여성 이주민이 들어오는 식으로 여성 이주가 연쇄적으로 일어난다.

여성 이주 노동자는 가사 노동이나 간병 등 서비스업과 중소기업, 특히 제조업 부문에서 없어서는 안 될 사람들이다. 농어촌 지역에서도 존재감이 크다. 젠더화된 직업군, 곧 여성을 주로 고용하는 직종은 국제 이주 노동 시장에서 큰 비중을 차지한다. 고령화가 가팔라지고 여성 경제 활동 인구가 늘면서 돌봄 노동 수요도 동시에 늘어나는 중이지만, 이주 여성은 젠더에 기반한 착취와 불평등에 여전히 취약한 상태에 놓여 있다. 여성 이주민은 불안정한 노동 환경에서 저임금을 받거나 성폭력에 노출되기 쉽다. 아예 성산업에 종사하려고 이주하는 사례도 있다. 노동법 사각지대에 놓인 사람도 흔해서 임금 체불이나 노동 시간 초과 같은 문제도 종종 벌어진다.

이주의 젠더화와 결혼 이주

국제 결혼 이주는 여성 이주의 또 다른 주요 흐름을 형성한다. 국제 결혼 이주에서 여성은 압도적 비중을 차지한다. 한국에서 벌어지는 이주의 젠더화에서 눈에 띄는 집단도 결혼 이주 여성이다. 베트남, 필리핀, 태국 등 동남아시아와 중국, 몽골 출신 여성이 한국 남성하고 결혼해 이주한 사례다. '다문화'하고 거의 동의어가 된 결혼 이주 여성은 순혈주의를 강조하는 한국 사회에서 천천히 지역 사회에 통합되는 중이다. 결혼 이주 베트남 여성이 부녀회장을 맡는 사례를 종종 볼 수 있다. 물론 문화 갈등, 언어 장벽, 인종 차별 같은 소식도 여전히 들리는 탓에 한국 정부는 국제 결혼 이주 여성을 돕는 다문화가족지원센터를 지역마다 열어 한국어 교육, 상담, 사회 통합 프로그램을 제공한다.

이주와 성장 ― 확장된 네트워크와 열린 기회의 땅

이주 젠더화에 관련해 이주민이 겪는 어려움을 많이 논의하지만 이주민이 누리는 기회와 성장이 가져오는 효과도 눈여겨봐야 한다. 이주민이 가난하다는 통계는 대부분 새로 들어오는 이주민 때문에 생기는 효과다. 시간이 지나면 많은 이주민이 사회경제적으로 나아진다. 이주민은 낯선 환경에서 살아남기 위해 적응 능력을 계발한다. 낯선 언어를 배우고, 새로운 직업 기술을 익히고, 문화 간 소통 능력도 키울 수밖에 없다. 대부분의 이주민에게 고통스러운 과정이지만 장기적으로 성장할 수 있는 기회이기도 하다.

이주 여성은 경제적 독립, 가족 재구성, 글로벌 노동 시장에서 차지하는 위치를 바탕으로 사회적 변화를 주도한다는 점에서 주목받는다. 여성 이주민은 새로운 환경에서 스스로 경제적 독립을 달성하거나 교육 기회를 얻어 개인 역량을 강화할 수 있다. 몇몇 여성 이주민은 학위를 따거나, 창업에 성공하거나, 가족 내부에서 의사 결정 권한을 확대하는 과정을 거치며 본국과 도착국 지역 사회에서 모두 중요한 구실을 한다. 요컨대 이주를 거치면서 젠더 역할이 변화한다. 가족이 같이 이주할 때는 대체로 선진국으로 떠나기 때문에 그곳에 자리 잡은 평등한 젠더 역할에서 영향을 많이 받는다. 게다가 본국에서 전업주부로 있다가 외국에서 직업을 얻게 된 이주 여성은 경제적 권력도 확보한다. 여성 혼자 노동 이주를 할 때도 본국 가족에 돈을 보내고 발전된 문화를 접하면서 여성이 지닌 경제적 권력은 물론 문화적 권력이 강해진다. 이주한 곳에서 사회적 위치와 삶의 질이 낮더라도 가족 내부에서 차지하는 위상은 높아진다. 그럴 때 그 이주 여성에게 가장 중요한 준거 집단은 가족, 친척, 친구다.

이주 경험은 정체성과 자아 실현에도 큰 역동성을 가져온다. 새로운 환경에 놓여 있는 자기 모습을 보면서 자아를 재발견하거나 새롭게 정립하는 기회를 얻는다. 알고 보니 변화를 두려워하는 사람이라거나 여러 인종 사이에 섞여 보니 의외로 인종 위계에 민감한 사람이라는 식이다. 익숙한 사회적 틀에서 벗어나 본국에서는 감행하지 못하던 과감한 시도를

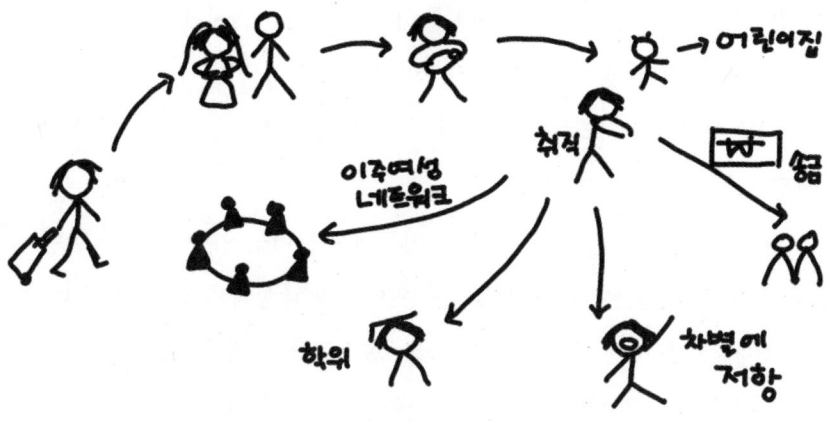

해 보는 경험을 하면서 자기가 지닌 가치를 재확인하는 사례도 있다.

네트워크 확장과 사회적 자본도 큰 자원이 된다. 이주 과정에서 형성되는 다양한 네트워크는 이주민이 새로운 공동체에 정착하고 성장할 수 있는 자원을 제공한다. 특히 이주민 공동체, 교회, 비정부 기구 같은 네트워크는 안정적인 정착과 자기 계발을 지원한다. 성장 욕구를 자극받아 교육을 받고 학위를 취득하기도 한다. 이런 기회는 이주민이 놓인 사회적, 경제적, 제도적 맥락에 좌우된다. 따라서 이주민이 성장 기회를 극대화하려면 젠더화된 문제를 해결할 수 있는 제도적 지원을 제공하는 동시에 잠재력을 발휘할 수 있는 환경을 조성해야 한다.

이주의 여성화 — 아시아적 특이성, 또는 아시아적 보편성

아시아 지역에서 젠더화된 이주가 중요 연구 주제로 자리 잡고 있다. 아시아 지역 여성 이주민에 특유한 기능, 경험, 이주 유형이 다른 지역에 견줘 독특한 양상을 보이기 때문이다. 가사 노동과 간병 산업에서 여성 이주민이 지배적인 몫을 차지하는데, 특히 필리핀, 인도네시아, 스리랑카 출신 여성이 중동, 홍콩, 싱가포르, 말레이시아 등지로 대량 이주를 하고 있다. 이주 여성은 가사도우미, 아이 돌봄 서비스, 노인 간병 분야 같은 젠더화된 노동에 주로 종사한다.

국제 결혼 이주는 아시아에서 특이하게 나타나는 이주 유형 중 하나다. 중국, 한국, 일본, 대만 등에서는 농촌 지역 남성과 동남아시아 여성이 국제결혼을 하는 사례가 많다. 농촌 총각 결혼 문제를 해결하려고 베트남 여성을 상대로 국제결혼을 독려한 한국 정부처럼 중국 정부도 농촌 남성 결혼이 사회 문제로 떠오르자 파격적인 지원책을 내놓았다. 탈북 여성을 대상으로 하는 인신매매 결혼을 많은 사람이 반인권적 만행이라고 생각하지만, 결혼은 하고 싶은데 여자를 찾을 수 없어 브로커에게 돈을 내는 중국 농촌 남성에게 연결되는 많은 여성 중에서 아주 일부일 뿐이다. 이렇게 결혼하는 데 어려움을 겪는 중국 농촌 남성이 3000만 명, 또는 7000만 명에 이른다는 통계를 보면 앞으로 아시아에서 국제 결혼 수요가 엄청나게 늘어나리라는 사실을 짐작할 수 있다. 이렇게 결혼 이주를 하게 될 여성들은 종종 가족과 공동체를 부양해야 하는 경제적 책임을 지게 되며, 새로운 환경에서 차별이나 문화적 갈등을 겪을 수도 있다.

몇몇 아시아 국가가 여성 이주 노동자를 보호하는 정책을 마련하고 있다. 인도네시아 정부와 필리핀 정부는 여성 이주민이 착취당하지 않도록 송출 과정과 고용 과정을 엄격히 관리한다. 반면 이런 정책은 여성이 누릴 수 있는 경제적 기회를 제한하거나 불법 이주를 증가시키는 풍선 효과를 불러오기도 한다.

아시아에서 여성 이주민은 종종 생계 부양자 구실을 하면서 본국 경제와 지역이 발전하는 데에도 기여한다. 이를테면 필리핀으로 들어오는 해외 송금 중 50퍼센트 이상을 여성 이주 노동자가 차지한다. 경제적 독립은 가족 내부 권력 관계뿐 아니라 사회적 젠더 역할에도 변화를 가져온다. 한편 중국 내부 이주에서도 젠더화된 이주 양상이 뚜렷하게 나타나는데, 대도시로 이주해 공장 노동자나 가사 노동자로 일하는 농촌 여성은 도시화 과정에서 중요한 구실을 한다.

또한 여성 이주민은 호주제 때문에 차별과 불평등을 겪거나 교육, 의료, 복지 혜택에서 배제되기도 한다. 종교나 문화 차이 때문에 권리가 제한되거나 특정한 직업에만 종사하라는 강요를 받기도 한다. 이를테면 중동으로 이주하는 아시아 여성 노동자는 이슬람 규범에 따라 일상과 근로 조건이 제한된다. 반면 이슬람 규범을 순순히 따르면서 고용주와 이주민 사이에 신뢰가 형성되기도 한다. 선주민 처지에서는 동화에 적극적인 이주민에게 마음을 열기 쉽기 때문이다.

한국에서도 이주의 여성화 흐름은 더 거세질 듯하다. 늘어나는 돌봄 노동 수요를 이주 여성 노동자가 채우고 있기 때문이다. 외국인 고용 정책도 가사 노동이나 간병 등 특정 직종에서 여성 이주를 장려하는 흐름이 있다. 많은 한국인은 더 많은 이주민이 한국에 들어오면 여러 문제가 벌어질 수 있다고 염려한다. 이주민이면 일단 무시하는 태도를 보이는 사람도 여전히 많고, 서로 중요하게 여기는 기준이 다르고, 문제를 제기하면 법을 무시한 채 차별적으로 대응하는 등 한국인 고용자와 이주 여성 피고용자는 이미 많은 문제를 겪고 있다. 꼭 여성 이주민이 아니더라도 고용 관계는 늘 삐걱거리기 마련이지만, 돌봄 노동이 지닌 특성상 갈등과 차이가 개인적 수준에서 수렴되기 때문에 젠더 기반 폭력을 비롯해 미묘하지만 더 큰 문제로 확대될 가능성이 높다.

이주의 여성화

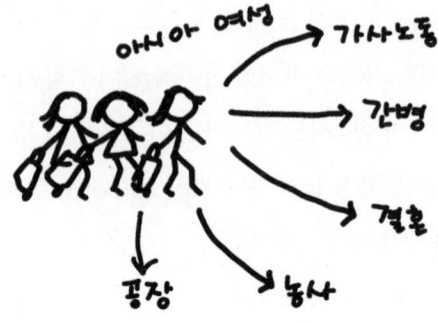

어쨌거나 한국은 점점 더 다문화와 다양성이 상식인 사회로 바뀌고 있다. 정부는 다문화 정책을 실시하고 외국인 노동자 보호 법안 등을 마련해 이주 여성이 누려야 하는 권리를 보호하려 노력한다. 그렇지만 필요한 도움은 받다가 쓸모없는 존재가 되면 내치는 도구화 담론이 여전히 꽤나 노골적이다. 앞으로 더 많은 이주 여성이 들어올 텐데 쓰고 버린다는 느낌을 주면 갈등만 더 깊어질 뿐이다. 아시아적 특이성과 아시아적 보편성은 동전의 양면이 될 수도 있고 양날의 칼이 될 수도 있다.

5장

다문화 공간 정치
이주민 장소와 교육 공간을 둘러싼 변화

이주민 장소 ― 이동 통치에 맞선 적극적 대응

이주민이 이용하는 장소를 적극적으로 만드는 사회적 과정을 가리켜 '이주민 장소 만들기migrant placemaking라 부른다. 이동 통치가 주로 노동 시장과 결혼 시장의 수요를 충족시키기 위해 (비)이동성을 매개로 실행되는 통치라면, 이주민 장소 만들기는 이주민이 디아스포라 상태에 대응하는 지속적인 사회적 과정이다. 이주민 장소 만들기는 이동 통치 구조 속에서 제한되거나 고무되는데, 오히려 이동 통치를 기회로 삼아 이주민의 이익을 추구하는 형태도 나타난다. 또한 이주민이 일상에서 누리는 권한을 스스로 높이려는 시도이며, 수용 사회의 통치와 처우에 보이는 반응이자 정체성 정치의 일환이기도 하다.

이주민 장소는 이주민 밀집 지역이 대표적이다. 이주민들이 모인 주택, 본국 음식을 파는 식당, 식료품점, 종교 공간, 2세 학교 등이 있다. 공통된 민족성과 문화를 바탕으로 공동체를 형성해 사회적 지원 네트워크를 마련하고 새로운 이주민이 적응할 수 있게 정보와 자원을 제공하는 장소들이다. 이주민 밀집 지역에서 이주민은 익숙한 언어로 대화하고, 낯익은 음식과 물건을 사고, 비자 문제를 의논할 수 있는 사업체를 찾는다.

이주민 장소 만들기의 주체가 꼭 이주민은 아니다. 선주민이나 다른 이주민이 중요한 구실을 하는 사례도 많다. 특히 한국에서 종교 공간과 교육 공간은 선주민이 이끄는 사례가 많다. 선주민 종교인이 이주민들에게 도움을 주고 선교도 하려고 이주민 종교 공간을 만들기 때문이다. 교육 공간은 사정이 좀 다르다. 일반 학교에서 수업을 잘 따라가지 못하거나 문화적 차이 탓에 고생하는 이주민 2세를 위해 선주민이 나서서 분리 교육을 시작할 때가 많다. 이주민 수가 적을 때는 아시아 식료품점처럼 가까운 여러 나라에서 온 이주민을 상대로 하는 상점이 나타난다.

예전에는 이주민 밀집 지역 자체를 사회 통합을 저해하는 도전으로 보는 시각이 강했다. 이주민들이 집단적 정체성을 유지하고 발전시키는 데 밀집 지역이 중요한 구실을 하기 때문이다. 동화하라는 요구가 강한 한국에서는 이주민 장소를 달가워하지 않았다. 세계 어디에나 뿌리내린 차이나타운이 생기는 과정도 어려웠다. 경계심은 이주민이 떠나온 본국의 권력에 따라 많이 달라지기도 했다.

이주민의 정체성은 도착지에 완전히 동화되지도 않지만 본국 정체성을 그대로 유지하지도 않는 어떤 중간 지대에서, 구체적 상황에 따라 다르게 나타난다. 이주민 장소는 이주민에게는 본국에 살던 자기 자신으로 돌아가 숨돌릴 수 있게 하고 선주민에게는 본국 문화를 소개하는 중간 지대 구실을 할 수 있다. 선주민이 이주민 밀집 지역을 바라보는 시선이 좋지 않을 때 이주민은 자기가 그런 대접을 받는다고 느낀다. 그럼 반감을 느껴 반박하거나 불만을 품거나 밀집 지역이 주는 이미지를 바꾸려 노력한다. 이주민 장소 만들기 과정에는 이 반응까지 포함된다. 이런 과정

을 거쳐 이주민들은 이주한 도착지에서 자기가 있는 위치를 깨닫고, 극복해서 권한을 강화하고, 또 다른 삶의 전략을 꾀한다.

우범 지대로 여겨지던 이주민 밀집 지역은 오늘날 다양성을 더하는 특이한 곳, 관광지, 심지어 '핫플'로 자리 잡고 있다. 앞으로는 더 달라질 가능성이 많다. 한국을 찾는 관광객이 늘어나면서 우리 사회는 외국인에 점점 더 익숙해지고 있다. 게다가 인구 감소 때문에 이주민을 대체 노동자나 대체 주민으로 대할지도 모른다. 사회 안정을 해칠까 저어하며 입맛에 맞는 이주민만 받아들이고 싶어하지만 실상은 그다지 여유 있는 형편이 아니다. 일 잘하고 문제 안 일으키는 이주민을 찾는 수요가 많아서 세계적으로 경쟁이 치열해질 테니 말이다.

물리적인 밀집 지역 대신 온라인 장소도 점점 중요해진다. 이주민 수가 적고 흩어져 있을 때는 온라인 커뮤니티가 이주민 장소가 된다. 예전에는 이주민 수가 적으면 빠른 속도로 동화돼 정체성이 사라지기 쉬웠지만, 이제는 적은 수라도 필요한 정보를 나누고 모임을 조직하고 교육하고 같이 온라인 예배를 열기도 한다.

한국에서 큰 이주민 집단과 작은 이주민 집단이 실행한 대표적인 장소 만들기를 보면 뚜렷한 차이가 드러난다. 바로 구로-대림 지역에 있는 조선족 밀집 지역과 라틴아메리카 이주민들이 모인 디지털 커뮤니티다. 오랜 지정학적 갈등을 해소한 1992년 8월 24일 한-중 수교 이후 조선족이 대규모로 한국에 이주하면서 구로-대림 지역은 조선족이 이주민 생활을 처음 시작하는 곳으로 자리 잡았다. 한국에서 지내는 조선족 이주민 수는 전체 이주민의 63퍼센트인 70만 명이 넘는다. 코로나19 기간에 반중 감정이 높아지지만 전체 이주 노동자 수가 줄어드는 바람에 조선족 이주민을 찾는 수요는 오히려 증가했다. 구로-대림에 있는 조선족 밀집 지역은 조선족을 향한 편견을 상징하는 장소이면서 궁금해 가 보고 싶은 조선족 차이나타운으로 자리 잡고 있기도 하다.

라틴아메리카 이주민은 외국인 인구의 1퍼센트 미만으로 1200명 정도인데, 주로 단기 체류자다. 이 이주민 집단은 잘 알려지지 않은 편인데, 멕시코 음식, 라틴 음악, 살사 댄스 클럽, 테킬라 같은 라틴아메리카 문화 상품이 마케팅에 성공하면서 인지도를 높였다. 대부분 20세에서 35세 사이이고 한국 대학에 다니는 학생들이라 젊은 세대에게 익숙한 온라인 공간이 빠르게 발전했다. 페이스북과 트위터에 국적별 협회나 라틴아메리카 그룹 같은 지역별 단체가 있다.

조선족 이주민과 라틴아메리카 이주민은 다른 방식으로 이주민 장소를 만들지만 뿌리를 찾고 자기들만의 장소를 마련하려는 정체성 정치가 가져온 결과라는 점은 똑같다. 이주민이 겪는 고민을 공유하고 비자 정책 안에서 이동성을 높이거나 낮춰 불안정한 삶을 꾸린다. 대응 전략에 따라 구로-대림 지역에 단기 임대가 증가하거나 경기도 지역에 주택을 사 자리 잡는 새로운 조선족 밀집 지역이 생긴다. 온라인에서 만나서 친하게 지내다가 본국으로 돌아간 라틴아메리카 이주민들이 꾸린 네트워크도 새로운 장소로 이주하거나 다시 한국으로 올 때 이동에 계속 활용된다. 이동 통치와 이주민 장소 만들기가 만나서 이동, 장소, 권력의 순환을 형성하며, 이 순환에서 핵심은 이주민 장소다.

경계 넘은 배움터 — 탈북민 2세와 선주민이 만든 교육 공간 이야기

교육 공간은 이주민들에게 특별한 의미가 있다. 많은 이주민이 2세가 누릴 삶의 질과 교육 때문에 이주한다. 이주민을 만나다 보면 자기는 상관없는데 아이들이 걱정이라는 말을 자주 듣는다. 자기가 적응하느라 허둥대는 와중에 아이가 혹시 차별받는지, 이주한 보람을 느낄 만큼 환경이 좋은지, 자기 뿌리를 너무 잊지 않는지가 가장 큰 관심사다. 그래서 이주민들은 도착국에서 받는 교육을 따라갈 수 있게 도와주는 추가 교육과 본국 말을 배우는 언어 교육이 모두 필요하다고 느낀다.

선주민에게도 이주민 2세는 인도적 측면에서나 사회 통합을 염려하는 측면에서 관심 대상이다. 타국에 와 고생하는 어린이들이 마음 아파 발벗고 나서서 이주민 2세 교육 공간 만들기에 핵심적인 구실을 할 때가 많다. 반면 이주민 2세가 학교 교육과 문화를 방해할까 봐 걱정하기도 한다. 그래서 선주민은 이주민 2세 교육 공간 만들기에 관련해 가장 큰 지지 세력이자 반대 세력이 된다.

난민에 가까운 존재인 탈북민 2세 교육 공간은 한국인이 주도해 만들었다. 2000년대 중반 기독교 단체들과 불교 단체가 탈북민 2세를 위한 대안 학교를 설립하기 시작했다. 북한이 고난의 행군을 겪은 시기에 탈북민이 갑자기 늘었는데, 중국을 거쳐 한국에 도착한 탈북 청소년은 일반 학교에 바로 들어가기가 어려워서 별도 교육을 받아야 했다. 북한과 중국

탈북민 2세 교육 공간 만들기

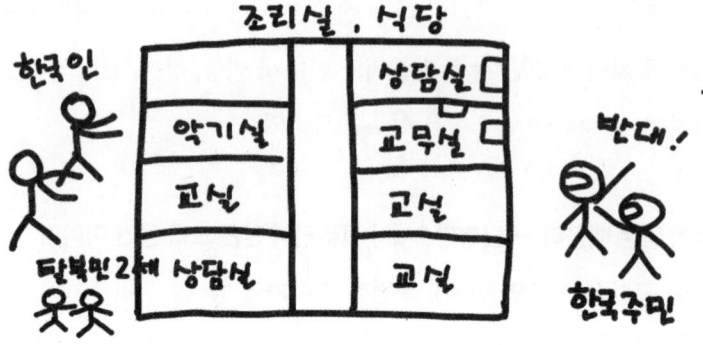

에서 제대로 된 교육을 받지 않은데다 중국에서 자란 탓에 한국말도 못하는 사례가 많았다. 청소년 대안 학교라고 불리지만 중국에서 오랜 세월을 보내서 30대 성인인 학생도 있었다. 내가 방문한 탈북민 대안 학교는 겉모습이 학원 같았다. 2층이나 지하에 일반 학교에 견줘 작은 교실, 교무실, 상담실이 줄지어 있었다. 생계에 바빠 부모가 다른 지역에 사는 사례도 많아서 숙식을 해결해야 하는 학생들을 고려해 대부분 급식 조리 시설이 딸려 있었다.

선주민은 탈북민 학교 만들기에서 가장 큰 걸림돌이었다. 탈북민 학교가 새로 들어서거나 옮기려 할 때 주민 반대에 부딪혀 책임자와 교사들이 애태운 사례가 많았다. 대놓고 반대하는 집단행동을 하거나 건물주가 태도를 바꿔 임대를 취소하기도 했다. 대개 위험할까 봐 두렵다는 이유를 댔다. 그래서 탈북민 학교들은 밖에 대놓고 '탈북민'이라고 써 붙이지 않지만, 탈북민 학교 교사들은 오히려 탈북민 학생들이 선주민 학생들에 견줘 감동을 주는 사례가 많다고 말한다.

탈북 청소년은 서울에 353명 정도, 경기도에 585명 정도 산다. 탈북민 2세 대안 학교는 11개 있는데, 그중 서울에 자리한 8개 학교가 기숙사를 두고 전국 단위로 학생을 모집한다. 지원도 많이 받는다. 교육부와 통일부가 운영비를 일부 지원하고, 운영 주체인 종교 단체가 큰돈을 대고, 서울시가 인력을 파견하고, 소방서 같은 공공 기관이나 민간 단체가 교육 내용을 제공한다. 그런 지원이 장기적으로 보장돼 있지 않다는 점은 문제다.

탈북민 2세 교육 공간 만들기는 새로운 상황을 맞이하며 여전히 진행 중이다. 안 그래도 학교를 유지하는 일이 힘에 부치는데 탈북민까지 줄어 학생 수가 줄고 중국을 비롯해 제3국 출신이 많아지자 여러 대안을 모색한다. 정식 인가를 얻어 정부 지원을 안정적으로 받거나, 일반 학교에 다니는 탈북민 학생을 위탁 교육하는 기관으로 등록하는 식이다. 이중 언어(이를테면 중국어와 한국어)를 쓰는 교사를 채용해 한국어 교육을 강화하고 문화 체험 프로그램을 도입할 수도 있다. 좀더 다양한 이주민을 받아들이거나 선주민 학생을 포함시키는 식으로 변화할 가능성도 있다.

뉴몰든의 작은 한반도 — 탈북민 교육 공간에 투영된 남과 북

영국에서, 그러니까 한국인이 이주민인 사회에서 한인 밀집 지역에 탈북민 2세 교육 공간을 만드는 과정은 더 복잡한 역동성을 드러냈다. 영국의 탈북민 커뮤니티는 세계에서 가장 활발한 탈북민 밀집 지역인데다 한 동네에 한국인들하고 섞여 살아서 미래 한반도를 보여 준다며 언론과 학계도 주목했다. 심지어 '유럽의 북한'으로 불리기도 했다. 런던 교외 지역 뉴몰든New Malden에는 한국인 1만여 명과 탈북민 700여 명이 산다. 내가 영국에서 처음 생활한 동네이고, 한국인과 조선족과 탈북민 사이의 상호 작용을 연구한 지역이고, 맛있는 한국 음식이 생각나 자주 간 곳이다.

한국 정부가 인가하고 한국고등교육재단이 운영하는 한글학교가 먼저 있었다. 주말에 한국 이주민 2세들에게 한글과 한국 교육을 했다. 주재원 자녀가 많았고, 탈북민 어린이들도 다니기 시작했다. 그러다가 탈북민 부모들이 따로 한글학교를 만들었다. 탈북민 가정끼리 친하게 지내면서 아이들이 모여 숙제도 하고 보충 공부도 하다가 자연스럽게 학교로 발전했다. 한국 한글학교가 멀고, 강도 높은 수업과 비싼 수업료도 부담이고, 아이들 사이에 있을지 모를 차별도 걱정된 탓이었다.

공간은 장소 만들기의 주체인 주요 행위자들이 품은 소망을 담고, 권력 관계를 반영하고, 결국 권력을 강화한다. 탈북민 한글학교를 만든 탈북민 부모들은 학교가 한국인하고는 다른 탈북민의 고유한 특성, 곧 영국 안에서 한국과 북한이 섞인 정체성을 띠기를 바라기도 했다. 북한처럼 교육은 무료이면 좋겠고, 한국 교과서나 북한 교과서가 아니라 영어 사용 인구가 배우는 한국어 학습서를 교재로 쓰고 싶어하는 식이었다. 매주 토요일에 한 교회를 빌려서 운영한 이 한글학교는 학비가 무료이고 간식비만 받는 대신 부모들이 돌아가면서 자원봉사를 했다.

한국에서는 선주민이지만 영국에서는 탈북민처럼 이주민인 한국인은 탈북민 학교를 설립하는 데 크게 기여한 반면 장벽도 됐다. 영국에서도 두 가지 다른 구실을 했다. 한국인도 관여하기 시작하면서 이 한글학교는 한국인-탈북민 거버넌스 형태로 운영됐다. 이사장은 한국인이고, 교장은 탈북민과 한국인 각각 한 명이고, 교사들은 한국인과 탈북민이 섞여 있었다. 아이들은 대부분 영국에서 나고 자라 한국어를 말하고 쓰는 데 어려움을 겪었다. 한글을 배우고 싶은 어린이는 다 다닐 수 있어서 가끔 한국 어린이도 있었다.

제3의 장소에서 탈북민 2세 교육 공간 만들기

탈북민 한글학교를 반대한 쪽은 한국 한글학교 운영진을 비롯한 한국인들이었다. 영국에서는 한국인이나 탈북민이나 모두 이주민인데, 한국인이 탈북민을 바라보는 시각은 달랐다. 한국인들은 영국에 먼저 자리 잡은데다 대개 고용주인 자기들에게 탈북민들이 잘 따라 주기를 바란 듯싶다. 탈북민이 영국 안 한국에 동화하기를 바라는 기대 심리인 셈이었다. 어디에 있든 북한 정체성이 드러나게 되면 위험하다고 보는 시각도 더해졌다. 이 한국인들은 탈북민 한글학교도 한국인 한글학교에 통합돼야 한다고 주장했다.

한국에 견줘 뉴몰든에서는 탈북민 부모들이 훨씬 주도적으로 2세 교육 공간을 만들었다. 한국에 사는 탈북민보다 경제적으로 더 여유가 있었고, 한국인이나 탈북민이나 모두 이방인이라는 생각에 한국인 앞에서 기죽을 필요도 없었다. 한 탈북민은 한국 사람이나 북한 사람이나 똑같이 조국을 배신하고 다른 나라에 온 사람들이라고 말했다. 그러니 탈북민들이 학교를 설립하고 운영하는 데 간섭하는 한국인들이 이해되지 않는다고 털어났다. 경기도민 한글학교를 만들건 탈북민 한글학교를 만들건 왜 상관하는지 이해할 수 없다고 했다.

2세 교육 공간을 둘러싼 설립, 발전, 변화 과정에서 다른 정체성과 문화가 나타나고 남북 관계, 이주민의 뿌리와 정체성, 2세 교육을 보는 다양한 시각이 부딪친다. 탈북민 2세 교육을 돕고 싶어하는 한국인, 정부가 싫어서 탈북한 처지이지만 조국의 정체성을 지키려는 탈북민, 한국이 북한에게 '형님'이자 '큰집'이라며 영국에서도 탈북민이 동화해야 한다고 기대하는 한국인, 그런 태도에 반발해 더 독자적 정체성을 확립하고 싶어하는 탈북민, 이제는 한글학교가 한글을 배우고 싶어하는 세계인에게 열려야 한다는 한국인이 있었다. 이주민 교육 공간 만들기를 둘러싸고 이런 다양한 시각이 드러나고 충돌하고 재협상했다.

변화와 재협상은 진행 중이다. 이주민 2세 교육 공간은 단순한 학습 현장을 넘어 정체성을 형성하고 미래를 개척하는 데 핵심적인 구실을 한다. 남북한을 아우르는 정치적 변화와 국제적 지위 변동 속에서 이런 공간들은 아이들이 글로벌 시민으로 성장할 수 있는 발판을 제공한다. 한민족 아이들이 자라는 교육 공간일 수도 있고, 서로 정체성을 인정해 남한과 북한이 따로 모이는 공간이 마련될 수도 있다. 한글을 배우려는 세계인을 위한 교육 공간이 되면 민족 정체성은 옅어질 수 있겠지만, 세계 속에서 자기 뿌리를 이해하고 다른 문화를 존중하는 포용력을 기르는 데 도움이 될지도 모른다.

현실적 변화도 있다. 아이들이 크고 영국으로 가는 탈북민이 줄어들면 탈북민 학생 수도 줄어들 수밖에 없다. 한국과 북한이 누리는 국제적 지위도 반영돼야 한다. 한국 이미지가 점점 좋아지면서 한글을 배우려는 사람이 늘고 있다. 북한은 핵 보유국으로 인정받으면 위상이 달라질지 모른다. 그런 가능성 속에서 아이들의 미래를 고민하는 부모들과 공동체는 계속 노력하는 중이다.

6장

지정학
권력을 위한, 또는 권력에 관한

고전 지정학 — 권력을 위한 공간학

고전 지정학은 지리적 요인과 위치가 국제 관계와 정치에 미치는 영향을 설명하면서 시작됐다. 한반도의 정치적 위치와 외교적 위상을 동북아의 교차로, 또는 대륙 세력과 해양 세력 사이라는 '지정학적 위치'로 규정하는 방식이다. 자연환경, 이를테면 섬이나 산, 강이 만드는 경계와 정치적으로 그어진 경계 또한 중요한 지리적 요인이다.

지정학적 설명은 주로 국가 단위를 주체로 삼으며 세계 경제와 정치를 좌우하는 강대국을 중심에 둔다. 1947년부터 1991년까지 미국과 소련이 벌인 이데올로기적 대립과 정치적 경쟁을 냉전이라 불렀고, 21세기 들어서는 미국과 중국 간 경쟁을 신냉전이라고 했다. 요즘 벌어진 러시아-우크라이나 전쟁과 이스라엘-하마스 전쟁은 냉전보다는 열전에 가까워 보이지만, 여전히 강대국 중심 시각에서 바라보면 신냉전 시대다.

지정학적 설명은 국가를 마치 사람처럼 묘사하며, 국가들 사이의 관계를 논의한다. 러시아가 북한의 핵무기 개발을 환영한다거나 중국이 미국이 실행하는 무역 제재에 맞서고 있다는 식이다. 북한이 핵을 앞세워 행동하는 동안 중국, 미국, 한국이 긴장한다고 서술한다. 국가를 특정한 성격과 행동 양식, 감정을 지닌 사람처럼 설명한다. 그렇기 때문에 과거에 발생한 사건과 그런 사건이 가져온 결과 때문에 쌓인 감정도 매우 중요한 요소로 작용한다.

지정학적 분석과 논평이 인기를 누리는 비결은 전세계적 권력을 적과 아를 구분하고 우정과 배신의 감정을 넣은 드라마처럼 표현하는 데 있다. 한 국가가 주변 국가에 영향을 미치는 방식은 군사력, 무역, 원조, 미디어, 종교, 경제 규제, 산업 정책, 에너지와 환경, 인구 정책 등이 있으며, 이런 관계를 설명할 때 '그 국가들'과 '우리'라는 적과 아를 구분하는 논리가 자주 등장한다. 국가 간 관계에서 어떻게 줄을 서고 네트워크를 형성하는지가 중요하며, 이런 서술 속에는 희로애락, 로맨스, 배신, 이율배반 같은 이야기가 담겨 있다.

여기에 각국 지도자가 지닌 특성도 부수적인 요소로 포함됐다. 요즘에는 지도자의 개인적 성격이 실제로 국제 관계에 영향을 미치는 중요한 요인으로 여겨지고 있다. 예전에는 스케일이 작은 도시 정치에서는 특정 핵심 행위자가 지닌 개인적 특성이 중요해도 국제 관계에서는 대통령 등 지도자가 지닌 개인적 특성보다 국제적 위계와 구조적 환경에 따라 전략이 계산된다고 봤다. 그러나 통신 기술이 발전해 세계가 좁아지고 도널드 트럼프 같은 '스트롱 맨'들이 등장했다. 게다가 지도자가 지닌 개인적 매력에 열광하는 지지층을 기반으로 정치적 영향력을 행사하는 팬덤 정치도 나타났다. 이제 지도자가 지닌 개인성이 국제 정치에서 주요 요소로 떠오르고 있다.

지정학 연구자는 정책에 가까워질 수밖에 없다. 뉴스나 책으로 접하는 정보는 제한적이기 때문에 많은 이들이 지정학적 흐름에 관해 논평할 수 있지만 핵심 정보를 빠트리기도 한다. 따라서 핵심 정보에 접근할 수 있는 위치와 네트워크를 보유한 연구자가 정보와 통찰력을 결합시킬 때 비로소 상황을 제대로 볼 수 있다. 이런 연구자는 이미 정책에 관여하는 중이거나 정치인들하고 가까운 관계에 있다. 현실적으로 도움을 주는 연구자와 권력에 복무하는 연구자를 나누는 경계가 흐려진다.

고전 지정학은 권력에 밀접히 연관된 탓에 다양한 논란을 겪었다. 나치에 연관된 의혹, 식민주의, 백인 남성 중심 접근이 단골 메뉴였다. 제국주의 국가들이 식민 지배에 활용하려 하다가 지리학이 발전하고 지정학적 이론을 수단 삼아 지배를 정당화한 사실은 맞다. 고전 지정학을 대표하는 학자는 핼퍼드 맥킨더^{Halford J. Mackinder}, 카를 하우스호퍼^{Karl Haushofer}, 니컬러스 스파이크만^{Nicholas J. Spykman} 등이다.

핼퍼드 맥킨더는 영국 출신 지리학자로, 유라시아 지역을 '심장 지대^{Heartland}'라 부르고 동유럽을 지각 변동이 벌어질 관문으로 봤다. 심장 지대를 장악하는 자가 세계를 지배한다는 주장이었다. 오늘날 구체적인 논지는 설득력을 잃은 상황이지만 지리적 위치에 따라 세계 권력과 위계를 설명하는 환경결정론 지정학적 접근법은 여전히 국가 전략과 연구에 많은 영향을 미치고 있다. 카를 하우스호퍼는 지정학을 '국가의 지리학'이자 현실 정치의 지침이라고 표현했다. 지정학의 아버지로 불리고 히틀러의 가정 교사로 알려져 있기도 한데, 사실 히틀러를 몇 번 만나지 않은 사람이라는 말도 나온다.

2차 대전 뒤 고전 지정학은 나치에 복무한 학문으로 혹독한 비판을 받았다. 과학이라기보다는 이데올로기적 도구로 활용되고 독일과 일본의 제국주의에 정당성을 부여한 탓이었다. 지정학은 금기어가 됐고, 지정

고전 지정학

학자라는 자기소개는 인종차별주의자라고 스스로 선언하는 행위나 다름없었다. 나는 서울대학교에서 '공간정치와 지정학'이라는 강의를 해 왔는데, 학회에서 만난 어느 독일 교수는 자기가 정치지리학을 주제로 연구하지만 지정학 과목은 열 수 없어서 가르치지 못한다고 했다. 제국주의에 직접 연관된 점 말고도 고전 지정학은 국가 중심, 유럽 중심, 환경 결정론으로 비판받았다. 탈식민주의가 근대 학문을 비판할 때 고전 지정학은 지배자 논리를 내면화한 대표적 학문으로 지목됐다.

한국은 2차 대전 승전국에 속하지만 나치 때문에 피해를 입지 않은데다 분단된 상황이어서 고전 지정학에 불어닥친 위기에서 자유로웠다. 오히려 고전 지정학적 접근이 유용했다. 국제적 패권을 쥔 강대국을 중심에 놓고 사고할 필요가 있었고, 국가가 강력한 탓에 국가를 중심에 둔 논의도 설득력을 얻었다. 분단 70년간 강대국 구조와 통일 시나리오를 둘러싼 갈등이 지속되고 있으며 지정학적 설명도 여러 미디어에서 계속된다.

비판 지정학 — 새롭게 읽는 권력과 공간

비판 지정학은 고전 지정학을 계승하기보다는 단절하면서 대안으로 나섰다. 1990년대 들어 지정학을 재정의하려는 움직임은 비판 지정학, 정치생태학, 문화생태학, 갈등학, 평화학 등으로 나뉘었다. 비판 지정학의 핵심은 고전 지정학 비판에서 출발해 공간과 권력의 상호 작용을 분석하는 데 있다. 연구 범위와 이론적 접근은 매우 넓다. 국제 관계뿐 아니라 개인의 삶까지 다양한 스케일을 다루는 비판 지정학은 결과적으로 정치지리학하고 별로 다르지 않게 됐다. 그러나 여전히 국제 관계에 초점을 맞추고 영토성과 경계를 중심으로 한 사례를 다루는 경향이 있다. 권력에 복무한다고 비판받던 지정학은 이제 현실을 구성하는 다층적인 면에서 권력이 나타나는 양상을 분석한다.

비판 지정학은 전쟁이나 무역 제재 같은 거시적 권력에 더는 집착하지 않는다. 사람들을 특정한 방식으로 행동하게 하는 생산적 권력, 곧 미시적 권력에 더 많은 관심을 기울인다. 비판 지정학은 주체 형성에 주목하는 푸코식 접근처럼 국가와 사회적 훈육을 매개로 주체가 형성되는 방식을 탐구한다. 또한 대중문화와 일상생활에서 젠더가 사회적으로 구성되는 문제 등에도 관심을 둔다. 비판 지정학은 거대 이론에 의존하기보다는 구체적 맥락과 특정 사안에 집중하는 경향이 강하다. 미국과 중국이 벌이는 패권 다툼을 분석하는 고전 지정학이 여전히 인기를 끌지만, 비판 지정학은 그런 경쟁이 담론으로 나타나 사람들 인식 속에 형성되는 과정을 분석한다.

고전 지정학이 국제적 권력을 설명하는 이데올로기적 기능을 했다면, 비판 지정학은 이데올로기와 사고방식을 권력 질서가 가져온 산물로 본다. 특정 사고방식이 자연스럽게 나타난 이유를 권력과 공간이 작동한 결

과로 설명하는 식이다. 이를테면 북한과 남한이 경쟁한 1970년대에 체제 경쟁은 단순히 누가 더 잘하는지 겨루는 문제가 아니었다. 전쟁 상태를 전제로 한 경쟁이라서 더욱 치열했다. 초등학교 시절, 나는 북한 학생들보다 공부를 잘하지 않으면 북한이 쳐들어와 우리를 모두 죽인다는 경고를 들은 적 있다. 개인의 성취나 자기 계발이 아니라 생존을 건 경쟁이라는 논리가 깔려 있었다. 이런 불안감은 발전 국가를 특징짓는 급속한 경제 발전과 압축된 민주화 과정에서 동력으로 작용했다. 분단 국가의 발전주의는 그렇게 치열할 수밖에 없었고, 지금도 여전히 영향을 미치고 있다. 비판 지정학은 이런 식으로 설명한다.

재구성 — 이주 지정학 시각에서 본 이주와 국경

이주는 비판 지정학에서 중요한 주제인 이유다. 사람과 물자의 이동, 곧 국경을 넘는 행위가 국가 간 관계와 합의에 따라 형성되기 때문이다. 이주와 이주민은 국경과 영토를 다시 생각하게 한다. 경계가 흔들리고, 영

이주 지정학이 건네는 질문

토가 새롭게 정의되고, 그런 과정을 만드는 행위자가 벌이는 활동은 경계 지역의 성격을 변화시킨다. 이주민이 속해 있는 영토가 도착지로 확장되기도 하고, 이주민의 정체성 속에서 이전 영토와 도착지의 영토가 섞이거나 경쟁하기도 한다.

이주민 수가 전체 인구에서 차지하는 비중이 적은데도 이주가 학문적이고 정책적인 관심 대상이 되는 이유는 물리적 경계와 사회적 경계를 건드리면서 한 사회와 구성원을 재정의하기 때문이다. 나와 그 사람들을 정의하는 법적, 제도적, 사회적 경계는 물론 이주민을 대하는 한 사회의 태도는 정체성을 구성하는 중요 부분이다. 도덕적 수준이나 관용의 자세도 중요하지만, 비판 지정학에서는 자아와 타인의 경계를 설정하고 대응하는 모습 자체가 의미 있는 연구 대상이기 때문이다. 따라서 이주민 연구가 대부분 차별 경험을 비판적으로 다루는 반면에 이주 지정학은 출신국과 도착국 사이의 국제적 권력 관계가 개인의 삶에 투영되는 방식에, 그리고 도착국의 담론과 제도가 상호 작용하는 과정에 초점을 맞춘다.

한국은 민족주의가 강해서 외국인을 배척한다는 말을 흔히 듣는다.

그러나 조선족 혐오가 강하고, 탈북민에게 편견이 있고, 그나마 고려인은 덜 차별하는 듯한 모습을 보면 민족주의가 강하고 같은 민족을 아낀다는 상식 같은 담론과 현실 사이의 관계가 궁금해진다. 같은 민족이라 말할 때 사실상 한국 안에 사는 한민족만 이야기하지는 않는지, 어쩌면 선진국으로 이주한 한국인 정도만 한민족에 넣으려는 조건부 민족주의가 아닌지 생각하게 된다.

한민족 이주민이라는 존재는 민족 개념, 법적 지위와 혜택, 정체성 등 복잡한 문제를 제기한다. 여기에는 이주민 중 가장 큰 집단인 조선족, 헌법상 대한민국 국민으로 산 탈북민, 구소련 출신 고려인이 포함된다. 이 사람들을 이주민으로 보는 데 반대하는 이들도 있다. 그렇다고 한국인으로 받아들이지도 않는다. 법적으로 조선족과 고려인은 일본 귀화자하고 함께 외국 국적 동포로 구분된다. 한반도에서 산 적 있는 선대 조상들이라면 귀환이라 부를 수 있고 동포라는 의미도 있겠지만, 2세, 3세, 4세로 내려가면서 정체성은 점차 달라질 수밖에 없기도 하다.

조선족 — 중간자 정체성과 사회적 투사

조선족 사례는 한민족 이주민의 복잡성을 응축하고 있다. 1992년 한-중 수교 뒤 많은 조선족이 한국에 이주했다. 1990년대 초반까지 이어진 1차 이주 물결은 조선족 1세대와 2세대가 한국에 사는 친척을 방문하는 형태로 진행됐는데, 1990년대 중반부터는 가족 방문, 부모 초청, 국제결혼 등 경제적 동기와 영구 거주를 목표로 한 이주가 증가했다. 조선족 이주민은 한국인이 점차 회피하던 삼디 업종 일자리를 마다하지 않았고, 간병, 청소, 농업, 건설, 서비스 등 공식적이거나 비공식적으로 규제되는 계약직과 파트타임 일자리에도 적극적으로 대응했다.

노동력 부족을 이동으로 해결하는 방식은 국제 이주에만 해당되는 현상은 아니다. 도시화가 진행될 때 농촌에서 오는 국내 이주민도 비슷했다. 1960년대와 1970년대에 다들 시골에서 온 먼 친척으로 소개한 식모는 입주 가사도우미였고, 농촌에서 도시로 이주한 이주 노동자였다. 가난한 농촌에서는 입을 덜었고, 도시 중산층 가정은 적은 임금으로 가사 노동자를 고용할 수 있었다. 열 살도 채 안 된 어린 아이도 보였지만, 대개 10대 소녀였다. 때로는 학교에 보내 주기도 했지만, 임금 체계가 확립되지 않은 탓에 제대로 돈을 받지 못하는 사례가 허다했다. 성폭행을 당하거나 도둑 누명을 쓰는 등 식모들이 겪는 피해가 사회 문제로 떠올랐다. 고도 성장기에 농촌에서 도시로 온 여자들은 식모방을 벗어나 구로 등지에서 여공으로 일하기 시작했다. 제조업과 서비스업을 중심으로 세계 경제가 빠르게 변화하고 저소득 노동 시장에서 인력이 부족해지자 한국 정부는 이주 노동자를 장려했다. 조선족 이주민은 똑같은 언어를 쓰고, 지리적으로 가까우며, 한국 문화를 이해하는 이점 덕분에 다른 이주민 집단보다 노동 시장과 결혼 시장에서 더 유리했다.

처음에 조선족은 이주민이 아니라 '동포'로 환영받았다. 그러나 어느 나라 사람이냐고 물으면 중국 국적자라고 대답해서 상처받은 한국인들도 있었다. 한국 사회는 후진국 중국에서 살던 조선족이 자기를 한민족이자 한국인이라고 인정하고 잘사는 '할아버지 땅'에 이제라도 돌아오니 감동적이라 말하기를 바란 듯하다. 오래전에 외국에 정착한 한국인의 자손들이 불편한 삶을 참으면서 한민족 정체성을 유지해야 한다고 생각한 듯싶다. 그나마 중국 정부가 실시한 소수 민족 친화 정책 덕분에 조선족 학교에 다니면서 익힌 한국말 정도로 성에 안 찬 모양이다. 자기들을 대신해 더럽고 위험하고 어려운 일을 하는 조선족 이주민이 순수 혈통뿐 아니라 민족적이고 문화적인 동일성을 유지한 한민족으로서 이 사회에 잘 스며들어야 한다고 믿은 탓이다.

서로 마주한 현실은 달랐다. 민족과 국적 사이에서 빚어진 갈등과 불안은 조선족 이주민에게 이른바 '경계인' 정체성을 안겼다. 복잡한 위치성과 문화적 정체성이 가져온 교차성 때문에 한국 사회는 조선족을 다른 이주민보다 더 부정적으로 바라봤다. 다 같은 한민족이면서도 조선족에게 더 높은 기대를 한 듯했다. 조선족은 이주민도 아니고 다른 민족 집단도 아니기 때문에 '필요할 때만 한국인인 척한다'는 인식이 퍼졌다.

조선족의 '중간자적 위치'와 실용주의는 한국 사회의 양면적이고 실용적인 접근 방식하고 닮아 있다. 한국 사회는 불안정한 지정학적 환경 속에서 독자적 문화와 태도를 형성해 왔으며, 조선족을 향한 불편한 시선도 이런 맥락에서 비롯된 투사일 수 있다. 부상하는 중국을 바라보며 한국 사회가 드러내는 반응은 복합적이다. 그동안 동아시아와 글로벌 지정학적 구도 아래 중국하고 얽힌 이웃 국가로서 한국은 양면적 태도를 보였다. 특히 한국과 미국, 중국 간의 지정학적 관계와 외교 정책이 유동적으로 변화하는 와중에 조선족의 '중간자적 위치'는 한국 사회를 더욱 자극했다. 동시에 조선족이 지닌 이중적 정체성은 한국인이라는 정체성에 내재된 불확실성을 건드렸으며, 이런 중간자적 위치는 다양한 정체성이 재협상될 수 있는 기반이 됐다.

한국인들이 느낀 불안과 불확실성하고 다르게 2000년대 초반부터 여러 지방 정부가 차이나타운을 조성하려다 거센 반대에 부딪혀 무산됐다. 반중 정서가 강하다지만 중국 관광객이 지역 경제에 큰 영향을 미치기 때문에 지방 정부는 중국 관광객과 중국인 투자를 유치하려 애썼다. 중앙 정부도 공식 정책이야 어떻게 바꾸든 중국이 최대 교역국이라는 사

지정학적 중간자인 조선족

실은 여전하기 때문에 양국 관계를 중요하게 고려할 수밖에 없었다.

비판 지정학은 한국 사회에서 조선족을 향한 불편한 감정이 생긴 이유와 과정에, 한국인과 조선족이 상대방을 활용하는 전략에 관심을 둔다. 주된 요인은 중국이었다. 시진핑 주석은 전임자들에 견줘 공격적 태도를 취했다. 한국은 보호적 민족주의와 증가하는 다문화주의 사이에 낀 복잡한 상황에서 생존해야 했다. 미국과 중국 사이에 긴장이 높아지면서 반중 정서가 더욱 고조됐다. 북한 핵 위기, 중국의 부상, 한국의 발전, 코로나19 팬데믹에 따른 군사적 긴장이 겹쳤다.

다른 이주 집단을 향한 관용 수준이 높아지는 상황에서도 조선족은 예외였다. 천안함 침몰, 연평도 포격 사건, 고고도 미사일 방어 체계 THAAD 사태가 이어지면서 한국과 중국은 감정적으로 대립할 정도로 긴장이 높아졌다. 중국인 유학생과 중국인 부동산 투자도 쟁점으로 떠올랐고, 2000년대 초반부터 시작된 동북공정까지 반중 감정을 자극했다. 김치와 한복을 둘러싼 논란도 빠트릴 수 없다. 결정적으로 코로나19가 전세계적으로 반중 정서를 크게 악화시켰다. 이런 흐름에는 아시아 국가에 주도권을 빼앗기지 않으려는 미국이 펼친 공세도 한몫했는데, 바탕에는 이데올로기적 편견과 인종 차별 정서가 어느 정도 깔려 있었다.

중국을 부정적으로 바라보는 인식은 세대에 따라 다르게 나타난다. 나이 많은 세대가 어서 선진국을 따라잡아야 한다고 열망하며 열심히 일한 동안 중국은 선진국이 아니었다. 젊은 세대는 행동 양식과 윤리적 지향, 문화적 세련을 기준으로 서열을 정하는 방식으로 차별하는데, 그런 기준에 어긋나는 사례가 중국에 많았다. 신자유주의적 자본주의 경제 아래 좋은 일자리를 두고 치열하게 경쟁하면서 사회적 박탈감을 느낀 젊은 네티즌들은 여성과 이주 노동자에게 적대감을 표출하면서 공감대를 형성했다. 때마침 한국이 선진국에 진입하면서 그동안 진보적 이데올로기로 작용하던 저항적 민족주의하고 다른 나르시시즘적 민족주의가 나타났다. 새로운 한국적 정체성이 형성되는 과정에서 조선족은 '타자'로 배제됐다. 사람들은 지정학적 맥락 속에서 관계를 형성하며, 일상적 경험이나 미디어, 영화, 책 등을 매개로 형성된 인식은 지정학적 긴장을 이해하는 데 영향을 미친다. 이런 만남을 통해 한국인과 조선족 이주민은 경계를 재설정하고 정체성을 재협상한다.

이주민이 권력 구조를 대하는 반응과 전략도 이주 지정학의 중요한 연구 대상이다. 지난 30년 동안 조선족은 한국 사회에 정착하면서 동화됐다. 한국 정부는 조선족에게 임시 체류를 장려했다. 가족을 중국에 남겨 둔 이들은 두 나라를 오가면서 초국적 정체성을 관리했다. 조선족을 차별하는 분위기에 적극적으로 대응한 사람들은 구로와 대림 지역을 더 매력적인 장소로 만들려 노력했다. 몇몇은 조선족을 부정적으로 묘사하는 영화나 미디어를 대 놓고 비판했다. 점점 더 많은 조선족이 전문 직업을 얻고, 석사나 박사 학위를 취득하고, 기업가로 성공했다. 중국 경제가 발전하자 이제 한국에서 겪는 차별에 맞서기보다는 중국 대도시로 이주하는 쪽이 더 나은 기회로 여겨지기도 한다. 계층 상승이 주는 달콤함과 지정학적 갈등 사이에서 조선족은 여전히 이동하는 중이다.

7장

저항 공간
정체성, 점거, 디지털

점거 — 정체성과 공간 권력

공간은 정체성을 표현하는 수단이자 정체성의 완성이다. 장소 만들기가 자기 권력의 실현인 이유는 내가 나일 수 있고, 내가 하려고 하는 활동을 할 수 있고, 나를 닮은 장소이기 때문이다. 나하고 비슷한 사람들이 모여 있는 곳이라면 정체성 표현은 더욱 중요하다. 그리고 특별히 자기 정체성이 사회에서 소외된다고 생각할 때 내 존재를 알리고 싶어서 모이고 공간을 점거하고 장소를 만든다.

정체성은 21세기 들어 가장 중요한 권력 대상이다. 신과 국가에서 떨어져 나온 인간이 불안해진 뒤 끝없이 정체성을 찾아 헤매고 있다는 설명대로 현대인들은 태어나자마자 주어진 소속감에서 자유로워진 대신에 자기 자신을 입증해서 인정받는 데 집착하게 됐다. 그런 변화 과정을 거치면서 성장한 사회적 연결망은 개인이 정체성에 집착하게 하는 데 기여했다. 정체성을 인정받고 당당히 밝힐 수 있으며 존중받아야 권력이 입증되기 때문이다.

정체성 정치는 역사적으로 억압받아 온 민족적, 문화적, 인종적 소수자들이 사회적 인정을 얻으려고 벌이는 운동을 중심으로 발전했다. 내 정체성을 인정해 달라는 인정 투쟁이자 다른 정체성들 때문에 겪는 사회적 불평등을 비판하는 논리다. 전통적 노동 운동이 힘을 잃는 사이 페미니즘 운동과 환경 운동 등이 대안적 가치를 제시하며 신뢰를 얻었다. 이제 페미니즘은 강한 반동을 마주한 반면 환경 운동은 제도화되면서 제도권과 비제도권에서 상식적 권력으로 자리 잡고 있다.

이런 변화 속에서 정체성 정치에 속하지 않던 운동과 활동에서 정체성 문제가 중요해지는 경향도 나타난다. 예전에는 보편적 인권 같은 가치가 아니라 성별, 젠더, 종교, 장애, 민족, 인종, 섹슈얼리티, 문화 면에서 소수자들이 벌인 저항이 정체성 정치였지만, 이제 모든 정치가 정체성 정치로 귀결된다. 소속감과 정체성에 관한 탐구는 사회적 의미를 구성하는 근본적 원천이 되고 있으며, 소속감이 불안정한 개인은 자기가 누구인지 찾는 과정에 집중한다. 사회 속 개인의 정체성이 점차 개인화되고 공유하기 어려운 속성이 될수록 개인은 자기 신체와 정체성에 근본주의적인 관심을 기울인다. 많은 정치 활동이 정체성에 기반한 포퓰리즘populism을 기반으로 한다.

사람들은 정체성에 예민하다. 타고난 정체성, 곧 나이, 젠더, 인종, 국적, 장애 같은 정체성이 무시당하고 비하되면 자기가 통째로 부정당하는 느낌을 받는다. 이제껏 자기가 지나온 삶의 경로와 관점이 만들어 낸 정체성(직업, 종교, 옷차림, 취향, 바뀐 국적)이 인정받지 못할 때 자기 존재와 인생을 사회가 거부한다고 느낀다. 그런 감정에서 나오는 절박함과 분노, 억울함 때문에 정체성은 흔히 사회운동이나 저항 운동 같은 모습으로 나타났다.

정체성 정치와 공간 점거

정체성 정치가 저항 운동으로 표현될 때는 공간을 점거하는 형태를 많이 보였다. 권력을 쥔 사람들은 경제 권력과 정치 권력을 활용해 공간을 생산하고 소유하기 쉽기 때문에 좋은 위치와 공간을 차지한다. 그렇지 못한 사람들은 일시적으로 공간을 점거하고 소리를 내거나 시각적으로 자극해서 여러 사람들을 불편하게 하더라도 평소에 받지 못한 관심을 끌어 공간 점거가 발휘하는 효과를 극대화했다. 원하는 메시지를 크게 적어 내보이기도 하지만, 무엇보다 누가 어디에 어떤 식으로 모여 있다는 사실, 특정한 몸이 특정 장소에 있는 물화된 점유 자체가 큰 메시지가 된다. 광화문광장에 모인 시민은 공통된 이슈를 내걸어 정부를 향해 외치고, 사업장에 모인 노동자들은 노동 조건 등 노동 관련 이슈를 제기하고, 지하철에 모인 장애인들은 대중교통을 이용하기 힘든 현실을 알린다.

보이지 않는 무지개 — 성소수자와 공간적 저항

눈에 가장 잘 띄는 정체성 정치는 퀴어 축제다. '퀴어^{queer}'란 성소수자가 자기 자신을 나타내는 말이다. 성소수자를 뜻하는 'LGBTQ+'는 레즈비언lesbian, 게이gay, 양성애자bisexual, 트랜스젠더transgender, 퀴어queer의 머리글자에 성 정체성을 고민하는 사람questioning과 그 밖의 성 정체성까지 더해 당장 생각할 수 없어도 존재할 수 있는 다양한 성소수자를 포함한다. 성소수자 공동체가 감행하는 공간적 저항인 퀴어 축제는 세계 곳곳에서 거리 행진이나 영화제 같은 형태로 열린다. 한국은 2000년 서울에서 처음 시작된 뒤 해마다 5월부터 7월까지 서울, 대전, 대구, 인천, 춘천, 대구 등에서 성소수자를 상징하는 무지개를 앞세운 축제와 행진이 열리고 있다.

전체 인구 중 성소수자 비율을 보통 5퍼센트에서 10퍼센트로 보는데(한국은 7퍼센트 정도 응답률이 나온다), 10명이나 20명 중 한 명 정도이니 꽤 다수인 소수자다. 그런데 우리 주변에는 살면서 한 번도 성소수자를 만난 적 없다는 사람이 많다. 성소수자가 정체성을 드러내는 데 한국이 얼마나 안전하지 않은 공간인지 알 수 있는 대목이다. 한국에 사는 성소수자들은 애정을 표시하는 행동을 숨겨야 할 뿐만 아니라 자기 모습과 일상의 토대가 되는 정체성이 자연스럽게 노출되는 상황을 늘 염려해야 한다는 뜻이다.

엘지비티큐플러스 공간은 성소수자들이 좀더 자유로울 수 있는 포용적인 장소다. 그렇지만 관대하지 않은 사회라면 은밀한 공간으로 유지될 수밖에 없다. 이런 공간은 양면적이어서 종로 등에 아는 사람만 알아볼 수 있게 자리 잡거나 이태원이 '핫플' 이미지를 얻는 데 기여하기도 한다. 성소수자들이 일상 공간에서 자기들끼리 모이는 공간을 만들고 서로 알아볼 수 있는 미세한 장치를 쓰는 방식도 공간적 저항이다. 관광객들 사이에서 게이들이 자기 공간을 만들려는 공간 전략을 구사한다는 연구가 재미있어 '게이빈gay bean'이라고 알려진 종로에 있는 한 카페에 갔다. 그냥

퀴어 축제

오면 잘 모를 텐데 의식하고 살펴보니 미세하게 촉을 세우고 있는 사람들이 눈에 띄었다. 게이 친구들이 자기들 특유의 레이더를 켠다고 이야기하는 그런 촉이었다. 자기 정체성을 드러내고 숨기기를 반복하면서 안전한 공간을 구성하려는 사람들이 그곳에 있었다.

타인의 정체성을 반대하거나 비난하는 안티 정체성을 자기 정체성으로 삼기도 한다. 여론 조사를 보면 한국에서도 이제 성소수자를 바라보는 인식이 많이 바뀌어서 다른 사람의 성적 지향과 성별 정체성을 적어도 상관하지 않거나 존중하는 태도가 다수를 차지한다. 그렇지만 여기에 반대하는 사람들은 오히려 더 강하고 조직적으로 행동하면서 '동성애 반대'를 주요한 정체성으로 삼는다. 퀴어퍼레이드는 1년에 한 번 하지만, 차별금지법 반대를 내세우거나 차별금지법에 관대한 태도를 보인 서울시를 비판하고 동성애를 반대한다는 사람들은 종로와 명동을 비롯한 곳곳에서 거의 매일 마이크를 잡는다.

월가 점거 운동 — 거대한 체제에 맞선 분노한 청춘들

현대 사회에서 사회적 긴장은 파편화돼 나타나는 반면 문제를 일으킨 원인은 서로 연결돼 있어 단순한 해결책을 찾기 힘들어졌다. 자본가와 노동자 간의 갈등, 혼란스러운 도시 성장, 이민자 유입에 저항하는 선주민들, 탐욕과 불평등에서 비롯된 사회경제적 문제들이 파편적이지만 밀접히 이어져 있다. 한편으로 국가는 이런 문제들을 혼자서 해결하지 못하며, 정보와 사람이 국경을 초월해 유통되는 네트워크 사회에서는 국가를 향한 충성이라는 개념이 사라진다. 사람들은 정부, 의료 전문가, 변호사, 기업, 지식인, 학교 같은 전통적 권위자를 더는 신뢰하지 않는다. 그렇지만 다른 한편으로 국가는 오히려 더 커졌다. 지정학적 긴장이 고조되면서 다시 주요 행위자 자리에 올랐고, '국뽕'식 국가주의와 나르시시스트적 민족주의가 득세했고, 코로나19가 퍼지면서 일상적 이동과 정보 흐름을 통제할 권위를 부여받았다. 사회적 불평등이 심각해지면서 노동 의욕을 잃어 실업률 통계에도 안 잡히는 청년층이나 돌봄이 필요한 노년층을 책임질 사회복지가 더욱 중요해져서 국가는 할 일이 더 많아졌다.

이런 과정에서 세계적으로 반자본주의 점거 운동occupy movement이라는 공간 점거가 장시간 진행돼 눈길을 끌었다. 2011년 뉴욕 월 스트리트에서 시작해 북아메리카 수백 개 도시로 번진 뒤 전세계로 확산한 점거 운동은 신자유주의 자본주의 체제가 드러낸 실패와 경제적 불평등을 비판하는 한편 정의롭고 민주적인 사회로 나아갈 대안을 모색하려는 분노와 희망을 상징했다. '99%'라는 구호를 내걸어 절대다수가 기성 사회 체제와 경제 구조에서 불평등을 겪는 현실을 알리려 했다. 금융 위기, 기업 경영진이 받는 지나친 급여, 공공 서비스 축소를 비판하고 자본주의 반대, 세계 민주주의, 기업 해체를 요구했다. 점거 운동이 내세운 문제 제기에는 동

월가 점거 운동

의하지만 실천으로 이어지기에는 너무 거시적이고 추상적인 메시지라는 비판도 뒤따랐다. 상징적 행동에 그칠 뿐 비현실적 대안을 제시하는 바람에 실질적 변화를 일으키지 못한 탓이었다.

거시적 메시지를 제시하는 데 그친 이유는 비판 대상인 사회 구조가 이미 너무 파편화되고 연결돼 있기 때문이었다. 청년 세대를 키운 부모 세대가 청년일 때는 비판 대상이 뚜렷했다. 그때 청년들은 질 낮은 노동 환경과 부당한 임금 체계를 강요하는 자본가에게 저항하고 파업을 벌여 변화를 꾀했다. 자유를 억압하는 독재자에게 항의하며 민주화 운동을 벌였다. 그렇지만 하청의 하청 회사에서 일하는 요즘 청년들은 임금이 적고 고용이 불안해도 어디에 항의해야 할지 모른다. 함께 항의할 사람들을 모으려 해도 경계가 애매한 사례가 많다. 세계 경제는 서로 얽혀 있어서 정부 정책에 상관없이 외부 요인 때문에 나라 경제가 흔들릴 때도 많다.

월가 점거 운동은 분노한 청년 세대가 글로벌 도시의 중심부를 무대로 펼친 저항이었다. 영국에서는 성 바오로 대성당 앞에서 점거 운동이 벌어졌다. 내가 런던에 살던 때이고 가끔 가던 곳이라서 여러 번 만났다. 뉴욕에서는 두 달 동안 이어진 반면 런던에서는 2011년 10월15일부터 8개월간 계속됐다. 전세계 관광객이 몰려드는 우아한 성당 앞에 텐트가 진을 친 모습 때문에 런던을 제3세계 빈민가로 전락시킨다는 비판이 나왔지만, 그런 불쾌감은 저항 운동이 노린 핵심 효과였다. 화려해 보이는 글로벌 도시의 중심부를 점거해서 오늘날 전세계 인구의 절대다수를 둘러싼 비참한 현실을 보여 줬다.

오히려 차이를 기반으로 하는 정체성 정치에 내재된 모순 때문에 난감한 상황이 빚어진다. 내 특징을 내세워 억압을 극복하려는 과정에서 오히려 타자를 재구성하고 강화하는 효과가 나오기 쉽다. 억압을 극복하려 시도하는 과정에서 소속감과 정체성에 집중하다가 고립과 분리를 초래하는 셈이다. 모든 사회운동이 자기 현실에서 출발하지만 확장성이 없으면 공감을 얻지 못한다. 운동 전략이 가치를 대신하기도 한다. 이른바 99퍼센트를 대변해 글로벌 자본주의의 모순을 비판하는 점거 운동이 점점 전세계가 아니라 월 스트리트나 성 바오로 대성당 같은 특정 장소로 상징되고 있다. 게다가 점거라는 공간 전략도 특정 사회의 공간 제도를 상대로 계속 협상하게 되면서 점점 운동이 내세운 본래 목적보다는 공간 전략에 몰두하게 된다.

분산과 연결 — 디지털 네트워크 시대의 저항과 공간

지금 사회를 흔히 네트워크 사회라 부른다. 그런 네트워크란 모든 것을 통합한 형태는 아니며 모두 네트워크에 속해 있지도 않다. 사람들은 자기가 속한 정체성 네트워크에 기대어 소속감을 찾고 알고리즘이 이끄는 데로 찾아가 세계를 보는 관점을 반복한다. 그래서 네트워크 사회에서 사람들 사이에 연결이 강화된다는 분석은 그 네트워크에 들어간 사람들에 한정된다. 사회는 한 방향으로 흘러가지 않는다. 이를테면 정보 기술은 이 기술을 필요로 하고 기술에 기여하려 하는 사람들을 기반으로 지속된다. 기여하지 않는 이들은 스스로 네트워크에서 단절되고 배제된다. 어느 네트워크에 참여할지 결정하는 문제는 현대 사회에서 개인의 정체성이 형성되는 데 중요한 부분을 차지한다.

좀더 근래에 접어들어 저항 공간, 또는 공간의 저항성은 새로운 국면을 맞는다. 전통적으로 사회운동은 운동의 주체와 장소, 동기가 뚜렷했다. 영향력을 갖춘 지도자들이 이끈 잘 조직된 대중이 있었고, 집단적 목표와 개혁 대상도 뚜렷했다. 행동 규칙을 세우고 도시 광장이나 도심지처럼 많은 사람이 보는 곳에서 시위를 벌였다. 이제는 달라졌다. 대규모로 모일 이유가 없고 지도자도 필요하지 않으며 네트워크 기술까지 발전한 덕분에 내가 사는 지역에 고립된 채여도 지구 건너편 사람하고 정체성을 공유할 뿐 아니라 단순한 공감을 넘어 공동 활동을 도모할 수 있다.

2013년 미국에서 시작된 '흑인의 생명도 소중하다'Black Lives Matter·BLM 운동'과 2023년 한국에서 벌어진 '서이초 교사 시위'는 새로운 저항 형태를 보여 줬다. 비엘엠 운동을 이끈 지도자가 누구인지, 서이초 교사 시위를 어떤 사람들이 조직하는지 알 수 없다. 저항을 둘러싼 공간성과 장소성이 확 바뀌었다. 새로운 저항 형태는 공식적 계층 구조가 없는 분산된 네트워크가 특징인데, 비엘엠 운동은 자연스럽게 그렇게 된 반면 교사 시위는 의도적으로 그런 방향을 추구했다.

경찰이 흑인을 차별하고 과잉 진압하는 행태는 미국에서 오랫동안 문제가 된 관행이었다. '흑인의 생명도 소중하다'고 외친 비엘엠 운동은 처음에는 조직된 형태로 펼쳐지다가 2020년 5월 25일에 일어난 조지 플로이드 사망 사건을 계기로 거의 2000만 명이 참여한 미국 역사상 최대 시위로 발전했다. 단지 흑인이라는 이유 때문에 범죄 용의자로 의심받은 플로이드가 백인 경찰이 무릎으로 목을 눌러 숨을 쉴 수 없다고 호소하다 죽는 마지막 순간을 찍은 동영상이 순식간에 퍼지자 곳곳에 사람들이 모여들기 시작했다. 맨해튼 거리나 금문교 같은 장소는 비엘엠 운동을 거치며 새로 의미를 부여받았다. 그렇지만 상징적 장소를 콕 집을 수 없을 정도로 대도시, 소도시, 교외 공원, 도심지를 가리지 않고 어떤 식이든 의미 있는 많은 장소에서 공통된 정체성이 저항하는 사람들을 연결했다.

거리뿐 아니라 사이버 공간에서도 저항은 폭발했다. 특히 소셜 미디어는 생생한 동영상으로 감성을 자극하고 확산 속도도 실시간에 가까워 새로운 저항 공간 가능성을 열었다. 아무나 콘텐츠를 창작할 수 있고 무한히 상호 작용을 할 수 있는 플랫폼을 바탕으로 새로운 디지털 군중이 형성됐다. 온라인 네트워크에서 분산된 주체들을 찾아 힘을 키운 목소리가 선택한 저항 장소는 이런 관계를 가장 잘 표현할 수 있는 온라인이었다. 이런 변화는 온라인을 넘어 국가에도 영향을 미치게 된다.

서이초 교사 시위는 서울시 서초구에 자리한 서이초등학교에서 근무하는 교사가 학교 안 교보재 준비실에서 스스로 목숨을 끊은 뒤 시작됐다. 지나친 요구와 근거 없는 비난을 쏟아 내 교사를 힘들게 하는 학부모를 향해 사회적 공분이 쌓이고 있던 때 벌어진 이 사건은 큰 파문을 일으켰다. 그동안 쉬쉬하던 사건들도 수면 위로 떠올랐다. 열한 차례 진행된 교사 시위는 초등교사 온라인 커뮤니티에 한 교사가 〈일단 모이죠. 답답해서 안 되겠습니다〉라는 글을 올리면서 시작됐다. 사비로 집회 비용을 충당한 그 교사는 5000명이 모인 첫 집회가 끝난 뒤 함께 연대하고 마음을 나눈 사실 자체에 보람을 느낀다고 알린 뒤 정치색을 멀리하고 특정

디지털 시대의 저항 공간

단체에 휘둘리지 않고 싶다며 수천 명이 가입한 오픈 채팅방을 폐쇄했다.

교육 구조와 교권 문제를 비판한 전국 교사 집회는 조직 주체, 의견 수렴 형태, 재정 마련 방식에서 새로운 장을 열었다. 거리에 뛰쳐나온 교사들이 보여 준 모습은 질서 정연하기 그지없어서 사람들을 놀라게 한 반면 시위 조직 과정은 일시적, 분권적, 자율적이었다. '전국교사일동'이라는 느슨하고 일시적인 조직이 집회 준비와 마무리를 온라인으로 진행했다. 집회 운영 노하우는 다음 집회 운영진에게 비대면 방식으로 전달하고 재정도 자발적 모금으로 충당했다. 새롭지만 어렵고 힘든 길을 고집한 이유는 순수성과 중립성이 훼손되거나 정체가 드러날까 저어한 탓이었다. 인터넷 공간을 활용해 익명을 유지하고 자발적 참여에 의지했다. 매번 시위를 조직할 때마다 온라인으로 희망자를 모아 운영, 진행, 재정, 안전, 질서 유지, 홍보를 맡을 팀을 구성한 뒤 집회가 끝나면 흩어졌다.

지금 나타나는 저항은 기성 사회운동처럼 단체가 주축이 되는 대신에 점처럼 흩어져 있는 개인이 소셜 미디어를 고리로 연결되면서 모습을 드러낸다. 그런 방식으로 수십 명부터 수백만 명까지 모이기도 한다. 그만큼 휘발성도 강한 탓에 갑자기 사라지는 사례가 많아 모이면 뭐하냐고 허무해 하는 사람들도 있다. 그렇지만 어쩌다 소셜 미디어를 보고 욱해서 달려는 나오더라도 저항에 참여하는 행동은 그냥 할 수 있는 일이 아니다. 그리고 그런 경험은 다시 개인의 정체성으로 남는다. 집회 장소, 자기를 드러낼 수 있는 일상의 장소, 어떤 사람이 억울한 일을 당한 장소는 이야기와 경험이 켜켜이 쌓이면서 새로운 정체성이 된다. 마치 알고리즘처럼 어느 장소에 가기로 한 결정이 다음 결정으로 이어지면서 그다음 인생 경로로 나를 이끈다.

8장

핵 정글 정치
미래 공간과 위험 인식 감수성

위험 인식 — 위험할 듯한 느낌적 느낌

위험은 느낌으로 다가온다. 기후 변화, 전쟁, 부도처럼 위험할 듯하다고 느끼는 감수성이 중요한 이유는 위험이란 아직 일어나지 않은 무엇이기 때문이다. 위험은 위해, 손해, 손실이 일어날 가능성을 의미하니까 일어날 수도 있고 일어나지 않을 수도 있다. 그래서 실재하는 위험이 아니라 무엇인가가 위험하다고 인지하는 위험 인식risk perception이 중요하다.

울리히 벡Ulrich Beck은 《위험 사회》에서 현대 사회에 접어들어 더 많은 위험에 직면하게 되면서 사람들이 지닌 위험 인식도 증가한다고 설명했다. 길거리에 시체가 나뒹군 전근대 사회에 견줘 사회가 더 위험해지지는 않았다. 인간 생명은 물론 동물 생명도 귀하게 여겨지는 시대이고 과학과 의술까지 발달한 덕분에 사람들은 훨씬 더 오래 건강하게 산다. 그렇지만 벡은 근대화 과정에서 새로운 위험이 많이 나타난데다 초국가적이거나 초계급적인 특성을 띤 지구적 위험 때문에 많은 사람이 예전보다 훨씬 더 구체적인 위험을 느낀다고 주장한다.

다양한 위험 인식

위험 인식이 증가하는 현실은 개인화 때문에 각 개인이 위기에 민감해진 결과라고 설명하기도 한다. 개인은 개인 차원에서 자기 중심적 세계관을 창출하지만 동시에 제도에 더 의존하게 된다. 전문적 지식에 관해서도 이중적인 태도가 나타난다. 사회가 발전할수록 전문가를 불신하는 분위기가 두드러지면서 대안 지식을 추구하는 개인이 많아지지만, 전문 지식을 더 신뢰하고 의존하는 비율도 높아진다. 정보가 폭발적으로 늘어나고 다양한 사실이 충돌하는 일이 잦아지면서 전문 지식을 얻을 때 자기 스스로 고르기도 하지만 알고리즘에 기대기도 한다.

위험 인식은 사회와 사람들에 따라 다를 수밖에 없고 그만큼 변화하기도 쉽다. 위험 인식은 특정한 상황이나 사물을 대하는 시각이나 반응이 확대돼 생기는 선택적 관점이다. 똑같은 정보라도 개인의 인지 능력, 사전 지식, 가치관, 세계관, 사회적이고 제도적인 요인에 따라 편도체가 보이는 반응이 달라지고 남에게 들려주는 해석이 바뀐다. 환경 문제와 식품 유해성 등에 관련해서는 대체로 남자보다 여자가 위험 인식이 높은데, 특히 위험 인식이 높은 집단은 아기를 돌보는 젊은 엄마들이다.

심리적 작동 원칙은 일관적이지 않다. 자라 보고 놀란 가슴 솥뚜껑 보고 놀랄 수도 있지만, 솥뚜껑이든 자라든 계속 보다 보면 그러려니 할 수도 있다. 오랜 세월 늦게 가서 낭패를 겪고 산 노인들은 무슨 일을 할 때 미리 하는 경향이 강하기 마련이다. 학습 효과 때문이다. 그렇지만 학습은 감각을 무디어지게 만들기도 한다. 1970년대에는 공장 굴뚝에서 나는 시커먼 연기를 보면 흐뭇해했다. 1990년대까지 사무실이나 강의실에서 담배를 피기도 했다. 환경과 건강에 관련된 위험을 사회적으로 학습한 지금은 그런 과거가 무지의 역사로 기억된다. 분단 70년 동안 한국에 사는 사람들은 위험 인식이 낮은 편이었다. 미국이나 영국에 사는 동안 신문에 한반도가 위험하다는 기사가 실리면 그곳 사람들은 놀라고 걱정하면서 나를 비롯한 한국인들이 심드렁해 하는 모습을 보고는 더 충격을 받았다. 사실 갈등이 벌어져도 전쟁은 일어나지 않는 상황이 익숙해진데다 매일 걱정만 하면서 살 수는 없으니까 심리적으로 타협한 결과가 낮은 위험 인식이었다.

위험 인식은 사회적 의제를 설정할 때 큰 구실을 한다. 사회적 의제는 어떤 사안이 다른 사안보다 더 중요하고 절실하다고 판단하는 과정을 거쳐 설정되는데, 한 사회가 유지되려면 공통으로 위험하다고 판단하는 사안을 법률이나 정책에 반영해야 하기 때문이다. 이때 어떤 사안이 대중, 전문가, 정책 입안자들에게 다른 사안에 견줘 더 위험하게 여겨지는 이유는 위험이 실제로 더 크기 때문이 아니라 그런 인식이 사회적으로 구성되기 때문이다. 다시 말해 위험 자체보다는 직간접적 경험을 거쳐 위험을 인식하는 주체들의 사회적 심리, 인식 주체들이 속한 권력 관계, 사회적이고 경제적인 맥락이 위험 인식에 중요한 영향을 미친다. 대체로 현실에서 실제로 일어난 문제에 연관된 정책이 강화되지만, 대부분 위험할 듯한

'느낌적 느낌'이 영향력은 더 크다.

　대중, 전문가, 정책 입안자마다 위험 인식도 다른 편이다. 각 집단이 지닌 독특한 위험 인식은 사회적 의제를 결정할 때 형태가 다른 권력이 된다. 대중이 지닌 위험 인식은 의제를 밀어붙이는 힘을 발휘하지만, 복잡한 수식과 실험 결과를 해석하고 예측할 때는 전문가가 지닌 위험 인식이 큰 영향을 미친다. 그런 해석과 예측은 미디어에 노출돼 대중의 위험 인식을 좌우하고, 의사 결정을 하는 정책 입안자들은 자기의 위험 인식과 타인의 위험 인식을 고려한다. 이렇게 위험 인식은 정책 형성 과정에서 매우 중요한 구실을 한다.

　사람들은 특정한 위험이 정당화되거나 다른 목표를 달성하는 데 필요하다고 느낄 때 그 위험을 감수하려는 경향을 드러내기도 한다. 이런 경향은 위험 인식이 단순히 과학적 사실이나 기술적 분석에만 의존하지 않고 개인의 감정, 신뢰, 가치관, 상상력에 크게 영향을 받는다는 점을 보여 준다. 이렇듯 위험 인식은 지리적, 사회적, 경제적 위치에 따라 달라지며, 권력과 커뮤니케이션에 영향을 받는다.

위험 인식 조작 권력 — 무엇을 위험하다고 봐야 할지 알려 주기

위험 인식은 상황에 따라 바뀐다. 따라서 위험 인식에 영향을 끼칠 수도 있고 위험 인식을 생산할 수도 있다. 흔히 미디어란 늘 자극적인 주제만 찾아서 과장한다고 비판받는다. 대체로 위험 인식을 높인다는 뜻이다. 짧은 시간에 눈길을 잡아야 하는 소셜 네트워크는 더하다. 사람들은 자극적인 이야기에 선동되기도 하고, 자기가 모르는 사이에 일어날 수도 있거나 실제로 지금 일어나는 사건인지도 모르기 때문에 짐짓 경계하면서도 영향을 받는다. 과학적 증거가 없으면 믿지 않는다고 믿는 사람도 온갖

위험 인식을 빚는 권력

수치, 논리, 진지한 표정에는 쉽게 흔들릴 수 있다.

권력은 위험 인식에 영향을 미칠 뿐 아니라 위험 인식을 정치적 도구로 활용한다. 정치, 경제, 문화 권력을 쥔 행위자들은 사회적 담론이 형성되는 과정에 자연스럽게 개입해 정책 입안 과정에서 이해관계에 맞춰 위험을 문제시하고 위험 인식을 확산시켜 특정한 위험이 의제로 설정되게 한다. 이 과정에서 의사 결정은 권력 관계를 반영하게 되며, 권력은 의제 설정 권력(2차원적 권력)으로 작동해 토론이 아니라 암묵적 동의를 기제로 행사된다. 권력은 특정 위험이 의제에서 의도적으로 배제되거나 일시적으로 다뤄지다가 존재감을 잃고 사라지는 사례처럼 의식적이거나 무의식적으로 짜인 판 속에서 행사되기 마련이다.

위험 인식이 사회적 담론 형성, 권력자 개입, 정부 정책에 얽히는 모습을 보여 주는 대표 사례가 핵무기와 핵 발전이다. 흔히 원자력 발전이라는 이름을 붙여 핵무기에서 거리를 두려 하지만, 일본이나 한국을 제외한 여러 나라는 핵 발전소라고 부른다. 원자는 원자핵과 전자로 구성돼 있고 원자가 아니라 핵이 분열하면서 발생하는 에너지를 이용하기 때문에 원

원자력 발전은 핵 발전

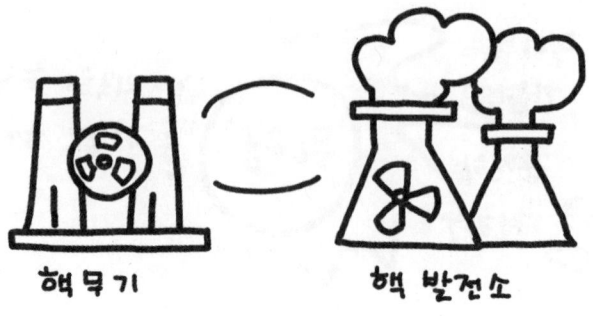

자력 발전보다는 핵 발전이 정확한 이름이다. 핵 발전소에서 우라늄을 연료로 전환하는 과정은 핵무기 제작에 필요한 우라늄 농축 과정하고 똑같다. 핵연료 주기 과정에서 부산물로 나오는 플루토늄을 재처리해 핵무기를 만든다.

핵에너지가 탄소를 발생시키지 않는 에너지원이라는 장점을 강조하는 목소리도 많지만, 방사성 폐기물 처리 기술을 확보하지 못한데다 후쿠시마 재난처럼 외부로 누출되면 인체와 환경에 돌이킬 수 없다는 피해를 준다는 큰 문제가 있다. 핵 발전은 재생 에너지에 견줘 에너지 생산 비용이 낮다고 강조하지만, 재생 에너지 비용은 기술 혁신 덕분에 낮아지는 반면 높아진 위험 인식 때문에 사후 처리 비용이 늘어나면서 핵에너지 비용은 계속 상승하는 중이다.

핵 발전과 핵무기 사이의 밀접한 관계는 정치적으로 이용됐다. 핵 발전 프로그램으로 포장하면서 군사적 목적을 은폐하려는 시도가 꽤 있었다. 1956년에 세계 최초 핵 발전소 칼더홀Calder Hall을 건설한 영국 정부는 값싸고 깨끗한 에너지를 만드는 시설이라고 홍보했지만, 사실 이곳은 플루토늄을 생산하려는 핵무기 프로그램 시설이었다. 핵무기와 핵 발전은 기술적으로 밀접하게 연관돼 많은 핵 발전소를 건설할수록 더 많은 핵무기를 생산할 수 있다. 핵 발전이 군사 기밀에 연결되고 기업 이윤에 직결되면서 정보 은폐가 관행이 된 탓에 핵 사고가 나면 정부와 기업은 피해를 축소해서 발표하거나 관련 질병을 쉽게 인정하지 않는다.

서로 다른 위험 인식은 환경 정책을 둘러싸고 경쟁하거나 협상한다. 영국에 있을 때 입법 단계에서 나타나는 환경 정책 담론을 분석한 적이 있다. 1997년부터 2011년까지 백서, 총리 연설, 여왕 연설 등에 드러난 환경 정책 담론을 바탕으로 신노동당과 연합 정부 시기에 정책 준비 단계에서 위험 인식이 공식화되고 제도화된 과정을 연구했다. 시간 순으로 많은 문서를 눈 아프게 뒤져 보니 기후 변화 위험에서 시작한 글이 에너지 부족 주장으로 끝맺는 사례가 많았다. 논리가 세련되고 자연스러워서 자세히 들여다봐야 알 수 있었다. 기후 변화와 에너지 부족이라는 상충하는 논리가 한 곳에, 심지어 한 문장에 등장하더니 경제 위기와 에너지 부족으로 연결되면서 에너지 부족이 가장 심각한 위험으로 제시됐다. 연결은 다른 방향으로 나아갈 수 있다. 대개는 기후 변화를 이야기하며 근대화와 자본주의가 가져온 폐해를 지적하거나 에너지 절약과 재생 에너지 이용을 강조하면서 끝을 맺는다. 조금 무리한 듯한 영국 환경 정책 내러티브에서 나는 환경 담론을 활용해 위험 인식의 방향을 전환시키려는 정치 전략을 봤다. 영국이 유럽에서 대표적인 친핵 국가가 되는 과정에는 에너지 부족은 물론 권력 개입이 영향을 미쳤다.

일본에서도 이런 정치 전략이 오랫동안 이어졌다. 전범국 일본은 2차 대전 때 히로시마와 나가사키에 핵폭탄을 맞았다. 피폭 희생자들은 여러 후유증에 시달렸으며, 그런 상황 속에서 2024년 피폭자 지원 단체 '니혼

히단쿄(일본원수폭피해자단체협의회)'가 노벨 평화상을 받기도 했다. 핵에 트라우마가 있고 지진도 자주 일어나는 일본은 어떻게 핵 발전소를 많이 지을 수 있었을까? 2차 대전이 끝난 뒤 일본과 미국에서 정부와 민간 행위자들이 뭉친 친핵 성장 연합이 나타났다. 미국은 일본 사회에 나타난 반핵 분위기를 되돌리려 애썼다. 일본 정부는 경제적 이익을 우선하면서 시민들 사이에 퍼진 공포와 의심을 줄이려 했고, 국제적 핵 연구 프로그램과 일본 주요 미디어들은 친핵 에너지 정책을 마련하려 노력하면서 핵 발전소가 지닌 위험성을 축소하는 담론을 확산시켰다. 제너럴 일렉트릭, 히타치, 도시바 같은 민간 에너지 기업도 성장 연합에 협력했다. 여기에 미국 행위자와 일본 행위자를 잇는 개인적 인연과 그런 연줄을 바탕으로 한 만남이 도움이 됐다. 결국 일본은 핵에너지에 비교적 관대한 사회로 바뀌어 1963년에 첫 핵 발전소를 건설했다.

후쿠시마 재난은 일본 사회를 지배하던 친핵 정서를 깨트렸다. 일본 정부는 위험 소통을 원활히 진행하지 않고 정보를 숨겼다. 정부가 주도하는 서사를 의심하는 목소리가 커지면서 핵에너지를 둘러싼 위험 인식이 높아졌다. 소셜 네트워크 덕분에 미디어에 기대지 않고 핵 위험에 관련된 과학 지식을 공유할 수 있게 된 시민들은 정부와 과학자를 신뢰하지 않게 됐다. 런던에서 알고 지낸 일본인 과학자 친구는 재난이 가져온 결과와 정보를 감추는 정부 때문에 스트레스를 받으면서 소셜 네트워크를 통해 자기가 아는 지식을 열심히 퍼트렸다. 이런 인식이 넓게 퍼져 니가타현에서 반핵을 주장한 정치인이 지사로 당선하는 이변도 일어났다.

핵 발전소가 지닌 잠재적 위험은 위치가 결정한다. 아무리 찬성하는 사람도 가까운 곳에 핵 발전소를 짓겠다고 하면 꺼린다. 만에 하나 사고가 터지면 위험이 너무 크기 때문이다. 일본이 후쿠시마 오염수(일본 정부 공식 용어는 '처리수')를 처리해 바다에 내보내겠다고 할 때 해류 때문에 상황이 다른데도 가까운 나라와 먼 나라가 보이는 반응은 차이가 많다. 이렇듯 핵에너지 관련 시설은 님비 현상을 보여 주는 극단적 사례인데, 한국에 있는 핵 발전소도 모두 에너지를 많이 쓰는 수도권에서 멀리 떨어져 있다.

핵무기 ― 정글 정치의 지정학을 완성하는 마지막 퍼즐

국제 정치에서 핵무기는 판을 바꾸는 게임 체인저다. 2023년 1월 기준으로 전세계에는 핵무기가 1만 2512개 있는데, 줄어드는 추세이기는 하지만 핵무기가 지닌 파괴력과 존재감은 아직도 큰 영향을 미친다. 이 핵무기들은 대부분 히로시마에 떨어진 원자 폭탄보다 훨씬 강력해서 단 한 발로 수십만 명을 죽음으로 내몰 수 있다.

오늘날 핵무기를 보유한 국가는 미국, 러시아, 영국, 프랑스, 중국, 인도, 파키스탄, 이스라엘, 북한 등 9개국이다. 미국과 러시아는 각각 5000개가 넘는 핵무기를 보유해 전세계 핵무기의 90퍼센트를 차지한다. 또한 미국은 북대서양조약기구NATO 핵무기 공유 협정에 따라 벨기에, 독일, 이탈리아, 네덜란드, 튀르키예하고 핵무기를 공유한다.

핵무기는 지정학의 본질을 크게 바꿨다. 지난날 군인들끼리 맞붙는 전투에 국한되던 전쟁은 핵무기가 등장하면서 군인과 민간인을 가리지 않는 '총력전'으로 변모했다. 핵무기가 없는 국가들은 무방비 상태에 놓였고, 미국과 러시아의 양극 체제는 다극 체제로 바뀌었다. 핵무기는 단순히 전쟁을 막는 억제 수단일 뿐만 아니라 국경을 강화하고 외교와 협상을 거쳐 전지구적 협력 사회를 구축하는 데 중요한 구실을 하고 있다. 또한 핵무기 보유국은 국제 무대에서 유리한 위치를 차지한다.

핵무기가 지닌 긍정적인 면은 억제력이다. 핵무기가 20세기 전반기에 벌어진 두 차례 큰 전쟁 같은 대규모 충돌을 예방한 사실은 명확하다. 또한 핵무기는 핵 발전으로 이어지기도 했다. 핵무기가 지닌 심각한 단점은 막대한 개발비와 유지비, 환경 파괴, 테러 위협을 들 수 있다. 히로시마와 나가사키에 투하된 핵폭탄은 12만 9000명이 넘는 목숨을 앗아 갔다. 끈질긴 반핵 운동이 시작됐고, 2021년 1월 22일에는 50개국 비준이라는 기준을 넘어서서 핵무기 사용, 보유, 실험, 이전을 금지하는 '핵무기 금지 조약'이 발효됐다.

핵 보유 정치는 힘을 지배하는 정글 정치에 가깝다. 핵무기 금지 조약에 참여하지 않은 핵무기 보유 9개국은 어떤 다른 국가가 핵무기를 보유하려 하면 무슨 수를 써서라도 막는다. 그러다가 결국 핵을 보유하게 되면 핵 보유국으로 인정하거나 정치적 목적을 위해 허용하기도 한다.

북한은 핵무기를 수단으로 삼아 미국이 감행할지도 모를 선제 공격을 방지하려는 의지를 계속 보여 줬다. 자기들이 미국을 먼저 공격할 능력이 있다고 과시하려 했다. 2017년 북한은 6차 핵 실험을 감행했으며, 2022년 김정은 국방위원장은 북한 비핵화는 물론이고 비핵화를 둘러싼 협상도 없다고 밝혔다. 2024년에는 그동안 시인도 부인도 하지 않은 핵 시설을 마침내 공개했다. 2025년 들어 도널드 트럼프 미국 대통령은 북한이 핵 보유국이라는 사실을 비난하기보다는 어느 정도 인정하는 듯한 어조로 짚는 한편 여전히 비핵화를 주장하면서 애매한 태도를 취했다.

한국은 2004년부터 핵무기 비확산 정책을 명시적으로 유지하고 있으며, '핵 없는 한반도'를 위해 미국과 일본하고 협력해 북한 핵 위협에 대응했다. 그러나 북한 핵 개발은 여전히 한반도와 국제 사회를 뒤흔드는 중대한 문제로 남아 있으며, 해결책을 모색하는 과정에서 비핵화가 불가

핵 보유국들의 핵 정글 정치

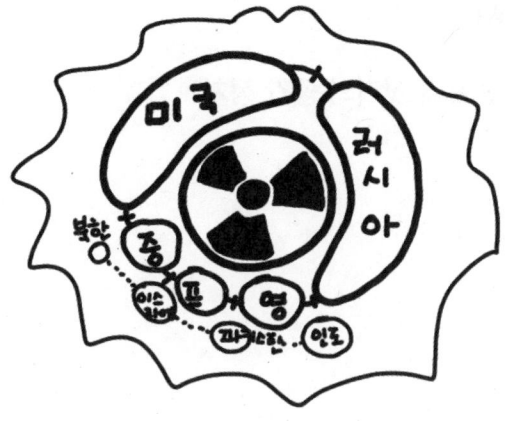

능에 가깝게 상당히 어려워진 듯하다는 회의론도 제기되는 중이다. 그런데도 전시 작전권이 없는 한국은 북한 핵무기를 둘러싼 정글 정치에서 상당히 취약한 위치에 놓여 있다.

2022년 러시아가 우크라이나를 상대로 시작한 이른바 '특별 군사 작전'은 핵보유국이 비핵 국가를 침공한 사례를 보여 줬으며, 북한은 핵무기를 유일한 안전 보장 수단으로 여기는 인식을 더욱 강화했다. 한국에서도 핵무기를 둘러싼 위험 인식이 조금씩 변하고 있다. 한쪽에서는 북핵을 인정하고 현실적인 대응 방안을 마련해야 한다는 목소리도 나온다. 더욱이 트럼프 2기 행정부가 본격적인 행보를 시작하면서 한반도 핵무기를 둘러싼 국제 환경이 확 바뀔지도 모른다. 한국도 핵무기를 개발해야 한다고 주장하는 사람도 있지만 무역 의존도가 높은 특성상 북한처럼 제재를 견디면서 핵무기를 개발하기는 힘들다. 안타깝게도 핵을 둘러싼 정글 정치와 불안정한 위험 인식이 부침하는 상황은 지속될 듯하다.

9장

계엄과 저항
경계 긋기와 인프라 짓기의 공간 정치

계엄 — 공간 통제와 권력 재구성

계엄은 국가에 큰 위기가 닥친 때 국가 권력이 공간을 강력하게 통제하는 방식이다. 헌법 77조에 따르면 계엄 선포는 '군사상의 필요에 응하거나 공공의 안녕질서를 유지할 필요가 있'는 때에 대통령만이 행사할 수 있는 권한이다. 정치적, 사회적 질서가 위협받을 때 국가 권력이 물리적, 제도적, 상징적 공간을 점유하고 통제하는 장치인 셈이다. 비상계엄하에서는 국가가 군사적 권한을 행사해 공간을 강력히 통제하는데, 특히 주요 도시, 광장, 공공시설, 군사 기지 등이 대상이 된다. 군대와 경찰이 폭력 사태가 발생한 적이 있거나 발생할 수 있는 지역에서 검문소 설치, 도로 차단, 출입 통제, 지역 봉쇄 등을 실시해 물리적으로 공간을 통제하며, 이동을 제한하거나 특정 지역에 접근하는 행위를 금지한다.

계엄은 또한 공간의 군사화를 통해 권력을 재구성한다. 비상계엄은 공간 차원에서 물리적 점유와 제도적 통제, 상징적 메시지 전달을 수단으로 삼아 권력 위계를 재구성하는 도구다. 계엄하에서는 주요 거리와 공

계엄의 공간 통제

공장소에 군대를 배치해 권력의 존재를 물리적으로 드러내어 경관을 바꾸고 권력을 가시화한다. 공간에 가시화된 권력을 통해 사람들이 공포를 느끼면 권력은 더욱 커진다. 공공장소뿐 아니라 사적 공간도 마찬가지다. 권력은 일상 공간에도 침투해 공간을 재구성한다. 비상계엄은 단순히 권력을 행사하는 또 다른 형태가 아니라 공간적 맥락에서 권력을 재배치하는 핵심 수단으로 작용한다.

전시나 사변, 또는 여기에 준하는 국가 비상사태에만 계엄을 선포할 수 있게 규정한 이유는 군사력을 빌려 기본권을 단번에 제한하기 때문이다. 그렇지만 열여섯 차례나 헌정사에 기록된 계엄령(비상계엄 12번, 경비계엄 4번)은 대부분 국가를 보호하려는 조치가 아니라 권력을 다투는 수단이거나 더 많은 권력을 노리는 시도였다. 계엄 상황이라는 명목으로 권력은 기본권을 제약하고 인권을 탄압하고 살상을 저질렀다. 우리는 그런 역사를 직접 겪거나 교과서에서 배웠다. 그래서 법적 근거가 있다지만 많은 사람이 비상계엄을 권위주의나 인권 유린하고 동의어로 받아들인다.

경계 긋는 계엄과 연결하는 저항 — 공간과 권력의 역동적 재구성

권위주의 권력이 감행한 계엄이라서 늘 저항이 뒤따른 탓에 계엄 과정은 통제와 저항이 만나는 접경 지역 같은 공간이었다. 통제와 저항의 역동에서 경계 긋기와 인프라 짓기가 끊임없이 나타난다. 경계 긋기와 인프라 짓기는 사회와 공간을 구성하고 재구성하는 핵심적인 방식이다. 계엄과 저항은 이 두 방식을 다 취하는데, 고립시켜 통치하려는 계엄은 경계 긋기에 초점을 맞추는 반면 경계를 깨고 연대하려는 저항은 인프라 짓기에 몰두하는 경향이 있다.

권력이 주요 거점 공간을 통제할 때 저항 세력은 이동성과 유동성을 활용한다. 이동식 시위나 게릴라식 항의로 물리적 공간에 설치된 통제망을 우회하는 식이다. 저항은 권력이 폐쇄한 제도적 공간을 대신하거나 복원하려는 방식으로 나타난다. 시민들은 비공식 네트워크와 비밀 조직을 통해 통제된 제도적 공간을 대체한다. 지역 커뮤니티 모임이나 온라인 플랫폼 등이 여기에 해당한다. 시민들은 통행금지나 공적 규제를 우회하는 방식으로 권력이 강제한 일상적 통제를 약화시킨다. 몇몇 저항 세력은 법적 수단이나 국제적 지원을 활용해 제도적 공간을 다시 확장하려 시도하면서 계엄령이 지닌 정당성을 약화시키려 한다.

상징적 공간에서 일어나는 저항은 권력이 내놓는 메시지를 해체하고 대안을 제시하려는 방식으로 진행된다. 이런 활동은 저항하려는 시민들에게 대안적 상징 체계를 제시한다. 권력이 점유한 공공장소에 시민들이 대규모로 모이는 행위는 공간의 의미를 재구성하고 저항의 정당성을 확보하려는 시도다. 벽화, 포스터, 음악, 연극 등도 비상계엄이라는 상징적 권력에 도전하는 저항 도구로 사용된다.

내 기억 속 계엄은 부산에서 초등학교 다니던 1979년 10월 부마민주

1979년 계엄에 관한 기억

항쟁 때 시작된다. 대학생이 시작한 거리 시위가 시민들까지 확대되고 10월 18과 19일에 접어들어 마산과 창원까지 번지자 박정희 정부는 18일 0시께 부산 전역에 비상계엄령을 선포했다. 시위 참여자를 연행해 군사 재판에 회부했으며, 포고문을 내어 대학 휴교, 야간 통행금지, 영장 없는 체포, 언론과 출판 검열 등을 실시한다고 발표했다. 탱크와 장갑차가 대학과 관공서를 지켰다. 계엄이 전국으로 확대될 수도 있는 상황에서 10·26 정변이 일어나 박정희 유신 체제가 붕괴됐다. 그렇지만 12월 12일에 전두환이 쿠데타를 일으키면서 군사 정권이 유지됐고, 이듬해 군사 정권에 반대한 5·18 광주민주화운동이라는 역사적 사건이 일어났다.

10월 어느 날 나는 서면에서 집으로 가는 버스를 탔다. 갑자기 젊은 남자가 절박하게 차 문을 두드렸다. 머리에서 피가 많이 나고 있었다. 놀란 사람들이 어서 문을 열라고 소리쳤다. 버스는 노선을 벗어나 가까운 병원으로 가서 다친 남자를 내려 줬다. 어린 시절 큰 인상을 남긴 이 장면 때문에 나는 계엄 하면 버스, 머리에 흐르는 피, 사람들이 지르는 비명 같은 폭력과 충격에 연관된 이미지를 떠올린다.

그때인지 1980년 신군부가 비상계엄을 전국으로 확대한 뒤인지 기억이 정확하지 않지만, 내가 재미 들여 다니던 음악 학원이 갑자기 문을 닫았다. 표정이 어두운 부모님은 이참에 쉬라고만 하고는 더 설명하지 않았다. 1980년 전국적 비상계엄 때는 야당 정치인 김대중 전 대통령이 간첩으로 몰려 사형 선고까지 받았다. 광주에서 시민을 폭도로 몰아 학살한 신군부는 끔찍한 실상이 밖으로 새어 나가지 않게 언론을 통제하고 이동을 금지했다. 물리적 경계와 정보의 경계를 확실히 그은 셈이다. 그렇지만 광주에서 벌어진 참상을 밖으로 알리는 인프라 짓기 형태를 띤 저항은 계속 이어져 민주화 운동의 든든한 초석이 됐다.

2024년 계엄 — 경계 긋기와 인프라 짓기의 교차로

44년 뒤 2024년 12월 3일, 계엄이 선포됐다. 먼저 경찰이 나서서 국회에 국회의원이 들어가지 못하게 막았다. 계엄군이 헬리콥터를 타고 내려 유리창을 부수고 국회 안으로 들어갔다. 헌법에 보장된 국회 활동을 국회라는 장소를 봉쇄해서 막으려 했다. 국회가 계엄 해제를 의결해 계엄은 두 시간 만에 중지됐지만, 시간이 지나면서 계엄령이 충동적인 결정이 아니라 오랫동안 계획된 프로젝트라는 사실이 드러났다.

국회는 계엄과 저항의 핵심 장소로 떠올랐다. 많은 이들에게 2024년 국회는 1980년 광주였다. 국회는 또한 국회의원들이 투표로 계엄을 저지할 수 있는 곳이었다. 국회로 모여 달라는 메시지가 소셜 네트워크를 거쳐 퍼지자 국회의원과 시민들이 국회로 계속 몰려들었다. 5·18로 사회 문

12·3 계엄과 저항 공간의 변화

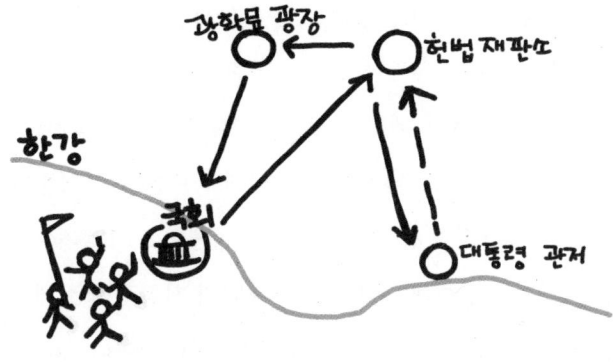

제에 눈뜬 세대와 5·18을 교과서로 배운 세대가 국회 앞으로 달려갔다. 국회의원이 계엄 해제를 의결하는 투표를 하기 위해 담을 넘고 시민이 군인을 끌어내거나 탱크 앞을 막아선 곳도 국회 앞이었다. 나중에 느닷없이 요건을 갖추지 못한 계엄령을 선포해 사회를 위기에 빠트린 대통령을 탄핵하는 투표가 두 차례 진행된 곳도 국회였고, 관련 내용을 소셜 네트워크로 공유한 시민들이 날마다 거리 시위를 벌인 곳도 국회 앞이었다.

마침 소설가 한강이 참석한 노벨 문학상 수상식이 스웨덴에서 열렸다. 시민들은 한강이 소설로 그린 1980년이 2024년 서울에서 다시 재현되는 듯 기시감에 빠졌다. 스웨덴에서 만난 기자들은 한국에서 벌어진 비상계엄부터 질문했다. 1980년이 아니라 2024년에 진행 중인 계엄에 관해.

경계를 무너트리는 인프라 짓기도 있었다. 인터넷으로 연결된 네트워크가 결정적이었다. 요즘은 많은 사람이 소셜 네트워크를 이용하고 손에 든 핸드폰으로 직접 미디어가 될 수 있는 시대라 국가가 인적 이동을 통제할 수는 있어도 정보 이동에 경계를 긋기는 어려워졌다. 70퍼센트 넘는 국민이 소셜 네트워크로 계엄 소식을 처음 접했다. 국회 담을 넘는 국회의원들과 국회 앞에 모인 군인들 모습이 실시간으로 공유됐다. 온라인 인프라 때문에 계엄군이 시도한 물리적 경계 긋기는 효과가 없었다.

주된 경계도 인터넷 네트워크에서 그어졌다. 소셜 네트워크로 자기가 보고 싶은, 또는 보고 싶은 현실을 믿게 만드는 알고리즘이 경계를 만들며, 고립된 채 보편적 상식에서 벗어난 극단으로 치달을수록 그 믿음은 자체 생산 체계를 구축해 공고해진다. 계엄과 저항은 평소에 다른 공간에 자리하던 이런 신념 집단이 만나는 플랫폼이 된 셈이다. 알고리즘 덕분에 소셜 네트워크를 거쳐 확산되고 강화되면서 형성된 신념 아래 서로 다른 온라인 공간에 안전하게 속해 있던 평행 세계가 물리적 공간에서 만나게 됐다.

2024년에 계엄의 힘과 저항의 힘은 경계 긋기와 인프라 짓기라는 형태를 띠며 온라인과 오프라인에서 교차했다. 대통령이 계엄을 선포한 이유 중 하나가 부정 선거를 주장하는 알고리즘이 미친 영향이었고, 그런 탓인지 포고령에는 국회와 지방 의회, 정당을 대상으로 정치 활동을 모두 금지한다는 내용이 들어 있었다.

계엄이 중대한 사안인 만큼 부정 선거론을 중심으로 하는 극우 유튜브 채널을 주로 보는 사람들 중 소수이지만 강경해진 이들이 나타났다. 태극기 부대라 불리다가 이제는 성조기를 넘어 이스라엘 국기를 흔드는 사람들이 카카오톡 '단톡방'으로 정보를 공유하고 시위에 나왔다. 계엄에 저항하는 사람들이 국회 앞에 모여 있는 동안 계엄 찬성파들은 광화문을 차지했다. 대표적인 저항 장소인 광화문광장은 일찌감치, 특히 세월호 시위 때부터 진보와 보수가 동시에 시위를 벌이는 장이었다. 세월호 단식 농성이 진행되는 현장 앞에서 피자 먹는 폭식 투쟁이 함께 열렸다.

12·3 계엄의 저항 공간

ⓒ 신혜란

　12월 14일 탄핵 소추안이 가결된 뒤 헌법재판소로 공이 넘어가자 시민들은 헌법재판소와 용산 대통령 관저 근처로 장소를 옮겼다. 대통령에게 체포 영장이 발부된 뒤에는 한남동 관저 옆에 두 진영이 모여 시위를 벌였다. 2025년 1월 4일, 광화문에서는 탄핵 반대 시위와 탄핵 찬성 시위가 동시에 열리고 있었다. 언뜻 봐서는 어디가 어느 쪽인지 알기 어려웠다. 극우 세력이 지난날 민주화 시위를 벤치마킹하면서 두 진영은 시위 조직 방식과 문화도 많이 닮게 됐다. 저 멀리 청와대가 보이는 광화문 앞쪽에서는 탄핵을 찬성하는 목소리가 컸다. 조선일보 빌딩이 보이는 다른 쪽에서는 부정 선거를 믿고 탄핵을 반대하면서 대통령을 지키려는 이들이 시위를 벌였다. 두 진영은 광화문광장에서 한남동 대통령 관저 쪽으로 함께 옮겨 갔다. 공간이 겹치는 바람에 불쾌한 말들이 오가기도 했고, 자기 주변 사람이 응원봉을 들고 있는지 태극기와 성조기를 흔들고 있는지 힐끔거리며 확인해야 했다.

　비상계엄에 맞선 저항은 물리적 공간, 제도적 공간, 상징적 공간, 일상적 공간, 디지털 공간을 거쳐 다층적으로 진행된다. 권력이 장악한 공간 질서를 흔들고 새로운 공간 질서를 만들려는 적극적인 대안 장소 만들기 시도다. 계엄이라는 물리적 통제가 1980년대만큼 힘을 쓰지 못했지만, 이번에는 마치 저항 세력처럼 공간을 점유하며 집단적 힘을 보여 주는 계엄 동조 집단도 나타났다. 서부지방법원을 공격한 폭도들은 법치주의 체제에 반기를 든 극단적인 모습이었다.

극단적 주장이 살아남기 쉬운 소셜 네트워크를 바탕으로 극우 반동적 정치 세력이 성장하는 현상이 세계적 추세이기는 하다. 예전 같으면 조용히 동조하거나 내면화하면서 혼란 속에서도 자기 이익을 꾀하려 하겠지만, 요즘에는 온라인 공간에서 공유한 믿음을 바탕으로 오프라인 공간에 나타나 힘을 과시한다. 민족 우월주의, 반다원주의, 음모론, 폭력 정당화 등이 극우 이데올로기가 보여 주는 일반적 특징이라면, 한국 극우 세력이 지닌 특징은 지정학적 성향이 두드러진다. 중국 혐오, 친미, 친일, 친이스라엘처럼 특정 국가를 향한 극단적 호불호는 식민지와 냉전 시기에 형성된 지정학적 군사 동맹이 미친 영향인 듯하다.

남태령 광장 — 민주화 세대와 케이 팝 세대의 새로운 저항 연대

저항의 인프라 짓기는 각 세대와 집단별로 자기에게 익숙한 방식으로 나타났다. 단톡방에서 소식을 접한 국회의원들은 국회 담장을 넘어가서 계엄군이 만든 경계를 극복했다. 1980년대 민주화 운동 과정에서 쫓기고 뛰고 넘는 일을 해 본 청년들이 국회의원이 된 효과일지도 모르겠다. 5·18을 책으로 배운 사람들은 계엄군이 무섭다는 사실을 잠깐 잊고 비무장 상태인 채 군인들을 막아서고 끌어 내렸다. 내가 만난 한 60대 남성은 계엄 얘기를 듣자마자 용수철처럼 튀어 올라 경기도 집에서 국회 앞으로 단숨에 달려왔다. 지금껏 민주화 운동 경험을 소중하게 여기는 자기가 그저 한물간 꼰대 같다고 생각하는 중이었다. 12·3 계엄 사태 때문에 아직도 한국 사회가 이런 곳인가 하는 회한과 여전히 내가 할 일이 남아 있구나 싶은 복잡한 심정이 교차했다.

 20대와 30대는 디지털 공간에 민감하게 반응했다. 12·3 계엄 사태 며칠 뒤에 만난 대학생들은 포털 사이트 네이버 카페에 몇 시간 동안 글을 쓰지 못한 이야기부터 했다. 젊은 세대에게 예민한 주제라는 뜻이었다. 인터넷에 경계를 그어서 정보 흐름을 차단해 불안이나 저항이 분출되지 못하게 억제하고 군사 작전을 효과적으로 실행하려는 속셈이 아닐까 다들 의심했다. 알고 보니 계엄 당일 밤부터 뉴스 트래픽이 평소 최고치 대비 1320퍼센트로 급증하고 카페 트래픽이 450퍼센트 수준으로 높아지자 네이버가 서비스 전면 장애를 방지하려고 댓글 기능을 일시적으로 중지한 탓이었다.

 계엄 상황을 인터넷으로 공유하고 시민과 민주주의를 응원하는 목소리는 한국에 국한되지 않았다. 소셜 네트워크 엑스(옛 트위터)에서 '계엄'과 '한국'이라는 단어는 순식간에 백만 번 넘게 언급됐다. 전세계적 연대와 지원이 디지털 공간에서 형성돼 물리적 공간에서 벌어진 저항을 뒷받침했다. 12월 3일 밤이 지나자마자 나는 미국, 베트남, 영국, 일본, 튀르키예에 있는 친구들이 보내는 안부 인사를 받았다. 미국을 비롯한 많은 나라가 계엄에 명백한 염려를 나타냈고, 대통령 탄핵을 반대하는 사람들은 그런 사실을 아는지 모르는지 여전히 성조기를 들고 광장으로 나갔다.

 북한은 계엄 계획에 늘 들어가 있었다. '80년 광주'를 폭동으로 규정하고 싶은 사람들은 북한군 개입설을 끊임없이 제기했고, 2024년에는 무인기를 보내서 북한을 자극하거나 북한군이 개입한 듯 보이게 하려는 시도가 있었다. 남한과 북한의 지정학적 경계를 효과적으로 이용하려는 의도였다. 어떻게 보면 70년 넘게 이어진 분단과 전시 상태 자체가 한반도에 경계 긋기를 지속시키는 비상계엄이다.

민주화 세대와 케이 팝 세대는 계엄에 저항하는 거리 집회에서 함께했다. 두 세대는 서로 이해하고 공감하는 수준이 높지 않았다. 박근혜 탄핵 때 가장 핵심이던 40대 남성은 50대가 돼 여전히 거리에 나타났다. 박근혜 탄핵 정국에서 비중이 10퍼센트도 되지 않던 20대와 30대 여성은 윤석열 탄핵 때 3분의 1 이상으로 압도적으로 늘어났다. 거리 시위는 상대를 '꼰대'와 '개념 없는 젊은이'로 부르면서 경계를 뚜렷이 나누던 세대들을 이어 주는 인프라로 작용했다.

거리 시위에서 가장 높은 비율을 보인 2030 여성은 박근혜 탄핵 시위 때 이미 거리에서 응원봉을 이용해 저항했다. '덕질'과 콘서트 문화를 공유한 이 세대는 청소년 시절 세월호를 지켜봤고, 강남역 살인 사건에 민감하게 반응하며 페미니즘 담론을 공유했다. 후쿠시마 오염수 방류, 비건 음식, 퀴어 축제, 동물권, 갑질 등 일상적 정치 이야기를 엑스에서 리트위트해 계속 공유한 이들이었다. 이태원 참사 때는 현장 근처에 머물거나 머문 적 있는 친구 한 명쯤 둔 이들이기도 했다.

난데없는 계엄 소식에 분노한 민주화 세대는 색다른 시위에 감탄하고 놀라워했다. 케이 팝 세대하고 함께하는 시위는 민주화 운동 때 시위처럼 비장하기보다는 흥겹고 화려했다. 응원봉 불빛에 노래도 섞여 있었다. 〈임을 위한 행진곡〉은 50대 이상이 크게 부르고 〈다시 만난 세계〉, 〈APT.〉는 20대와 30대가 자신만만하게 불렀다. 〈APT.〉를 처음 들은 60대 남성은 시위에 나온 젊은이들을 보고 자기가 애쓴 민주화 운동이 약간은 영향을 끼치고 있다 싶어 가슴이 뭉클하더라고 했다. 20대 여성은 미디어

세대 간 인프라 짓기

로 접한 민주화 세대가 하는 이야기를 직접 들으니 즐겁더라고 했다. 각자 경험을 통해 강점을 살렸다. 5060 세대가 뛰어다니고 벽을 넘고 경찰 저지선을 뚫는 데 능숙했다면, 케이 팝 세대는 영하로 떨어진 날씨에 핫팩과 보조 배터리, 물과 간식 등을 챙겨 핫플과 콘서트장에서 몇 시간을 기다리는 데 익숙했다.

트랙터를 타고 서울로 가던 농민들이 남태령에서 경찰이 세운 차벽에 막히자 시민들이 대거 가세하면서 결국 경찰이 물러났다(차벽은 경계 긋기를 선명하게 보여 주는 사례다). 이때 모여 밤 새워 지킨 사람들이 5000명에 이르렀는데, 그중 30퍼센트 정도가 2030 젊은 여성이었다. 라이브 방송을 보다가 남태령으로 달려온 사람들이었다. 경찰에 맞서 트랙터 군단을 지키는 데 성공한 정치적 효능감은 새로운 출구를 찾아 나섰고, 전태일의료센터에 2억 원이 넘는 기부금이 몰리는가 하면 전국여성농민회총연합에 연관된 협동조합 언니네텃밭에는 신규 회원이 수십 배 늘었다. 이어짐은 인프라가 확대된 효과였다.

민주화 운동 세대는 자기가 속한 큰 단체 밑에 일사불란하게 모여 결의에 찬 표정으로 '○○○○ 타도하자'나 '민주주의 쟁취하자' 같은 커다란 구호를 외쳤다. 케이 팝 세대는 소셜 네트워크를 거쳐 짧은 시간에 소식을 나누고 바로 달려가는 행동력, 온라인 선결제, 푸드 트럭으로 응원을 표현하는 데 익숙했다. 몇 명이 함께하거나 혼자 시위에 나와도 창의적인 깃발을 들었다. '응원봉을 든 오타쿠 시민연대', '행운을 주는 검은 고양이 연합', '이때쯤이면 탄핵될 줄 알고 깃발 안 만들었던 사람들'처럼 말이다.

민주화 세대는 시위 나갈 때 약간 멋스러운 옷을 입으면 죄책감이 드는 문화에서 살았다면, 2030세대가 누리는 팬덤 문화는 스스로 즐길 수 있는 방식으로 최선을 다해 자기를 드러내면서 정치적 목소리를 내는 쪽으로 시위 모습을 바꿨다. 주목받은 '응꾸'(응원봉 꾸미기)도 자기 정체성을 드러내면서 즐기는 덕질 문화다. 그러니까 서로 다른 스타를 좋아하는 2030 세대는 비상한 시국을 맞아 일시적으로 통합돼 움직이다가 시국이 안정되면 다시 일상으로 돌아가 각자 좋아하는 아이돌을 응원할 이들이다. 다른 세대를 여전히 이해하지 못할 수도 있다. 그렇지만 거리에서 만나 함께하는 순간만큼은 세대를 넘어선 연대와 저항의 힘이 빛을 발했다.

맺는 글

권력과 공간을 다시 사유하기

나는 '공간은 정치적이며 정치는 공간적이다'는 전제에서 출발했다. 내 몸부터 세계까지, 우리가 살아가는 모든 공간에는 권력이 스며들어 있으며, 그 공간이 만들어지고 변형되는 과정에서 다양한 층위의 정치가 개입한다. 누가 한 공간의 성격을 정하고, 명명하고, 점유하고, 어떻게 사용하며, 누구에게 개방되고, 누구를 배제하는지에 관련된 문제는 본질적으로 정치적이다. 헬스장에서 하는 몸 만들기부터 도시 공간의 변화, 계엄을 통한 국가의 공간 통제, 국가 경계를 둘러싼 이동과 규제, 글로벌 차원의 이주 지정학까지, 공간은 단순한 물리적 배경이 아니라 권력 관계가 끊임없이 구성되고 재구성되는 장이며, 권력 관계 자체이자 권력의 원천이다.

나는 특정 공간에서 벌어지는 권력의 작동 방식을 분석하면서, 동시에 권력이 개인과 집단, 국가와 사회, 국제 질서 속에서 의미화되는 과정을 탐색했다. 공간은 우리가 몸으로 체화하고, 제도를 거쳐 조직하며, 때로는 저항을 통해 변화시키는 과정 속에서 만들어진다. 이렇게 공간은 고정된 실체가 아니라 살아 있는 정치적 장치이며, 권력이 일상 속에서 끊임없이 조정되고 재구성되는 역동적 영역이다.

　권력과 공간의 관계를 보는 시각으로 세상을 바라보면 어디 하나 재미있지 않은 곳이 없다. 더 나아가 이런 시도는 어떤 공간을 만들지, 그리고 그 공간에서 어떤 관계를 형성할지를 고민하는 실천적 질문으로 이어진다. 공간적 정치를 비판적으로 사유하는 시간은 당연하게 여기던 공간의 질서를 낯설게 바라볼 뿐 아니라 더 평등하고 인간적이며 지속 가능한 공간을 구성하기 위한 실천을 할 가능성을 모색하는 과정이다.

　그렇다면 우리는 앞으로 어떤 공간을 상상하고 만들 수 있을까? 권력과 공간이 맞물려 작동하는 현실을 인식하는 문제만큼이나 우리가 새롭게 구성할 공간을 적극적으로 사유하고 실천하는 일이 중요하다. 공간은 주어진 것이 아니라 끊임없이 만들어지고 변형되는 과정 속에 있기 때문에, 권력 관계를 해체하고 재구성하는 일은 추상적 논의를 넘어 우리 삶에서 구체적으로 실현될 수 있는 과제다. 도시 경계를 허물고, 기억 공간을 민주적으로 구성하고, 디지털 영역에서 저항을 모색하는 모든 행위가 곧 정치적 선택이다. 내 당연한 일상 공간에 의미를 부여하면서 다시 구성하는 일, 도시의 경계를 허물고 젠더화된 공간을 재구성하며 소외된 이들을 품을 포용적 장소를 만드는 일, 디지털 공간에서 새로운 민주적 가능성을 모색하는 일이 모두 공간의 정치를 재구성하는 실천이다. 이렇게 개인과 공동체가 새로운 장소를 만드는 과정, 곧 장소 만들기라는 실천이 더욱 중요해진다.

　추상적이고 획일화된 '공간'을 의미와 정체성이 담긴 '장소'로 전환하는 과정은 권력이 일방적으로 작용하는 방식이 아니라 다양한 주체들이 참여하고 협력할 때 진정한 의미를 지니게 된다. 공원과 광장을 사람들이 머무르고 소통하는 공간으로 바꾸는 일, 지역의 역사와 문화를 반영한 장소를 형성하고 가꾸는 일, 그런 과정에서 소외된 이들이 자리 잡고 목소리를 낼 수 있도록 하는 일, 환경적으로 지속 가능한 공간을 만드는 일이 모두 장소 만들기라는 정치적 실천이다. 공간은 통제와 배제의 수단이 될 수도 있지만, 동시에 공존과 연대, 그리고 새로운 가능성을 여는 터전이 될 수도 있다.

나는 이 책이 공간을 새롭게 바라볼 기회가 되기를 희망한다. 나의 공간, 우리의 공간, 세계의 공간을 다시금 성찰하면서 우리가 마주한 공간의 권력을 인식하고 변화시킬 실천을 고민하는 계기가 되기를 기대한다. 우리가 당연하게 여겨 온 공간의 질서를 낯설게 보고, 그 속에 내재된 권력 관계를 인식하며, 더 나은 공간을 만들 가능성을 모색하는 계기가 되기를 바란다. 권력과 공간의 관계를 비판적으로 사유하는 일은 단순한 이론적 작업이 아니라 우리의 삶과 사회를 변화시키는 실천적 과제다. 이 책이 독자들에게 그런 실천을 위한 작은 이정표가 되기를 소망하며, 함께 현재를 깨는 공간을 상상하고 만드는 여정을 계속하고 싶다.

참고 자료

각 장에서 다룬 사례들에 관련된 구체적인 내용과 이론적 개념을 더 깊이 이해하려면 저자가 쓴 다음 자료들을 참고하기 바랍니다.

1부 4장

김동완·신혜란. 2016. 〈대항품행 그리고 성미산 스타일〉. 《경제와 사회》 111호. 174~204쪽.

1부 5장

Park, Se Hoon and HaeRan Shin. 2024. "The entrepreneurial creative city and its discontents: The politics of art-led urban regeneration in Incheon, South Korea." *Urban Studies* 1(16). DOI: 10.1177/00420980241285856

Shin, HaeRan. 2004. "Cultural Festivals and Regional Identity in South Korea." *Environment and Planning D: Society and Space* 22(4). pp. 619~632.

1부 6장

Shin, HaeRan. 2010. "Can One Actually Say What One Wants? – Adaptive Preferences in the Negotiation Process." *Planning Theory and Practice* 11(3). pp. 339~357.

Shin, HaeRan and Quentin Stevens. 2014. "Debates around Cultural Re-imaging and Culture-led Urban Regeneration: The Politics of two Festivals in Gwangju and Glasgow." *Asian Journal of Social Science* 41(6). pp. 628~652

1부 7장

Habarakada, Sanjeewani and HaeRan Shin. 2019. "Transnational Religious Place-Making: Sri Lankan Migrants' Physical and Virtual Buddhist Places in South Korea." *Space and Culture* 22(4). pp. 474~488.

1부 8장

신혜란. 2022. 《누가 도시를 통치하는가》. 이매진.

신혜란. 2016. 〈기억의 영토화〉. 《공간과 사회》 57호. 115~154쪽.

Shin, HaeRan. 2024. "The circuit of memory, creativity, and built environment in the making in Gwangju, South Korea." Julie T. Miao, Tan Yigitcanlar(eds.), *Routledge Companion to Creativity and the Built Environment*. pp. 169~179. DOI: 10.4324/9781003292821-16.

Shin, HaeRan, and Yerin Jin. 2021. "The politics of forgetting: Unmaking memories and reacting to memory-place-making." *Geographical Research* 59(3). pp. 439~451.

2부 1장

Shin, HaeRan. 2025. "Who set the urban regeneration agenda in South Korea? — The pledge formation process in a presidential election." *Korea Observer* 56(2). 출간 예정.

2부 2장

Shin, HaeRan and Kyungeun Lee, May 2017. "Participatory governance and trans-sectoral mobilities: The new dynamics of adaptive preferences in the case of transport planning in Seoul, South Korea." *Cities* 65. pp. 87~93.

2부 3장

Lee, Yong Sook and HaeRan Shin. 2012. "Negotiating the Polycentric City Region: Developmental State Politics of New Town Development in the Seoul Capital Region." *Urban Studies* 49(6). pp. 1333~1355.

2부 4장

Shin, HaeRan, Jung Won Son, and Se Hoon Park. 2015. "The emergence of a multi-scalar growth regime and scalar tension: The politics of urban development in Songdo New City, South Korea." *Environment and Planning C: Government & Policy* 33(6). pp. 1618~1638.

Shin, HaeRan, and Boah Lee. 2024. "How does a name shape a place? The performativity of urban branding in the case of Songdo, South Korea." *Area Development and Policy* 9(1). pp. 67~85.

2부 5장

Kim, KoUn, HaeRan Shin, Miseon Kim and Joo Yeon Jang. 2017. "Knowledge communication and non-communication in the water governance of the Saemangeum area, South Korea." *Journal of Cleaner Production* 156. pp. 796~804.

2부 6장

Kim, Yulii and HaeRan Shin, 2018. "Governed mobilities and the expansion of spatial capability of Vietnamese marriage migrant activist women in South Korea." *Singapore Journal of Tropical Geography* 39. pp. 364~381.

Shin, H. and Bui, T. M. H. 2022. "Transnational marriage networks for intra-Asian circuit of mobilities, investment and development: Vietnamese marriage migrant women's investments in Vietnam." *International Development Planning Review* 46(1). pp. 67~88.

2부 7장

Shin, HaeRan. 2024. "North Korean Female Entrepreneurs in South Korea: Empowerment through Informality and Resilience in Post-Cold War Geopolitics." *Asian Journal of Peacebuilding* 12(1). pp. 1~23.

2부 8장

신혜란·권민지. 2020. 〈제주 지역성 연구 별도공간 개념의 적용〉. 《한국지역지리학회지》 26(2). 140~158쪽.

3부 1장

Shin, HaeRan, and Cassandra Gutierrez. 2024. "Spatial capability and A qualitative study of happiness in Mexico City and San José." *GeoScape* 18(2). Pp. 109~121.

신혜란·채상원. 2022. 〈지리학적 행복 연구를 위한 시론 — 서울에 거주하는 청년층 및 노년층 심층 면담 결과를 사례로〉. 《대한지리학회지》 57(6). 531~547쪽.

신혜란·진예린. 2021. 〈지리학적 행복 연구 — 행복과 공간적 역량에 관한 북유럽 사례 질적연구〉. 《대한지리학회지》 56(5). 465~484쪽.

3부 2장

신혜란. 1998. 〈태백, 부산, 광주의 장소 마케팅 전략 형성 과정에 대한 비교 연구〉. 서울대학교 환경대학원 환경계획학과 도시및지역계획 전공 석사 학위 논문.

3부 3장

Ward, Kevin, Teresa Abbruzzese, Tim Bunnell, Paolo Cardullo, I-Chun Catherine, Byron Miller, Ramon Ribera-Fumaz, HaeRan Shin, Orlando Woods. 2025. "A comparison of comparisons: Evidence from an international comparative study of 'smart cities.'" *EPC: Politics and Space* (0) 1-23. DOI: http://dx.doi.org/10.1177/23996544251320261

Shin, HaeRan, and Boah Lee. 2024. "How does a name shape a place? The performativity of urban branding in the case of Songdo, South Korea." *Area Development and Policy* 9(1). pp. 67~85.

3부 4장

Shin, HaeRan. 2011. "Spatial Capability for Understanding Gendered Mobility for Korean Christian Immigrant Women in Los Angeles." *Urban Studies* 48(11). pp. 2355~2373.

3부 5장

Shin, HaeRan and Cassandra Gutierrez. 2024. "Migrant placemaking as a response to governing through mobility-making: An ethnic enclave and a digital community in South Korea." *Asia Pacific Viewpoint* 65(3). Pp. 430~447.

장주은·신혜란. 2024. 〈이주민 장소만들기에 대한 관계적 접근 — 수도권 탈북민 대안학교 설립과 정착을 중심으로〉. 《대한지리학회지》 59(5). 638~655쪽.

3부 6장

Shin, HaeRan. 2025. "South Korean Attitudes Towards Chosŏnjok Migrants as a Social Response to Geopolitical Dynamics." *Displacement, Mobility, and Diversity in Korea*. Routledge, pp. 42~60.

신혜란. 2016. 《우리는 모두 조선족이다》. 이매진.

3부 8장

Shin, HaeRan, 2017. "Risk politics and the pro-nuclear growth coalition in Japan in relation to the Fukushima." *Energy and Environment* 28(4). pp. 518~529.

Shin, HaeRan and Byung Doo Choi. 2015. "Risk Perceptions in UK Climate Change and Energy Policy Narratives." *Journal of Environmental Policy & Planning* 17(1). pp. 84~107.

찾아보기

ㄱ

가사도우미 254, 255, 260, 282
가상 공간 16
강원랜드 240
강정마을 200
개발 정치 43, 145
개발업자 42~44, 114, 115, 147, 151, 156
개발주의 55, 69,
거버넌스 10, 16, 55, 63, 64, 70, 91, 134, 135, 136, 139, 141, 148, 165, 167, 172, 173, 250, 270
건설교통부 147, 149, 150
게니우스 로키 212
게이빈 290
게토 50, 51
결혼 이주 175~177, 180~182, 260
결혼 이주 여성 175~182, 184, 192, 251, 255, 257
경계 긋기 10, 177, 189, 190, 192, 193, 312, 314, 316, 320, 321
경계지 185, 188~190, 192, ,
경계지 레짐 189, 192, 194, 195
계량화 9, 33,
계획 도시 143, 151, 202
고속 철도 133, 134, 152
고시원 50
고전 지정학 185, 208, 274, 276~278
공간 복지 10, 245
공간 생산(공간적 실천, 공간의 재현, 재현의 공간) 12, 35
공간 전략 49, 89, 91, 92, 94, 99, 290, 294
공간적 분리 112
공간적 소외 13
공간적 역량 222, 224, 225

공공 공간 6, 14, 16, 54, 92, 120
공공 임대 주택 43, 80, 113, 145, 147, 193
공동 기억 104
공동 육아 58~61
공동 통치 134
공모 사업 45, 124
공약 122~125, 128~132, 151
광주비엔날레 108, 246
광화문광장 105, 289, 316, 317
교외화 144, 145, 148
구조주의자 84
국경 10, 177, 187, 191, 192, 195, 244, 279, 292, 307
국내 이주 234, 253, 282
국제통화기금 50
권력 관계 74, 83, 84, 86, 101, 124, 140, 155, 224, 261, 270, 280, 301, 303, 323~325
규모 6, 45, 75, 87, 88, 92, 106, 112, 113, 132, 145, 148, 151, 157, 175, 176, 203, 243, 244
그린벨트 143, 148
글래스고 81, 82, 84, 86
기대 수명 28
기반 시설 42, 114, 133~137, 139, 244
기억 경관 102
기억 공간 89, 90, 100~110, 324
기업가 도시 69
기후 변화 299, 305
껀터 178, 181, 182

ㄴ

낙수 효과 151
난개발 114, 203
난민 186, 206, 267
남태령 318, 321
냉전 274, 318
네트워크 사회 292, 294
노동 이주 175, 180, 255, 258
노르웨이 225

노키즈 존 117, 118
뉴몰든 269
님비 112, 307

ㄷ

다문화 15, 175~178, 251, 257, 262
다문화주의 251, 284
다이어트 24, 35, 37, 40, 41
다중 스케일 157
달동네 50, 51
담론 87, 106, 112, 113, 117, 118, 122, 123, 125, 149, 150, 159, 245, 250, 251, 253, 262, 278, 280, 281, 303, 305, 306, 320
당근마켓 65
대런던 계획 143
대리인 계획 140
대안 공간 운동 70, 71
대자산가 44~46
대체 산업 81, 238, 239, 242
덴마크 223, 225
도시 계획 9, 33, 42, 43, 62, 111~114, 116, 126, 140, 141, 160
도시 계획가 13, 111, 144
도시 브랜드 153~155, 160, 161, 163, 248, 250
도시 재생 6, 11, 45, 54, 55, 61, 69, 74, 75, 77, 99, 107, 122, 124, 125, 224
도시 정치 6, 42, 43, 78, 84, 123, 124, 149, 275
도심 공동화 133, 145
도착국 258, 267, 280
독일마을 240, 241
돌봄 노동 256, 261, 262
동정 피로 105
땜질 50
떤록 180

ㄹ

레지던시 73~75
루틴 34

르페브르, 앙리 8, 9, 12~14

리빙 랩 61

ㅁ

마을 만들기 54~58, 61~63, 65, 66

맘충 63

맘카페 62~65

망각 공간 105

망각 욕구 105

망각 활동 103

맥킨더, 헬퍼드 276

멕시코 227~229, 266

몸 계량 30

몸 만들기 25, 33~35, 39~41, 323

무결정 79, 130, 217

무교 211

문화 기억 101

문화 산업 67, 238, 239

문화 상품 67, 239, 266

문화 중심 도시 246

물 거버넌스 164, 167, 169, 171, 172

물 관리 164~165, 167, 169, 171, 172

민관 협력 135

민주화 운동 293, 314, 318~320, 322

ㅂ

바디 프로필 35, 40

발전 국가 58, 123, 147, 279

배산임수 213

버틀러, 주디스 248

벡, 울리히 299

별도 공간 198, 202, 204~207

보디빌딩 24, 35, 36

복지 43, 90, 125, 147, 186, 242, 245, 261, 292

부동산 42~50, 58, 63, 66, 73, 112, 116, 125, 137, 149, 151, 158, 181, 203, 254, 284

부동산 선수 45, 46
부마민주항쟁 313
북대서양조약기구 307
분리 정치 120
분양가 상한제 145, 159
불평등 17, 31, 49~53, 84, 117, 140, 224, 225, 253, 254, 256, 261, 288, 292
브로커 10, 177~179, 182, 188~193, 260
비상계엄 310~315, 318, 320
비엘엠 운동 295, 296
비점 오염원 167, 168
비정부 기구 129, 182, 190, 193, 259
비판 지정학 197, 198, 278~280, 284

ㅅ

사진 신부 176, 183
사회운동 45, 64, 70, 76, 139, 176, 251, 288, 294, 295, 297
사회적 송금 181,
사회적 자본 259
산업화 29~31, 33, 238, 253
산테리아 212
상대적 자율성 7
상호 작용 6, 24, 25, 37, 50, 72, 73, 96, 110, 120, 128, 196, 210, 213, 269, 278, 280, 296
새마을운동 56, 57
새만금 167, 169, 170, 172
생명 정치 33
생애 주기 28
서이초 교사 시위 295, 296
선분양 제도 43, 146
성 바오로 대성당 293, 294
성미산마을 58, 59, 61, 62
성미산학교 60, 61
성장 레짐 135, 136, 157, 159
성장 이데올로기 86~88, 161
성장 정치 149, 235, 236
세계은행 246, 247

세월호 참사 102, 108, 109
섹슈얼리티 24, 28, 29, 288
센, 아마르티아 51, 223
소비주의 29
소셜 네트워크 34, 122, 175, 302, 306, 314~316, 318, 319, 322
소외 12, 14, 32, 53, 58, 107, 247, 248, 287
송금 51, 180, 181, 183, 194, 237, 261
송도국제도시 75
수행성 154, 247, 248
스마트 도시 61, 69, 124, 153, 155, 160~163, 245, 248~251
스파이크만, 니컬러스 276
스페이스빔 71, 75, 76
슬픔 관광 107
시간 규율 116
시민운동 64
시민 참여 63~65, 138
시민단체 10, 82~84, 86, 91, 126, 127, 134~139, 141, 147, 150, 156, 159, 167, 169, 203, 204, 206, 227
시민사회 6, 8, 10, 69, 84, 92, 129, 135, 136, 138~141, 147, 150, 204, 206, 252
식모 282
신냉전 274
신도시 10, 38, 39, 62, 65, 125, 142~152, 155, 156, 159, 162, 216, 218
신도시 키즈 152
실업률 51, 233, 292
실용주의자 84,
심시티 111
심장 지대 276
싱크탱크 126, 127

ㅇ
아파트지구 43
안티비엔날레 108
안티에이징 24, 35
알고리즘 294, 298, 300, 316
애버크롬비, 패트릭 144
양해 각서 158

에딘버러 86

에어비엔비 93

에코 도시 69, 153, 155, 163, 245

역량 이론 223

영 브리티시 아티스트 71

영리 병원 203, 204

영토 투쟁 104~106, 120

영토화 103~105, 107, 109

오일 쇼크 235

오키나와 199~201

옥탑방 50

외부 효과 45, 134

외환 위기 49, 147

욕망 5, 49, 58, 66, 97, 103, 104, 107, 203

용도 지역 114~116

웃음 지수 246

위약 효과 31, 210

위험 소통 306, 309

위험 인식 299~305

유네스코 69, 202, 246, 247

유비쿼터스 도시 160, 161

유토피아 143

은둔형 외톨이 51

의사 결정 46, 78~81, 84, 139, 160, 164, 216~218, 258, 302, 303

의제 설정 78, 79, 82, 122, 128, 130, 303

이동 통치 174~177, 183, 234, 242, 234, 253, 254, 263, 267

이윤율 47

이주 경관 176

이주 노동자 51, 96~98, 234, 237, 256, 260, 261, 266, 282, 285

이주 지정학 280, 285, 323

이주의 여성화 253

이주(의) 젠더화 253, 254, 257, 258

이주민 10, 15, 16, 29, 51, 53, 95~98, 119, 174, 176, 178, 180~183, 186, 234, 242, 251, 253, 255, 256, 258~261, 263~267, 269~272, 279~283, 285

이주민 장소 263~267

이주민 장소 만들기 263, 264, 267
이해관계 5, 7, 8, 46, 104, 105, 111, 112, 128, 131, 134, 139, 140, 145, 147~149, 156, 168, 169, 173, 174, 203, 217, 303
인신매매 결혼 191, 260
인정 투쟁 288
인지된 공간 12, 13
인천경제자유구역 75, 158, 159
인천아트플랫폼 75, 76
인프라 짓기 177, 178, 188~190, 193, 195, 312, 314~316, 318
인플루언서 166
잉여 자본 47, 48
잉여가치 9

ㅈ

자기 훈육 34, 35
자본 순환 8, 47, 250
자본주의 6, 8, 9, 12~14, 29, 31, 32, 42, 46~50, 73, 285, 292, 294, 305
장마당 188, 190, 191
장소 고치기 99
장소 마케팅 67~69, 81, 238, 239, 241, 244
장소 만들기 70, 73, 89, 92, 96, 99, 160, 214, 215, 218, 224, 266, 270, 287, 318, 324, 325
장소 애착 197, 205, 236
장소감 196, 197, 205, 209
장소성 196, 212, 295
재개발 122
재생 에너지 304, 305
재정 자립도 124, 240
저항적 민족주의 285
적응적 선호 83, 86
전문화 26, 29~31, 33
전원 도시 운동 143
전지구화 7, 9, 24, 30
점거 운동 292~294
접촉 신앙 211
정글 정치 308, 309

정책 입안가 6, 13, 111, 246
정책 혁신가 125, 126, 129, 132, 291, 294
정체성 5, 8~10, 15, 26, 29, 31, 60, 69, 71, 74, 76, 77, 101, 103, 107, 110, 154, 155, 174, 176, 196, 205, 212~214, 236, 241, 245, 248~252, 258, 263~266, 270~272, 280~283, 285, 287~296, 298, 322, 324
정체성 정치 263, 266, 288, 289, 294
정치 권력 8, 90,
정치경제학 6, 47
정치적 기회 구조 139
정치지리학 277, 278
제국주의 208, 276, 277
제주 4·3 항쟁 103, 108, 109, 199
제주국제자유도시 202
제주도 110, 198~206
제주영어교육도시 202
젠더 26, 28, 29, 38, 52, 188, 248, 253~262, 278, 288, 324
젠더 역할 258, 261
젠트리피케이션 58, 73, 145
종교 공간 89~98, 263
주택 금융화 44, 45, 48, 49
주택담보대출 43, 48, 49
주택소유주협회 144
주택청약 43
줌마족 96
중산층 48, 133, 140, 144, 227, 282
지역 사회 63, 64, 71~74, 77, 92, 93, 119, 168, 224, 225, 257, 258
지역성 73, 196, 198, 207
지정학 196~199, 208, 250, 266, 274~280, 283~286, 292, 307, 318, 320, 323
직주 근접 112
진폐증 236

ㅊ

참여 거버넌스 135~138, 140
창의 도시 69, 245~247, 250
창조 계급 69, 70
창조 도시 69, 153

창조 산업 67, 75
청계천 216
최창조 219
축제 10, 54, 81, 82, 84~87
친핵 성장 연합 306

ㅋ

코스타리카 223, 227, 228
코인 스트리트 61
퀴어 축제 289, 290, 320
퀴어퍼레이드 291

ㅌ

탈북 생태계 187
탈북민 186~194, 267~272, 281
탈식민주의 100, 277
템플 스테이 93~95
통치성 7, 174
트럼프, 도널드 275, 308, 309
특구 248, 249

ㅍ

파독 광부 233, 235~237, 240~242
폐회로 텔레비전 25
포퓰리즘 288
폴리페서 126~132
표준화 5, 9, 14, 29, 31, 33, 116
푸코, 미셸 7, 9, 33, 104, 174, 278
풍수 208~219
피트니스 35, 36
핑크 택스 118

ㅎ

하나원 193
하비, 데이비드 47

하우스호퍼, 카를 276
하워드, 에버니저 143
학군지 112
학생 운동 127
한국전쟁 42, 55, 58, 102, 233
한국토지주택공사 147, 190, 193
한베돌봄센터 182, 183
핫플레이스 67
핵 발전 303~308
핵무기 274, 303~305, 307~309
핵무기 금지 조약 308
핵심 집단 228
행복 지수 222, 223
행정수도 151, 153, 217
헬스장 35~39, 41, 65, 134, 323
협동조합 58, 59, 61, 241, 321
호주제 261
혼성화 147, 148
환경 결정론 208, 277
환경 보호 구역 11
환경부 147, 150, 167~169
후쿠시마 304, 306, 307, 320
훈육 권력 7, 29, 36, 175
훈육 정치 9, 33

기타

1차원적 권력   78, 79, 82
2차원적 권력   78, 79, 82, 86, 130, 303
3차원적 권력   78, 80, 81, 85~88
68 혁명 70